"十三五"高职高专会计专业精品系列教材

会计学基础

KUAIJIXUEJICHU

主　编　何廷高　饶　玮　吕　斌
副主编　樊海娟

图书在版编目(CIP)数据

会计学基础 / 何廷高, 饶玮, 吕斌主编. — 苏州: 苏州大学出版社, 2019.3（2021.8重印）
"十三五"高职高专会计专业精品系列教材
ISBN 978-7-5672-2755-2

Ⅰ.①会… Ⅱ.①何…②饶…③吕… Ⅲ.①会计学-高等职业教育-教材 Ⅳ.①F230

中国版本图书馆CIP数据核字(2019)第042457号

会计学基础

何廷高 饶玮 吕斌 主编

责任编辑 施小占

苏州大学出版社出版发行
（地址：苏州市十梓街1号 邮编：215006）
广东虎彩云印刷有限公司印装
（地址：东莞市虎门镇黄村社区厚虎路20号C幢一楼 邮编：523898）

开本 787mm×1092mm 1/16 印张 19 字数 475千
2019年3月第1版 2021年8月第2次印刷
ISBN 978-7-5672-2755-2 定价：48.00元

苏州大学版图书若有印装错误，本社负责调换
苏州大学出版社营销部 电话：0512-67481020
苏州大学出版社网址 http://www.sudapress.com
苏州大学出版社邮箱 sdcbs@suda.edu.cn

前 言

会计是经济管理的一个重要组成部分,经济越发展,会计越重要。2006年2月15日,财政部发布了《企业会计准则》(包括1项基本准则和38项具体准则),建立了我国企业会计准则体系,并于2007年1月1日起施行,实现了与国际会计准则的接轨。随着我国社会主义市场经济的不断发展和完善,会计领域发生了很多变化:2014年后多次修订和新出台了多项会计具体准则;2016年起全面实施营业税改征增值税;2016年起开始新实施的《会计档案管理办法》;等等。会计理论的巨大变革和会计实践的深刻变化,极大地冲击着会计教学,要求我们顺应潮流,不失时机地培养高质量、高水平、能满足改革开放需要、懂得国际会计惯例的高素质人才。正是基于这一认识,我们根据会计工作的新变化,编写了《会计学基础》一书。

《会计学基础》主要阐述会计学基本理论、基本方法和基本操作技术,是会计初学者的入门向导。本书是以《会计法》和新《企业会计准则》为指针,在汲取会计教学和研究最新成果的基础上编写的一本内容新颖、结构合理、实用性强的全新教科书。全书共分11章,包括会计概述、会计要素和账户、复式记账、基本经济业务的核算、成本计算、会计凭证、会计账簿、财产清查、财务报表、账务处理程序、会计工作的组织等内容。每章开始有本章学习要达到的职业能力目标,章末有本章练习题。本书可作为高等学校会计学、财务管理、工商管理、经济学、金融学、财政学等经济类、管理类各专业的教材,也可以作为广大财务会计人员进行继续教育、业务培训和业务学习用书,还可以作为财政、审计、税务、银行、工商等经济管理和监督部门在职干部业务学习的参考资料。

本书由贵州经贸职业技术学院何廷高、饶玮、吕斌任主编,泛成国际货运有限公司苏州分公司财务经理、会计师樊海娟任副主编,苏州大学商学院副教授龚菊明主审。全书各章分工如下:第一、二、三章由何廷高撰写;第四、六、十章由饶玮撰写;第五、七、八章由吕斌撰写;第九、十一章由樊海娟撰写。

本书在编写过程中,参考了国内许多相关的教材和资料以及有关专家、学者的优秀论著,受益良多,在此谨向这些文献作者致以诚挚的谢意!

由于我们水平有限,加之时间仓促,书中难免有疏漏甚至错误之处,恳请广大读者批评指正,以便今后进一步修改和完善。

编 者

目录

- **第一章　会计概述** / 1
  - 第一节　会计的涵义 / 1
  - 第二节　会计的对象和职能 / 5
  - 第三节　会计目标、会计基本假设和会计基础 / 10
  - 第四节　会计信息质量要求 / 14
  - 第五节　会计计量和会计方法 / 17
  - 练习题 / 21

- **第二章　会计要素和账户** / 24
  - 第一节　会计要素 / 24
  - 第二节　会计等式 / 32
  - 第三节　会计科目 / 36
  - 第四节　会计账户 / 40
  - 练习题 / 43

- **第三章　复式记账** / 48
  - 第一节　复式记账的意义 / 48
  - 第二节　借贷记账法 / 51
  - 第三节　总分类账户和明细分类账户 / 63
  - 练习题 / 67

- **第四章　基本经济业务的核算** / 72
  - 第一节　资金投入业务的核算 / 73
  - 第二节　供应业务的核算 / 80
  - 第三节　生产业务的核算 / 90
  - 第四节　销售业务的核算 / 101
  - 第五节　财务成果业务的核算 / 111
  - 第六节　资金退出业务的核算 / 123

练习题 / 124

- 第五章　成本计算　/ 132
  第一节　成本计算的基本原理　/ 132
  第二节　成本计算的基本方法　/ 135
  练习题 / 141

- 第六章　会计凭证　/ 145
  第一节　会计凭证概述　/ 145
  第二节　原始凭证的填制和审核　/ 153
  第三节　记账凭证的填制和审核　/ 157
  第四节　会计凭证的传递和保管　/ 160
  练习题 / 162

- 第七章　会计账簿　/ 168
  第一节　会计账簿概述　/ 168
  第二节　会计账簿的设置和登记方法　/ 173
  第三节　会计账簿的使用规则　/ 180
  第四节　对账和结账　/ 185
  第五节　会计账簿的更换和保管　/ 189
  练习题 / 190

- 第八章　财产清查　/ 196
  第一节　财产清查概述　/ 196
  第二节　财产清查的盘存制度　/ 200
  第三节　财产清查的方法　/ 202
  第四节　财产清查结果的处理　/ 207
  练习题 / 210

- 第九章　财务报表　/ 215
  第一节　财务报表概述　/ 215
  第二节　资产负债表　/ 221
  第三节　利润表　/ 230
  第四节　现金流量表　/ 236
  第五节　财务报表附注　/ 239
  练习题 / 241

- **第十章 账务处理程序** / 246
    - 第一节 账务处理程序概述 / 246
    - 第二节 记账凭证账务处理程序 / 248
    - 第三节 科目汇总表账务处理程序 / 259
    - 第四节 汇总记账凭证账务处理程序 / 264
    - 练习题 / 269
- **第十一章 会计工作的组织** / 273
    - 第一节 会计工作组织概述 / 273
    - 第二节 会计机构 / 275
    - 第三节 会计人员 / 277
    - 第四节 会计法规 / 280
    - 第五节 会计档案 / 283
    - 第六节 会计电算化 / 287
    - 练习题 / 291
- **参考文献** / 294

第一章 会计概述

职业能力目标

通过本章学习,了解并掌握:
1. 会计的产生和发展、会计的涵义;
2. 会计的对象、会计的职能;
3. 会计的目标、会计的基本假设、会计核算的基础;
4. 会计信息的质量要求;
5. 会计的计量属性以及会计的核算方法。

第一节 会计的涵义

一、会计的产生

会计是人类社会发展到一定阶段的必然产物。在人类社会中,生产活动是最基本的实践活动。人类要生存,社会要发展,就必须进行物质资料的生产。生产活动一方面要创造物质财富,另一方面又要产生劳动耗费。如果生产的成果扣除消耗以后没有多余,社会就无法发展。反之,如果有多余,再生产就能在扩大的规模上进行,社会就能不断地发展。为此,人们在生产中必然非常关心自己的劳动耗费和劳动成果,总是力求以尽可能少的耗费,取得尽可能多的成果。为了达到这一目的,就必须在不断采用先进生产技术的同时,加强对生产活动的管理,即需要对劳动耗费和劳动成果进行计量、记录、计算和对比,这样就产生了会计。所以,会计是适应社会生产的发展和经济管理的需要而产生的。

在人类社会的发展历史上,会计很早就产生了。在原始社会时期,人们为具体掌握生产成果和安排生活需要,逐步产生了计数和计算的要求。在文字产生以前,这种计算只是用"结绳记事""刻木记数"或是凭头脑的记忆来进行的。在文字产生以后,人们对物质资料的生产与耗费开始有了专门的记载,这种文字与数字相结合的专门记载,就是最初形态的会计。但是,由于当时的生产力十分低下,生产的规模非常狭小,因此用来计算生产和耗费的会计极为简单和粗略,它只是生产者在从事生产活动中的一项附带工作。

随着社会生产力的发展,生产规模的不断扩大,社会产品逐渐增多,生产管理日趋复杂,会计的重要性也就越来越明显。作为管理生产活动的会计工作,已经不是生产者所能胜任的一项附带工作了,于是会计便开始从生产职能中分离出来,成为一种特殊的独立的职能。

二、会计的发展

会计产生至今,有着悠久的历史。在我国,根据《周礼》记载,早在西周奴隶社会,就已经建立起一套完整的会计工作组织系统,有"司书""司会"等官吏专门从事会计工作。这个时期的会计主要是核算和监督朝廷官厅的钱粮赋税的收支活动,对财物收支进行实物数量的记录和计算。因此,通常将这个时期的会计称为"官厅会计"。

随着社会生产的日益发展和生产规模的日益社会化,会计经历了一个由简单到复杂、由低级到高级的发展过程,即从早期实物数量的简单的记录和计算,逐渐发展成为用货币作为计量单位来综合反映和监督经济活动的过程。会计的技术和方法,经过长期的社会实践以及吸收先进的科学技术成果,也逐渐完善起来。

从实物计量到货币综合反映,经历了从秦到汉缓慢的过渡时期。与此同时,在秦汉两代,用于提供经济信息的会计方法也有了明显的进步。在官方的赋税记录中,开始使用"入""出"作为记账符号并创立了用于登记会计事项的账簿。西汉时采用的"上计簿",则可视为"会计报告"的滥觞。到了唐宋时期,发明了"四柱清册"的结账与报账方法。所谓"四柱"是指"旧管"(相当于"上期结存")、"新收"(相当于"本期收入")、"开除"(相当于"本期支出")、"实在"(相当于"本期结存")四个部分。"四柱清册"法把一定时期内财物收支的记录,通过"旧管+新收=开除+实在"(即上期结存+本期收入=本期支出+本期结存)这一平衡公式加以总结,既可检查日常记录的正确性,又可分类汇总日常会计记录,在一定程度上使之起到系统、全面和综合的反映作用。"四柱清册"的发明,把我国传统的单式收付簿记提到了一个较为科学的高度,这是我国古代会计的一个杰出成就,即使现代会计中,也仍在运用这一平衡关系。

明清时期,商业和手工业趋向繁荣,商品货币经济进一步发展,资本主义经济关系逐渐萌芽,相继出现了"龙门账"和"天地合账"。"龙门账"把全部账目划分为"进"(各项收入)、

"缴"（各项支出）、"存"（各项资产）、"该"（资本及负债）四大类,运用"进－缴＝存－该"的平衡公式计算盈亏,分别编制"进缴表"和"存该表"。"天地合账"要求对一切账项,都要在账簿上记录两笔,以反映同一账项的来龙去脉;账簿采用垂直书写,直行分上下两格,上格记收,称为"天",下格记付,称为"地",上下两格所记数额必须相符,即所谓"天地合"。

中华人民共和国成立前,我国会计实际上是中西式并存。许多中、小型工商企业仍沿用传统的"中式簿记"（主要是单式记账法）,只有官僚垄断资本主义企业和少数大型民族工商企业以及民国政府机关,才采用"西式会计"（主要是借贷复式记账法）。

中华人民共和国成立后,为了适应社会主义建设的需要,我国引进了苏联的会计制度,以复式记账为基础的现代会计才得到迅速而全面的推广。基于有计划地进行大规模社会主义经济建设的需要,我国先后制订出多种统一的会计制度,强化了对会计工作的组织和指导。1985年颁布的《中华人民共和国会计法》,标志着我国的会计工作从此进入了法治阶段,使我国的会计工作沿着正确方向健康发展有了可靠的法律保证。为了适应社会主义市场经济的需要,财政部于1992年颁布了《企业会计准则》,从1993年7月1日起施行;2006年2月15日修订颁布了《企业会计准则》,包括1个基本准则,38个具体准则,从2007年1月1日起施行;2014年修改了《企业会计准则——基本准则》,修订了《企业会计准则第2号——长期股权投资》《企业会计准则第9号——职工薪酬》《企业会计准则第30号——财务报表列报》《企业会计准则第33号——合并财务报表》《企业会计准则第37号——金融工具列报》五项具体会计准则,制订了《企业会计准则第39号——公允价值计量》《企业会计准则第40号——合营安排》《企业会计准则第41号——在其他主体权益的披露》三项具体会计准则;2017年修订了《企业会计准则第14号——收入》《企业会计准则第16号——政府补助》等具体会计准则,制订了《企业会计准则第42号——持有待售的非流动资产、处置组和终止经营》。

在国外,会计历史也很悠久。在原始的印度公社时期,专职的记账员就已经出现了,负责登记农业账目,登记和记录与此有关的一切事项。在奴隶社会和封建社会时期,由于商品经济还不发达,当时的会计主要是政府部门用来记录和计算钱物税赋等财政收支活动。在西方,10世纪前后,一般也采用单式簿记记账,但由于当时欧洲的生产技术远比东方落后,那里流行的单式簿记,在技术上尚未达到我国当时的水平。

但是,从12世纪到15世纪,在地中海沿岸的许多城市如佛罗伦萨、热那亚和威尼斯等,商业和手工业都比较兴盛,出现了资本主义生产的最初萌芽。不断发展的商品经济,孕育并推动了簿记方法的革命。在这样一个历史时期,簿记方法终于有了重大的突破。意大利数学家卢卡·帕乔利在认真研究威尼斯簿记的基础上,于1494年出版了《算术、几何与比例概要》一书,在书中第三篇"记算与记录评论"（又称"簿记论"）中,对威尼斯簿记作了完善的说明,他的"簿记论"被公认为世界上第一部系统地阐述复式簿记原理与方法的经典著作,为复式记账在全世界的广泛传播和以复式簿记为支柱的现代会计奠定了基础。复式记账是商品经济的产物,而复式记账对促进商品经济的发展又具有不可磨灭的功绩。著名的德国诗人歌德曾这样赞美复式簿记:它是人类智慧的绝妙创造,以致每一个精明的商人都必须在自己的经营事业中利用它。

18世纪末和19世纪初的产业革命,在若干资本主义国家特别是英国形成了空前的生产力,由此引起了生产组织和经营形式的重大变革,股份有限公司这种新的经济组织应运而生。股份有限公司资本所有权与经营权的分离,产生了审查经营管理人员履职情况的需要,于是社会上出现了以"自由职业"为身份的、以查账为职业的特许或注册会计师。1854年,英国苏格兰的会计师成立了第一个特许会计师协会——"爱丁堡会计师协会"。从此,会计的服务对象扩大了,会计的内容也发展了。会计包括了记账、算账、报账和查账,在核算职能的基础上更能发挥监督的职能。尤其是通过特许或注册会计师的活动,会计的作用获得了社会的广泛承认。

19世纪50年代起,会计的理论、方法和技术等各个方面都有突飞猛进的发展。复式簿记不断完善,会计的一些新的内容如成本计算、会计报表分析、货币计价原则与方法等相继出现,发展迅速。20世纪30年代以后,为了使会计工作规范化,提高会计报表的真实性和可比性,西方各国先后研究和制订了会计原则(即会计准则),进一步把会计理论和方法推上了一个新的水平。

20世纪50年代以后,会计的面目又为之一新。会计引入信息论、控制论、系统论、现代数学、行为科学等学科,丰富了自己的内容,传统的会计逐渐形成了相对独立的两个分支:"财务会计"与"管理会计"。前者主要为企业外部利害关系人提供财务信息,而后者则主要帮助企业内部管理层进行经营决策。另外,电子计算技术被引进会计领域,已经引起和持续促进会计工艺的彻底革命。

综上所述,会计是随着社会生产的存在而产生,随着生产和经济的发展而不断发展完善的。人们要进行生产活动,要管理生产,就需要会计。经济越发展会计越重要,越是可靠的、相关的会计信息,越能有力地促进经济的发展。会计的性质和内容是随着人类社会生产力的不断发展和生产关系的不断变革而发展变化的。会计的方法和技术随着商品经济的发展和科学技术的进步,经历了一个由简单到复杂、由低级到高级、由不完善到逐步完善的演进过程。

三、会计的涵义

会计的涵义即会计的本质,是人们对会计这一事物根本性质的认识。认识会计本质的角度不同,往往看法也不一样。在我国,"会计"一词起源于西周。清代学者焦循在《孟子正义》一书中,对会计的解释为:"零星算之为计,总合算之为会",这反映了人们当时对会计的认识。中华人民共和国成立以来,我国会计学界对会计本质的认识,大致有以下四种观点:

第一种观点认为,会计是一种计量技术。其基本理由是:会计离不开计量。经济过程中占用的财产物资和发生的劳动耗费,都必须通过计量,以货币数量加以描述,进而评价经济上的得失。会计记录是数字和文字的结合,而文字说明又依托在数量的基础之上。

第二种观点认为,会计是一种管理工具。其基本理由是:会计用货币量度计量和记录财产物资和生产经营活动的增减变化,并根据增减变化情况来考核、评价生产经营活动,为进一步加强生产经营管理提供有用的会计核算资料。

第三种观点认为,会计是一个信息系统。其基本理由是:会计对经济过程中占有财产物资和发生劳动耗费的原始数据进行计量、记录、计算,产生会计信息资料,然后通过报告提供给需要了解和管理经济活动的有关部门和人员使用。

第四种观点认为,会计是一种管理活动。其基本理由是:会计是要用货币量度对经济业务进行计量、记录、计算、分析、检查,提供反映经济活动的有关信息资料,但提供会计信息资料,并不是会计的目的,而是会计的手段;会计的目的在于通过所提供的信息资料,加强对经济活动的管理,以提高经济效益。

从会计的发展历史看,生产的发展不仅要求会计进行数量的核算,而且还要求根据数量的变化加强对生产活动的管理。随着生产的发展,会计管理的内容和方式也随之扩展变化,已由简单的计量、计算,发展到监督、控制、预测和参与决策等方面。

综上所述,会计是经济管理的重要组成部分,它是以货币作为主要计量单位,对经济活动进行核算、监督、预测和参与决策,以取得最优经济效益为目的的一种管理活动。

第二节 会计的对象和职能

一、会计的对象

会计的对象也称会计的内容,是指会计所核算和监督的内容。研究会计的对象,目的是要明确会计在经济管理中的活动范围,从而确定会计的目标和任务,建立和发展会计的方法体系。

会计作为经济管理的组成部分,它所核算和监督的内容,决定于社会经济发展的状况。在会计产生以后到商品货币经济尚未形成之前这一段相当长的时间里,会计所核算和监督的内容主要是财产物资的收支和结存。在这一时期,会计对经济活动的管理,主要体现在管好财产物资,防止损失和遗漏,使生产成果得到保护等方面。而且,这一时期会计对于财产物资的核算和监督主要是用实物形式来进行的。对于货币的收支,虽然也要加以核算和监督,但这仅仅是把货币作为一种单独的财产来加以处理,而不是把它作为统一的价值尺度来反映全部财产物资,所以当时的会计还没有统一的计量单位。

商品货币经济充分发展以后，生产日益社会化，生产规模日趋扩大，企业之间的竞争也日趋激烈。企业为了求得自己的生存和发展，必须力争以最少的投入取得最大的产出，以求最大限度地增加自己的财富，为此必须不断地从各方面加强经济管理。对会计来讲，就要全面、系统、连续、综合地核算和监督生产经营活动。于是，会计的内容也就从核算和监督财产物资的收支和结存，发展为全面、系统、连续、综合地核算和监督财产物资的取得、使用、耗费和补偿。同时，在商品货币经济已经充分发展的条件下，由于货币已经成为所有商品的一般等价物，一切商品交换都要以货币作为价值尺度，会计对于财产物资的取得、使用、耗费和补偿的核算和监督，也都要通过货币来计量，这样会计就逐渐形成了一套用价值形式管理经济活动的技术方法。因此，在商品货币经济充分发展条件下，以货币计量为基本形式是会计的主要特点。

在社会主义市场经济条件下，由于价值规律对商品生产和商品流通仍然起着调节作用，社会主义企业为了提高经济效益，同样也要在生产过程中求得价值的增值。在以生产资料公有制为主体的社会主义市场经济中，价值运动表现为资金运动。因此，会计所要反映和监督的内容，就是社会再生产过程中的资金运动。这种资金运动具体到企业，即为经营资金运动，包括资金投入、资金循环周转和资金退出三大方面；具体到行政、事业单位，即为预算资金运动，包括资金收入和资金支出两大方面。

为了全面地了解资金的运动过程，从而正确地把握会计的内容，需要进一步具体研究国民经济各部门、各类企业、事业单位的资金运动。

工业企业开展生产经营活动，首先必须拥有一定数量的资金，因此其资金运动的起点是资金投入。工业企业的所有者向企业投入的资本金，是工业企业进行生产经营活动的启动资金。另外，在生产经营过程中，工业企业还可以通过向债权人负债来形成资金投入。

工业企业利用所有者和债权人投入企业的资金，开展生产经营活动。工业企业的资金，在生产经营活动过程中，不断地改变形态，经过供应、生产、销售三个阶段，由货币资金转变为储备资金，再由储备资金转变为生产资金和成品资金，最后回到货币资金，如此周而复始地循环周转。在供应阶段，工业企业要用货币资金购买各种材料、物资。这时资金从货币资金形态转化为储备资金形态。在生产阶段，工人利用机器设备对材料进行加工，这时资金从储备资金形态转化为生产资金的形态。同时，在生产过程中，一部分货币资金由于支付职工的工资和其他生产费用，也形成生产资金。此外，厂房、机器设备等劳动资料因使用而磨损，这部分磨损的价值也转移到正在加工中的产品上，形成生产资金。产品制造完工以后，资金又从生产资金形态转化为成品资金形态。在销售阶段，工业企业将产品销售出去，取得销售收入，这时成品资金又转化为货币资金。企业在这部分货币资金中，将一部分以税金等形式上交国家，一部分按规定提取公积金和分配投资者利润，其余再用以购买材料物资，支付生产费用，继续进行周转。

企业在生产经营过程中，将实现的部分纯收入以税金的形式用货币资金上交给国家。

同时,还会用货币资金等形式向投资者支付投资利润。此外,也会用某种形态的资金偿还债权人的债务。这样,就形成了资金退出企业的生产经营过程。

可见,工业企业的资金运动主要包括资金投入、资金循环周转和资金退出三个方面的内容。其他各种从事物质生产的企业,如建筑安装施工企业、农业企业等,其资金运动的具体内容与工业企业基本相同或相似。

在商品流通企业中,资金运动的基本内容也包括资金投入、资金循环周转和资金退出三个方面。但是,由于商品流通企业的经营活动一般只限于流通领域,其经营过程只包括采购和销售两个阶段,因此商品流通企业的资金循环周转与工业企业的资金循环周转有所不同。在采购阶段,用货币购进商品,货币资金形态转化为商品资金形态。在销售阶段,将商品销售出去,收到货币,商品资金又转化为货币资金形态,如此不断循环周转。

在不属于企业性质的行政事业单位中,为了完成国家赋予的工作任务,也必须拥有一定数量的资金。这些资金主要为财政预算,由国家拨给,并按批准的预算来支出,一般称为预算资金。这样,行政事业单位一方面按预算向国家取得货币或其他形式的资金,另一方面又按预算以货币等形式支付各项费用,形成一收一付的预算资金运动。

二、会计的职能

会计的职能是会计在经济管理过程中所具有的功能。一般认为,会计的基本职能包括进行会计核算和实施会计监督两个方面。会计的这两项基本职能已写入《中华人民共和国会计法》,这对会计工作的开展具有重要的指导意义。

(一) 会计核算职能

会计核算贯穿于经济活动的全过程,是会计最基本的职能,也称反映职能。它是指会计以货币为主要计量单位,对特定主体的经济活动进行确认、计量、记录和报告,为有关各方提供会计信息。

确认是运用特定会计方法、以文字和金额同时描述某一交易或事项,使其金额反映在特定主体财务报表的合计数中的会计程序。确认分为初始确认和后续确认。

计量是确定会计确认中用以描述某一交易或事项的金额的会计程序。

记录是指对特定主体的经济活动采用一定的记账方法,在账簿中进行登记的会计程序。

报告是指在确认、计量和记录的基础上,对特定主体的财务状况、经营成果和现金流量情况(行政、事业单位是对其经费收入、经费支出、经费结余及其财务状况等情况),以财务报表的形式向有关方面报告。

会计核算的内容具体表现为生产经营过程中的各种经济业务,包括:(1) 款项和有价证券的收付;(2) 财物的收发、增减和使用;(3) 债权、债务的发生和结算;(4) 资本、基金的增减和经费的收支;(5) 收入、费用、成本的计算;(6) 财务成果的计算和处理;(7) 其他需要办理会计手续、进行会计核算的事项。会计核算要求真实、准确、完整、及时。

会计核算职能具有以下特点:

1. 会计主要是从数量方面反映经济活动情况

任何单位的经济活动,如资金的投入、材料购入、生产耗费、产品销售和利润分配等,都可以从数量方面进行计量、记录,求得一定的数量指标,这为会计进行数量反映提供了客观可能性。在经济活动情况日趋复杂的情况下,人们单凭观察与记忆,不可能掌握经济活动的全面情况,只有通过会计提供系统的数据资料,才能了解经济活动的过程和结果,才能加强经济管理。因此,经济活动的复杂性和加强经济管理的重要性决定了会计进行数量反映的必要性。

2. 会计必须连续、系统、全面、综合地反映经济活动情况

会计对任何单位经济活动的反映,必须做到具有连续性、系统性、全面性和综合性。所谓连续性,是指对经济活动中每一个具体事项,必须按其发生的时间顺序,从始至终不间断地反映;所谓系统性,就是对各种经济活动进行会计反映时,必须采取一套专门的方法,进行互相联系的记录和科学正确的分类,最终提供出系统化的数据资料;所谓全面性,就是指对于每个单位所发生的一切经济业务,都无一遗漏地进行记录,予以反映;所谓综合性,就是指必须运用一定的货币单位作为统一的计量标准,对经济活动情况进行数量反映,以求得各种总括的价值指标。

3. 会计主要是反映已经发生或已经完成的经济活动

会计对已经发生或已经完成的经济业务进行事后反映,一方面便于了解和考核经济活动的过程和结果,另一方面也可以为正确地预测未来的经济活动提供可靠的依据。

(二)会计监督职能

会计监督职能也称控制职能,是指对特定主体经济活动和相关会计核算的合法性、合理性进行审查,即以一定的标准和要求利用会计所提供的信息对各单位的经济活动进行有效的指导、控制和调节,以达到预期的目的。

会计监督的内容包括:(1)监督经济业务的真实性;(2)监督财务收支的合法性;(3)监督公共财产的完整性。

会计的监督职能具有以下特点:

1. 会计必须对经济活动的全过程实施监督

会计监督必须贯穿于经济活动的全过程,对每项经济业务进行事前、事中和事后监督。所谓事前监督,就是对未来经济活动的计划或方案,进行审查,看其是否可行,针对存在的问题,提出合理化建议,促使未来的经济活动能够取得最大的经济效益;所谓事中监督,就是对正在发生的经济活动,进行检查分析,及时发现问题,提出改进建议,控制经济活动进程,使其按照规定的要求和预期的目标进行;所谓事后监督,就是对已经完成的经济活动,进行考核评价,总结经验教训,促使有关部门采取措施,指导调整以后的经济活动。

2. 会计必须对经济活动实施全面监督

会计必须对经济活动全过程的合法性、合理性和有效性进行全面监督。会计必须审查各项经济活动是否符合国家的财经政策、财经制度和财经纪律,对于违法乱纪的行为,必须坚决加以制止。检查经济活动的合法性和合规性,是会计体现其监督职能的一个重要方面。

会计还必须审核、检查经济活动是否在正常或特定的情况下应该发生,是否符合事物发展的常理,是否符合经济管理的原理和原则。检查经济活动的合理性,也是会计体现其监督职能的一个重要方面。

此外,会计还必须对经济活动的有效性进行监督。合法性和合理性监督,主要是为了正确处理国家与企业之间的关系,协调局部利益与整体利益之间的关系,以提高宏观经济效益。有效监督,主要是从企业内部提高微观经济效益出发,把监督贯穿于经济活动全过程,检查评价每项经济活动能否提高经济效益,是否遵守节约原则,有无损失浪费。

3. 会计必须采用多种手段对经济活动实施监督

会计由于通过货币计价,可以提供一系列价值指标,综合反映经济活动的过程和结果。因此,可以利用各项价值指标,考核、监督各项经济活动,也可以利用事先制定的价值指标,控制有关经济活动。由于价值指标具有综合性,所以利用价值指标进行监督可以比较全面地考核和控制各单位的经济活动。

会计监督除了采用价值指标进行货币监督外,还可以进行实物监督。

会计核算和会计监督两项职能关系十分密切,两者是相辅相成的。核算是监督的基础,没有核算就无法进行监督,只有正确地核算,监督才能有真实可靠的依据。监督则是核算的继续,如果只有核算而不进行监督,核算也就失去了可靠的保证,就不能发挥会计工作的应有作用;只有严格地进行监督,核算所提供的数据资料,才能在经济管理中发挥更大的作用。

核算和监督是会计的两大基本职能,体现了会计的本质特征。但是,会计的职能并不是一成不变的,随着社会生产力水平的不断提高,生产过程和生产关系的日益复杂化,会计职能的内涵和外延也在不断变化。传统的职能得到不断充实,新的职能不断出现。预测经济前景、控制经济过程、分析经济结果、参与经济决策等职能已显得日趋重要,而且这些职能也正逐渐地形成独立的职能。

会计理论界认为,会计除具有会计核算和会计监督两个基本职能外,还具备下列职能,但对这些职能有不同的观点。

预测的职能:它是依据会计已有的核算资料及其他经济资料,运用一定的技术方法,对企业会计对象各个方面的未来发展趋势或状况进行估计和测算。

决策的职能:会计可参与企业的经营决策。

控制的职能:通过制度、预算(计划)、定额等手段,对经济活动进行事前、事中、事后的控制和调节,以实现经济活动的预期目的。

分析的职能：以会计资料为主要依据，对企业的财务状况、经营过程及其结果或计划（预算）的执行情况进行比较、分析、研究，总结经验，巩固成绩，揭露矛盾，提高经济效益。

第三节　会计目标、会计基本假设和会计基础

一、会计目标

会计目标是指会计所要达到的目的，是要求会计工作完成的任务或达到的标准。会计的目标涉及以下四个方面：

（一）会计信息的使用者

会计信息使用者包括投资者、债权人、政府及其有关部门和社会公众等。

（二）会计信息的用途

会计信息使用者的不同，决定了会计信息的用途也是多样的。企业投资人利用会计信息主要是为了做出投资决策；债权人利用会计信息主要是为了评价企业的偿债能力；企业管理当局利用会计信息主要是为了不断改善企业的经营管理；政府机构利用会计信息主要是为了执行政府机构的有关宏观管理职能，如税收部门利用会计信息来了解企业是否依法纳税。

（三）会计信息的内容

会计信息用途的多样性，决定了会计应该向不同的会计信息使用者提供多种不同的会计信息。例如，向企业外部投资者提供反映企业财务状况、经营成果和现金流量的会计信息主要有资产结构状况、变现能力、负债水平与偿债能力、盈利水平与分配关系、现金流量变动等方面的内容。

（四）会计信息的提供方式

企业主要通过编制资产负债表、利润表、现金流量表等会计报表和编写会计报表附注，以财务会计报告的方式提供各种会计信息，满足不同使用者对会计信息的需求。

会计基本准则对财务会计报告目标进行了明确定位，将保护投资者利益、满足投资者信息需求放在了突出位置，彰显了财务报告目标在企业会计准则体系中的重要作用。基本准则规定，财务报告的目标是向财务报告使用者提供与企业财务状况、经营成果和现金流量等有关的会计信息，反映企业管理层受托责任履行情况，以利于财务报告使用者做出经济决策。

满足投资者的信息需要是企业财务报告编制的首要出发点。近年来,我国企业改革持续深入,产权日益多元化,资本市场快速发展,机构投资者及其他投资者队伍日益壮大,对会计信息的要求日益提高,在这种情况下,投资者更加关心其投资的风险和报酬,他们需要会计信息来帮助他们做出决策,比如决定是否应当买进、持有或者卖出企业的股票或者股权,他们还需要信息来帮助其评估企业支付股利的能力等。因此,基本准则将投资者作为企业财务报告的首要使用者,凸显了投资者的地位,体现了保护投资者利益的要求,是市场经济发展的必然。

如果企业在财务报告中提供的会计信息与投资者的决策无关,那么财务报告就失去了编制的意义。根据投资者决策有用目标,财务报告所提供的信息应当如实反映企业所拥有或者控制的经济资源、对经济资源的要求权以及经济资源及其要求权的变化情况;如实反映企业的各项收入、费用、利得和损失的金额及其变动情况;如实反映企业各项经营活动、投资活动和筹资活动等所形成的现金流入和现金流出情况等。从而有助于现在的或者潜在的投资者正确、合理地评价企业的资产质量、偿债能力、盈利能力和营运效率等;有助于投资者根据相关会计信息做出理性的投资决策;有助于投资者评估与投资有关的未来现金流量的金额、时间和风险等。

除了投资者之外,企业财务报告的使用者还有债权人、政府及有关部门、社会公众等。例如,企业贷款人、供应商等债权人通常十分关心企业的偿债能力和财务风险,他们需要信息来评估企业能否如期支付贷款本金及其利息,能否如期支付所欠购货款等;政府及其有关部门作为经济管理和经济监管部门,通常会关心经济资源分配的公平、合理,市场经济秩序的公正、有序,宏观决策所依据信息的真实可靠等,因此他们需要信息来监管企业的有关活动(尤其是经济活动)、制定税收政策、进行税收征管和国民经济统计等;社会公众也关心企业的生产经营活动,包括对所在地经济做出的贡献,如增加就业、刺激消费、提供社区服务等,因此,在财务报告中提供有关企业发展前景及其能力、经营效益及其效率等方面的信息,可以满足社会公众的信息需要。应当讲,这些使用者的许多信息需求是共同的。由于投资者是企业资本的主要提供者,通常情况下,如果财务报告能够满足这一群体的会计信息需求,也就可以满足其他使用者的大部分信息需求。

现代企业制度强调企业所有权和经营权相分离,企业管理层是受委托人之托经营管理企业及其各项资产,负有受托责任。即企业管理层所经营管理的企业各项资产基本上均为投资者投入的资本(或者留存收益作为再投资)或者向债权人借入的资金所形成的,企业管理层有责任妥善保管并合理、有效运用这些资产。企业投资者和债权人等也需要及时或者经常性地了解企业管理层保管、使用资产的情况,以便于评价企业管理层的责任情况和业绩情况,并决定是否需要调整投资或者信贷政策,是否需要加强企业内部控制和其他制度建设,是否需要更换管理层等。因此,财务报告应当反映企业管理层受托责任的履行情况,以有助于外部投资者和债权人等评价企业的经营管理责任和资源使用的有效性。

二、会计基本假设

会计基本假设是企业会计确认、计量和报告的前提,是对会计核算所处时间、空间环境等所作的合理设定。会计基本假设一般包括会计主体、持续经营、会计分期和货币计量。

(一)会计主体

会计主体,又称会计实体或会计个体,是指会计工作所服务的特定单位或组织。它是对会计工作的空间范围所作的限定。为了向财务报告使用者反映企业财务状况、经营成果和现金流量,提供与其决策有用的信息,会计核算和财务报告的编制应当集中于反映特定对象的活动,并将其与其他经济实体区别开来,以实现财务报告的目标。

在会计主体假设下,企业应当对其本身发生的交易或者事项进行会计确认、计量和报告,反映企业本身所从事的各项生产经营活动。明确界定会计主体是开展会计确认、计量和报告工作的重要前提。

首先,明确会计主体,才能划定会计所要处理的各项交易或事项的范围。在会计工作中,只有那些影响企业本身经济利益的各项交易或事项才能加以确认、计量和报告,而那些不影响企业本身经济利益的各项交易或事项则不能加以确认、计量和报告。会计工作中通常所讲的资产、负债的确认,收入的实现,费用的发生等,都是针对特定会计主体而言的。

其次,明确会计主体,才能将会计主体的交易或者事项与会计主体所有者的交易或者事项以及其他会计主体的交易或者事项区分开来。例如,企业所有者的经济交易或者事项是属于企业所有者主体所发生的,不应纳入企业会计核算的范围,但是企业所有者投入到企业的资本或者企业向所有者分配的利润,则属于企业主体所发生的交易或者事项,应当纳入企业会计核算的范围。

会计主体不同于法律主体。一般来说,法律主体同时也是会计主体。例如,一个企业作为一个法律主体,应当建立财务会计系统,独立反映其财务状况、经营成果和现金流量。但是,会计主体不一定是法律主体。例如,就企业集团而言,母公司拥有若干子公司,母公司和各子公司都是不同的法律主体,但母子公司组成的企业集团一般不具有法人地位。为了全面反映企业集团的财务状况、经营成果和现金流量,有必要将企业集团作为一个会计主体,编制合并财务报表,在这种情况下,尽管企业集团不属于法律主体,但它却是一个会计主体。再如,由企业管理的证券投资基金、企业年金基金等,尽管不属于法律主体,但属于会计主体,应当对每项基金进行会计确认、计量和报告。

(二)持续经营

持续经营,又称继续经营或继续营业,是指一个企业在可预见的将来,将会按当前的规模和状态继续经营下去,不会停业,也不会大规模削减业务。在持续经营前提下,会计确认、计量和报告应当以企业持续、正常的生产经营活动为前提。企业会计准则体系是以企业持续经营为前提加以制定和规范的,涵盖了从企业成立到清算(包括破产)的整个期间的交易或者事项的会计处理。如果一个企业在不能持续经营时还假定企业能够持续经营,并仍按持续经营基本假设选择会计确认、计量和报告原则与方法,就不能客观地反映企业的财务状况、经营成果和现金流量,会误导会计信息使用者的经济决策。

(三) 会计分期

会计分期,是指将一个企业持续经营的生产经营活动划分为一个个连续的、长短相同的期间。会计分期的目的,在于通过会计期间的划分,将持续经营的生产经营活动划分成连续、相等的期间,据以计算盈亏,按期编制财务报告,从而及时向财务报告使用者提供有关企业财务状况、经营成果和现金流量的信息。

根据持续经营假设,一个企业将按当前的规模和状态持续经营下去。但是,无论是企业的生产经营决策还是投资者、债权人等的决策都需要及时的信息,都需要将企业持续的生产经营活动划分为一个个连续的、长短相同的期间,分期确认、计量和报告企业的财务状况、经营成果和现金流量。明确会计分期假设意义重大,由于会计分期,才产生了当期与以前期间、以后期间的差别,才使不同类型的会计主体有了记账的基准,进而出现了折旧、摊销等会计处理方法。

在会计分期假设下,企业应当划分会计期间,分期结算账目和编制财务报告。会计期间通常分为年度和中期。中期,是指短于一个完整的会计年度的报告期间,一般有半年度、季度、月度等。

(四) 货币计量

货币计量,是指会计主体在会计确认、计量和报告时采用货币作为统一计量单位,反映会计主体的生产经营活动。

在会计的确认、计量和报告过程中之所以选择货币为基础进行计量,是由货币的本身属性决定的。货币是商品的一般等价物,是衡量一般商品价值的共同尺度,具有价值尺度、流通手段、贮藏手段和支付手段等特点。其他计量单位,如重量、长度、容积、台、件等,只能从一个侧面反映企业的生产经营情况,无法在量上进行汇总和比较,不便于会计计量和经营管理。只有选择货币尺度进行计量,才能充分反映企业的生产经营情况,所以基本准则规定会计确认、计量和报告选择货币作为计量单位。

在有些情况下,统一采用货币计量也有缺陷,某些影响企业财务状况和经营成果的因素,如企业经营战略、研发能力、市场竞争力等,往往难以用货币来计量,但这些信息对于使用者决策来讲也很重要,企业可以在财务报告中补充披露有关非财务信息来弥补上述缺陷。

三、会计基础

(一) 权责发生制

企业会计的确认、计量和报告应当以权责发生制为基础。权责发生制要求,凡是当期已经实现的收入和已经发生或应当负担的费用,无论款项是否收付,都应当作为当期的收入和费用,计入利润表;凡是不属于当期的收入和费用,即使款项已在当期收付,也不应当作为当期的收入和费用。

在实务中,企业交易或者事项的发生时间与相关货币收支时间有时并不完全一致。例如,款项已经收到,但销售并未实现;或者款项已经支付,但并不是为本期生产经营活动而发生的。为了更加真实、公允地反映特定会计期间的财务状况和经营成果,基本准则明确规定,企业在会计确认、计量和报告中应当以权责发生制为基础。

(二) 收付实现制

收付实现制是与权责发生制相对应的一种会计基础,它是以收到或支付的现金作为确认收入和费用等的依据。目前,我国的行政单位会计采用收付实现制,事业单位会计除经营业务可以采用权责发生制外,其他大部分业务也采用收付实现制。

在1992年发布的《企业会计准则》中,权责发生制是作为会计核算的一般原则加以规范的。经过修订后,会计基本准则将权责发生制作为会计基础列入总则中而不是在会计信息质量要求中规定。其原因是权责发生制是相对于收付实现制的会计基础,贯穿于整个企业会计准则体系的总过程,属于财务会计的基本问题,层次较高,统驭作用强。

第四节　会计信息质量要求

会计信息质量要求是对企业财务报告中所提供会计信息质量的基本要求,是使财务报告中所提供会计信息对投资者等使用者决策有用应具备的基本特征,根据基本准则规定,它包括可靠性、相关性、可理解性、可比性、实质重于形式、重要性、谨慎性和及时性等。其中,可靠性、相关性、可理解性和可比性是会计信息的首要质量要求,是企业财务报告中所提供会计信息应具备的基本质量特征;实质重于形式、重要性、谨慎性和及时性是会计信息的次级质量要求,是对可靠性、相关性、可理解性和可比性等首要质量要求的补充和完善,尤其是在对某些特殊交易或者事项进行处理时,需要根据这些质量要求来把握其会计处理原则,另外,及时性还是会计信息相关性和可靠性的制约因素,企业需要在相关性和可靠性之间寻求一种平衡,以确定信息及时披露的时间。

一、可靠性

可靠性要求企业应当以实际发生的交易或者事项为依据进行确认、计量和报告,如实反映符合确认和计量要求的各项会计要素及其他相关信息,保证会计信息真实可靠、内容完整。为了贯彻可靠性要求,企业应当做到:

（1）以实际发生的交易或者事项为依据进行确认、计量,将符合会计要素定义及其确认条件的资产、负债、所有者权益、收入、费用和利润等如实反映在财务报表中,不得根据虚构的、没有发生的或者尚未发生的交易或者事项进行确认、计量和报告。

（2）在符合重要性和成本效益原则的前提下,保证会计信息的完整性,不能随意遗漏或者减少应予披露的信息,与使用者决策相关的有用信息都应当充分披露。

二、相关性

相关性要求企业提供的会计信息应当与投资者等财务报告使用者的经济决策需要相关,有助于投资者等财务报告使用者对企业过去、现在或者未来的情况作出评价或者预测。

会计信息是否有用,是否具有价值,关键是看其与使用者的决策需要是否相关,是否有助于决策或者提高决策水平。相关的会计信息应当能够有助于使用者评价企业过去的决策,证实或者修正过去的有关预测,因而具有反馈价值。相关的会计信息还应当具有预测价值,有助于使用者根据财务报告所提供的会计信息预测企业未来的财务状况、经营成果和现金流量。

会计信息质量的相关性要求,需要企业在确认、计量和报告会计信息的过程中,充分考虑使用者的决策模式和信息需要。但是,相关性是以可靠性为基础的,两者之间并不矛盾,不应将两者对立起来。也就是说,会计信息在可靠性前提下,应尽可能地做到相关性,以满足投资者等财务报告使用者的决策需要。

三、可理解性

可理解性要求企业提供的会计信息应当清晰明了,便于投资者等财务报告使用者理解和使用。

企业编制财务报告、提供会计信息的目的在于使用,而要使使用者有效使用会计信息,应当能让其了解会计信息的内涵,弄懂会计信息的内容,这就要求财务报告所提供的会计信息应当清晰明了,易于理解。只有这样,才能提高会计信息的有用性,实现财务报告的目标,满足向投资者等财务报告使用者提供决策有用信息的要求。

会计信息毕竟是一种专业性较强的信息产品,在强调会计信息的可理解性要求的同时,还应假定使用者具有一定的有关企业经营活动和会计方面的知识,并且愿意付出努力去研究这些信息。对于某些复杂的信息,如交易本身较为复杂或者会计处理较为复杂,但其与使用者的经济决策是相关的,企业就应当在财务报告中予以充分披露。

四、可比性

可比性要求企业提供的会计信息应当相互可比。这主要包括两层含义：

（一）同一企业不同时期可比

为了便于投资者等财务报告使用者了解企业财务状况、经营成果和现金流量的变化趋势,比较企业在不同时期的财务报告信息,全面、客观地评价过去、预测未来,从而做出决策。会计信息质量的可比性要求同一企业不同时期发生的相同或者相似的交易或者事项,应当采用一致的会计政策,不得随意变更。但是,满足会计信息可比性要求,并非表明企业不得变更会计政策,如果按照规定或者在会计政策变更后可以提供更可靠、更相关的会计信息,就可以变更会计政策。有关会计政策变更的情况,应当在财务报告附注中予以说明。

（二）不同企业相同会计期间可比

为了便于投资者等财务报告使用者评价不同企业的财务状况、经营成果和现金流量及其变动情况,会计信息质量的可比性要求不同企业同一会计期间发生的相同或者相似的交易或者事项,应当采用规定的会计政策,确保会计信息口径一致、相互可比,以使不同企业按照一致的确认、计量和报告要求提供有关会计信息。

五、实质重于形式

实质重于形式要求企业应当按照交易或者事项的经济实质进行会计确认、计量和报告,不能仅仅以交易或者事项的法律形式为依据。

企业发生的交易或事项在多数情况下其经济实质和法律形式是一致的,但在有些情况下也会出现不一致。例如,企业按照销售合同销售商品但又签订了售后回购协议,虽然从法律形式上看实现了收入,但如果企业没有将商品所有权上的主要风险和报酬转移给购货方,没有满足收入确认的各项条件,即使签订了商品销售合同或者已将商品交付给购货方,也不应当确认销售收入。

六、重要性

重要性要求企业提供的会计信息应当反映与企业财务状况、经营成果和现金流量有关的所有重要交易或者事项。

如果财务报告中提供的会计信息的省略或者错报会影响投资者等使用者据此做出决策的,该信息就具有重要性。重要性的应用需要依赖职业判断,企业应当根据其所处环境和实际情况,从项目的性质和金额大小两方面加以判断。

七、谨慎性

谨慎性也称稳健性,它要求企业对交易或者事项进行会计确认、计量和报告时保持应有的谨慎,不应高估资产或者收益、低估负债或者费用。

在市场经济环境下,企业的生产经营活动面临着许多风险和不确定性,如应收款项的可收回性、固定资产的使用寿命、无形资产的使用寿命、售出产品可能发生的退货或者返修等。会计信息质量的谨慎性要求,需要企业在面临不确定性因素的情况下做出职业判断时,应当保持应有的谨慎.充分估计到各种风险和损失,既不高估资产或者收益,也不低估负债或者费用。例如,要求企业对售出商品所提供的产品质量保证确认一项预计负债,就体现了会计信息质量的谨慎性要求。

谨慎性的应用也不允许企业设置秘密准备,如果企业故意低估资产或者收入,或者故意高估负债或者费用,将不符合会计信息的可靠性和相关性要求,损害会计信息质量,扭曲企业实际的财务状况和经营成果,从而对使用者的决策产生误导,这是会计准则所不允许的。

八、及时性

及时性也称时效性,要求企业对于已经发生的交易或者事项,应当及时进行确认、计量和报告,不得提前或者延后。

会计信息的价值在于帮助所有者或者其他方面做出经济决策,具有时效性。可靠的、相关的会计信息,如果不及时提供,就会失去时效性,对于使用者的效用就会大大降低,甚至不再具有实际意义。在会计确认、计量和报告过程中贯彻及时性,一是要求及时收集会计信息,即在交易或者事项发生后,及时收集整理各种原始单据或者凭证;二是要求及时处理会计信息,即按照会计准则的规定,及时对交易或者事项进行确认或者计量,并编制财务报告;三是要求及时传递会计信息,即按照国家规定的有关时限,及时地将编制的财务报告传递给财务报告使用者,便于其及时使用和决策。

在实务中,为了及时提供会计信息,可能需要在有关交易或者事项的信息全部获得之前即进行会计处理,这样就满足了会计信息的及时性要求,但可能会影响会计信息的可靠性;反之,如果企业等到与交易或者事项有关的全部信息获得之后再进行会计处理,这样的信息披露可能会由于时效性问题,对于投资者等财务报告使用者决策的有用性大大降低。这就需要在及时性和可靠性之间作相应权衡,以最好地满足投资者等财务报告使用者的经济决策需要作为判断标准。

第五节　会计计量和会计方法

一、会计计量

会计计量是为了将符合确认条件的会计要素登记入账并列报于财务报表而确定其金额的过程。企业应当按照规定的会计计量属性进行计量,确定相关金额。计量属性是指所计量的某一要素的特性方面,如桌子的长度、铁矿的重量、楼房的面积等。从会计角度,计量属性反映的是会计要素金额的确定基础,主要包括历史成本、重置成本、可变现净值、现值和公允价值等。

（一）历史成本

历史成本，又称为实际成本，就是取得或制造某项财产物资时所实际支付的现金或现金等价物。在历史成本计量下，资产按照其购置时支付的现金或者现金等价物的金额，或者按照购置资产时所付出的对价的公允价值计量。负债按照其因承担现时义务而实际收到的款项或者资产的金额，或者承担现时义务的合同金额，或者按照日常活动中为偿还负债预期需要支付的现金或者现金等价物的金额计量。

（二）重置成本

重置成本又称现行成本，是指按照当前市场条件，重新取得同样一项资产所需支付的现金或现金等价物金额。在重置成本计量下，资产按照现在购买相同或者相似资产所需支付的现金或者现金等价物的金额计量。负债按照现在偿付该项债务所需支付的现金或者现金等价物的金额计量。在实务中，重置成本多应用于盘盈固定资产的计量等。

（三）可变现净值

可变现净值，是指在正常生产经营过程中，以预计售价减去进一步加工成本和预计销售费用以及相关税费后的净值。在可变现净值计量下，资产按照其正常对外销售所能收到现金或者现金等价物的金额扣减该资产至完工时估计将要发生的成本、估计的销售费用以及相关税费后的金额计量。可变现净值通常应用于存货资产减值情况下的后续计量。

（四）现值

现值，是指对未来现金流量以恰当的折现率进行折现后的价值，这是考虑货币时间价值的一种计量属性。在现值计量下，资产按照预计从其持续使用和最终处置中所产生的未来净现金流入量的折现金额计量。负债按照预计期限内需要偿还的未来净现金流出量的折现金额计量。现值通常用于非流动资产可收回金额和以摊余成本计量的金融资产价值的确定等。例如，在确定固定资产、无形资产等可收回金额时，通常需要计算资产预计未来现金流量的现值；对于持有至到期投资、贷款等以摊余成本计量的金融资产，通常需要使用实际利率法将这些资产在预期存续期间或适用的更短期间内的未来现金流量折现，再通过相应的调整确定其摊余成本。

（五）公允价值

公允价值，是指市场参与者在计量日发生的有序交易中，出售一项资产所能收到或者转移一项负债所需支付的价格。

企业以公允价值计量相关资产或负债，应当考虑该资产或负债的特征。相关资产或负债的特征，是指市场参与者在计量日对该资产或负债进行定价时考虑的特征，包括资产状况及所在位置、对资产出售或者使用的限制等。企业以公允价值计量相关资产或负债，应当假定市场参与者在计量日出售资产或者转移负债的交易，是在当前市场条件下的有序交易。

有序交易,是指在计量日前一段时期内相关资产或负债具有惯常市场活动的交易。清算等被迫交易不属于有序交易。

二、会计方法

会计方法是用来核算和监督会计对象、完成会计任务的手段。会计方法是从长期会计实践中总结出来的。随着会计反映和监督的内容日趋复杂以及在经济管理工作中对会计不断提出新的要求,会计的方法也在不断地改进和发展,曾经历了由简单到复杂、由不完备到完备的漫长发展过程。

会计核算是会计的基本环节,会计核算方法是会计的基本方法。会计核算方法是指对会计对象进行全面、连续、系统、综合的记录、计算和报告所采用的方法,简单地说是指在进行记账、算账和报账时所采用的方法,一般包括设置账户、复式记账、填制和审核凭证、登记账簿、成本计算、财产清查、编制会计报表等七种方法。

（一）设置账户

设置账户就是对会计对象的具体内容,按其不同的特点和经济管理的需要,分门别类地进行核算的一种专门方法。对会计对象具体内容作科学分类的类别名称称为会计科目。设置账户,就是根据会计科目在账簿中设置一系列账户,以便提供它们增减变动情况的资料。设置账户对于正确运用填制凭证、登记账簿和编制报表等核算方法,具有重要的意义。

（二）复式记账

复式记账是指对每一项经济业务都要以相等的金额,在两个或两个以上相互联系的账户进行登记的记账方法。采用这种记账方法,可使每项经济业务所涉及的两个或两个以上的账户发生对应关系,同时在对应账户上所记金额相等,即保持平衡关系。通过复式记账,可以检查有关经济业务的记录是否正确。由此可见,采用复式记账记录各项经济业务,不仅可以相互联系地反映经济业务的全貌,也便于核对账簿记录是否正确。

（三）填制和审核凭证

会计凭证是记录经济业务、明确经济责任的书面证明,是登记账簿的重要依据。对于已经发生或已经完成的经济业务,都要由经办人员或有关单位填制凭证,并签名盖章。所有凭证都要经过会计部门和有关部门的审核,只有经过审核并认为正确无误的凭证,才能作为记账的根据。由此可见,填制和审核凭证可以为经济管理提供真实可靠的数据资料,也是实行会计监督的一个重要方面。

（四）登记账簿

账簿是由具有一定格式的账页组成的,用以记录各项经济业务的簿籍,也是保存会计数据资料的重要工具。登记账簿就是把所有的经济业务按其发生的顺序,根据审核无误的会计凭证,分门别类地记入有关账簿,以便为经营管理提供完整的、系统的数据资料。登记账簿必须按照规定的会计科目,在账簿中分设账户,要把所有的经济业务分别记入有关账户并定期进行结账,计算和累计各项核算指标,还要定期核对账目,使账簿记录同实际情况保持一致。账簿所提供的各种数据资料,是编制会计报表的主要依据。

(五)成本计算

成本计算就是企业将生产经营过程中发生的直接费用和间接费用按照不同的成本计算对象进行归类,从而计算不同成本计算对象的总成本和单位成本。通过成本计算所提供的资料,可以了解成本的构成情况,反映成本的高低,并据以确定企业的盈亏。做好成本计算工作,对于挖掘降低成本的潜力、提高经济效益有着重要的意义。

(六)财产清查

财产清查是通过盘点实物、核对账目,查明各项财产物资和资金的实有数,保证账实相符的一种专门方法。通过财产清查,可以查明各项财产物资的保管和使用是否合理、有无积压,债权债务的结算是否及时、有无长期拖欠。因此,财产清查对于保证会计核算资料的正确、完整,加强财产的管理,挖掘物资潜力,加速资金周转都有重要作用。

(七)编制会计报表

会计报表是以货币为主要计量单位,根据日常核算资料编制的总括反映企业在一定时期内经济活动情况的报告性文件。编制会计报表,是以书面报告的形式,定期并总括地反映企业财务状况和经营成果的一种专门方法。编制会计报表是提供会计信息的一种重要方式。

会计核算的各种专门方法,并不是各自孤立的,而是相互联系、密切配合地构成一个完整的会计核算方法体系。它们之间的基本关系可以归纳如下:对于日常发生的经济业务,要填制和审核凭证,按照规定的会计账户,运用复式记账法记入有关账簿;对于经营过程中发生的有关费用,应当进行成本计算;对于账簿记录,要通过财产清查加以核实,在保证账实相符的基础上,根据账簿记录,定期编制会计报表。

现代中国会计名家

1. 中国第一位会计师——谢霖(1885—1969)

2. 中国会计之父——潘序伦(1893—1985)

3. 改良中式簿记的创始人——徐永祚(1891—1959)

4. 现代政府会计制度的设计者——雍家源(1898—1975)

5. 最早介绍西方现代会计理论的学者——赵锡禹(1901—1970)

6. 移植苏联国营会计方法的专家——余肇池(1892—1968)

7. 主管全国会计事务的首位官员——安绍芸(1900—1976)

8. 自学成才的会计专家——顾准(1915—1974)
9. 中国会计制度的奠基人——杨纪琬(1917—1999)

【练习题】

一、名词解释

会计　会计职能　会计主体　持续经营　会计分期　货币计量　权责发生制
收付实现制　可比性　实质重于形式　谨慎性　及时性　可变现净值　公允价值

二、单项选择题

1. 会计的产生是由于(　　)。
   A. 社会分工的需要　　　　　　　B. 生产关系变异的需要
   C. 技术进步　　　　　　　　　　D. 生产管理的需要
2. 会计的基本职能是(　　)。
   A. 核算与分析　　B. 核算与监督　　C. 反映与考核　　D. 分析与控制
3. 会计的一般对象可以概括为(　　)。
   A. 生产领域的资金运动　　　　　B. 流通领域的资金运动
   C. 社会再生产过程中的经济活动　D. 社会再生产过程中的资金运动
4. 在会计假设中,确定会计核算空间范围的是(　　)。
   A. 会计主体　　B. 持续经营　　C. 会计分期　　D. 货币计量
5. 按照权责发生制的要求,下列各项应作为本期收入的是(　　)。
   A. 收到上个月销售产品的收入存入银行
   B. 预收下个月产品销售收入存入银行
   C. 本月销售产品收入存入银行
   D. 收到上个月的利息收入存入银行
6. 谨慎性要求企业(　　)。
   A. 多计费用、少计收入
   B. 少计费用、多计收入
   C. 多计负债、少计资产
   D. 不应高估资产或收益、低估负债或费用
7. 在各种会计计量属性中,企业一般应采用(　　)。
   A. 历史成本　　B. 现值　　C. 可变现净值　　D. 公允价值
8. 下列不属于会计中期的是(　　)。
   A. 年度　　B. 半年度　　C. 季度　　D. 月度
9. 会计是以(　　)为主要计量单位。

A. 实物　　　　　　B. 货币　　　　　　C. 劳动量　　　　　　D. 价格

10. 我国企业通常采用( )作为其会计核算基础。

A. 收付实现制　　　B. 集中核算制　　　C. 分散核算制　　　D. 权责发生制

三、多项选择题

1. 下列各项中,属于会计核算基本前提(会计假设)的有( )。

A. 会计主体　　　　B. 持续经营　　　　C. 会计分期　　　　D. 货币计量

2. 下列各项中,属于会计信息质量要求的有( )。

A. 重要性　　　　　B. 权责发生制　　　C. 实质重于形式　　D. 相关性

3. 下列各项中,可以作为一个会计主体的有( )。

A. 独资企业　　　　B. 合伙企业　　　　C. 集团公司　　　　D. 分公司

4. 下列各项中,体现会计的谨慎性要求的有( )。

A. 对财产物资按历史成本计价　　　　B. 对应收款项计提坏账准备
C. 计提本期销售产品的保修费用　　　D. 固定资产计提折旧

5. 下列各项中,属于会计计量的有( )。

A. 历史成本　　　　B. 账面价值　　　　C. 可变现净值　　　D. 重置成本

6. 下列各项中,属于会计核算方法的有( )。

A. 成本计算　　　　B. 财产清查　　　　C. 登记账簿　　　　D. 货币计量

7. 会计期间可以分为( )。

A. 月度　　　　　　B. 季度　　　　　　C. 半年度　　　　　D. 年度

8. 工业企业的资金运动主要包括( )等方面。

A. 资金投入　　　　B. 资金循环周转　　C. 资金分配　　　　D. 资金退出

9. 下列各项中,不属于会计信息质量要求的有( )。

A. 可比性　　　　　B. 权责发生制　　　C. 实质重于形式　　D. 收付实现制

10. 会计必须( )地反映经济活动情况。

A. 连续　　　　　　B. 系统　　　　　　C. 全面　　　　　　D. 综合

四、判断题

1. 会计的本质是一种经济管理活动。　　　　　　　　　　　　　　　　　(　)
2. 会计的对象是指会计所核算和监督的内容。　　　　　　　　　　　　　(　)
3. 谨慎性要求企业少计收入,多计费用,少计利润,从而少交税。　　　　(　)
4. 企业在对会计要素进行计量时,一般应当采用历史成本计量属性。　　　(　)
5. 法律主体同时也是会计主体,会计主体一般也是法律主体。　　　　　　(　)
6. 在我国境内的所有企业必须以人民币作为记账本位币。　　　　　　　　(　)
7. 可靠性是会计信息的生命,是会计核算工作的首要质量要求。　　　　　(　)
8. 会计主体是会计核算的空间范围,持续经营是会计核算的时间范围。　　(　)

9. 会计期间通常分为年度和中期。 （　　）

10. 在我国企业单位应当采用收付实现制作为会计核算的基础。 （　　）

五、核算题

根据下列经济业务,分别按权责发生制和收付实现制计算 9 月份的收入和费用,并将结果填入下表。

业务号	权责发生制		收付实现制	
	收入	费用	收入	费用

9 月份的经济业务如下:

(1) 销售产品 4 000 元,货款存入银行。

(2) 销售产品 10 000 元,货款尚未收到。

(3) 预付 7—12 月份的租金 6 000 元。

(4) 本月应计提银行借款利息 1 000 元。

(5) 收到上月应收货款 4 000 元。

(6) 收到预付货款 3 000 元,下月交货。

第二章 会计要素和账户

通过本章学习，了解并掌握：
1. 会计要素的涵义及其具体内容；
2. 会计等式的涵义与种类；
3. 会计科目及其分类；
4. 会计账户的设置。

第一节 会计要素

会计要素是为实现会计目标，在会计基本前提的基础上，对会计对象进行的基本分类，是会计核算对象的具体化，是用于反映会计主体财务状况、确定经营成果的基本单位。

从企业会计来说，其对象是生产经营活动及反映其生产经营活动的资金运动，实质上就是企业所占有的各种经济资源的取得与运用。从静止的某一时点来说，企业的资金运动具体表现为企业范围内的各种经济资源的占有、运用和来源情况，也就是企业在某一时点的财务状况。为此，要表现企业的财务状况，就需要按照一定标准对各种经济资源的占用进行分类，对各种经济资源的来源进行分类，通过分类将其反映在会计报表中。这些为反映企业财务状况所进行的基本分类，就是反映和表明财务状况的会计要素。从一定期间来看，企业的资金运动表现为一定期间经济资源运用的所得与所费，表现为一定经济资源的流入和流出。

所得与所费比较的结果,就是企业在一定期间内的经营成果。表现和反映企业一定期间所得与所费的基本分类,就是反映和表现经营成果的会计要素。

会计要素既是反映企业财务状况和经营成果的基本单位,又是会计报表的基本构件。我国2006年发布的《企业会计准则》列示了资产、负债、所有者权益、收入、费用和利润六大会计要素。这六大会计要素又分为反映财务状况的会计要素和反映经营成果的会计要素两大类。反映财务状况的会计要素包括资产、负债和所有者权益;反映经营成果的会计要素包括收入、费用和利润。

一、资产

(一) 资产的定义

资产是指企业过去的交易或者事项形成的、由企业拥有或者控制的、预期会给企业带来经济利益的资源。根据资产的定义,资产具有以下特征:

1. 资产应为企业拥有或者控制的资源

资产作为一项资源,应当由企业拥有或者控制,具体是指企业享有某项资源的所有权,或者虽然不享有某项资源的所有权,但该资源能被企业所控制。

企业享有资产的所有权,通常表明企业能够排他性地从资产中获取经济利益。通常在判断资产是否存在时,所有权是考虑的首要因素。有些情况下,资产虽然不为企业所拥有,即企业并不享有其所有权,但企业控制了这些资产,同样表明企业能够从资产中获取经济利益,符合会计上对资产的定义。例如,某企业以融资租赁方式租入一项固定资产,尽管企业并不拥有其所有权,但是如果租赁合同规定的租赁期相当长,接近于该资产的使用寿命,则表明企业控制了该资产的使用及其所能带来的经济利益,应当将其作为企业资产予以确认、计量和报告。

2. 资产预期会给企业带来经济利益

资产预期会给企业带来经济利益,是指资产直接或者间接导致现金和现金等价物流入企业的潜力。这种潜力可以来自企业日常的生产经营活动,也可以是非日常活动;带来经济利益可以是现金或者现金等价物形式,也可以是能转化为现金或者现金等价物的形式,或者是可以减少现金或者现金等价物流出的形式。

资产预期能否为企业带来经济利益是资产的重要特征。例如,企业采购的原材料、购置的固定资产等用于生产产品,产品对外出售后收回货款,货款即为企业所获得的经济利益。如果某一项目预期不能给企业带来经济利益,那么就不能将其确认为企业的资产。前期已经确认为资产的项目,如果不能再为企业带来经济利益,也不能再确认为企业的资产。例如,某企业在年末盘点存货时,发现存货发生毁损,该毁损的存货预期不能为企业带来经济利益,已不符合资产的定义,因此不应再在资产负债表中确认为一项资产。

3. 资产是由企业过去的交易或者事项形成的

资产应当由企业过去的交易或者事项所形成，过去的交易或者事项包括购买、生产、建造行为以及其他交易或事项。换句话说，只有过去的交易或者事项才能产生资产，企业预期在未来发生的交易或者事项不形成资产。例如，企业有购买某存货的意愿或者计划，但是购买行为尚未发生，就不符合资产的定义，不能因此确认存货资产。

（二）资产的确认条件

将一项资源确认为资产，需要符合资产的定义，还应同时满足以下两个条件：

1. 与该资源有关的经济利益很可能流入企业

从资产的定义来看，能否带来经济利益是资产的一个本质特征，但在现实生活中，由于经济环境瞬息万变，与资源有关的经济利益能否流入企业或者能够流入多少实际上带有不确定性。因此，资产的确认还应与经济利益流入的不确定性程度的判断结合起来。期末，根据所取得的证据，如果与资源有关的经济利益很可能流入企业，那么就应当将其作为资产予以确认；反之，则不能确认为资产。

2. 该资源的成本或者价值能够可靠地计量

财务会计系统是一个确认、计量和报告的系统，其中计量起着枢纽作用，可计量性是所有会计要素确认的重要前提，资产的确认也是如此。只有当有关资源的成本或者价值能够可靠地计量时，资产才能予以确认。在实务中，企业取得的许多资产都是发生了实际成本的，例如企业购买或者生产的存货，企业建造的厂房或者购置的设备等，对于这些资产，只要实际发生的购买成本或者生产成本能够可靠计量，就视为符合了资产确认的可计量条件。在某些情况下，企业取得的资产没有发生实际成本或者发生的实际成本很小，例如企业持有的某些衍生金融工具形成的资产，对于这些资产，尽管它们没有实际成本或者发生的实际成本很小，但是如果其公允价值能够可靠计量的话，也被认为符合了资产可计量性的确认条件。

（三）资产的分类

资产按其流动性不同，分为流动资产和非流动资产两类。

流动资产是指预计在一个正常营业周期中变现、出售或耗用，或者主要为交易目的而持有，或者预计在资产负债表日起一年内（含一年）变现的资产，以及自资产负债表日起一年内交换其他资产或清偿负债的能力不受限制的现金或现金等价物。流动资产主要包括货币资金、交易性金融资产、应收账款、应收票据、预付款项、应收利息、应收股利、其他应收款、存货等。

非流动资产是指流动资产以外的资产，主要包括长期股权投资、固定资产、在建工程、工程物资、无形资产、开发支出等。

长期股权投资是指企业持有的对其子公司、合营企业及联营企业的权益性投资以及企业持有的对被投资单位不具有控制、共同控制或重大影响，并且在活跃市场中没有报价、公允价值不能可靠计量的权益性投资。

固定资产是指同时具有以下特征的有形资产：（1）为生产商品、提供劳务、出租或经营管理而持有；（2）使用寿命超过一个会计年度。

无形资产是指企业拥有或者控制的没有实物形态的可辨认非货币性资产。例如，专利权、非专利技术、商标权、著作权、土地使用权、特许权等。

二、负债

（一）负债的定义

负债是指企业过去的交易或者事项形成的，预期会导致经济利益流出企业的现时义务。根据负债的定义，负债具有以下特征：

1. 负债是企业承担的现时义务

负债必须是企业承担的现时义务，这是负债的一个基本特征。其中，现时义务是指企业在现行条件下已承担的义务。未来发生的交易或者事项形成的义务，不属于现时义务，不应当确认为负债。

这里所指的现时义务可以是法定义务，也可以是推定义务。其中法定义务是指具有约束力的合同或者法律法规规定的义务，通常必须依法执行。例如，企业购买原材料形成应付账款，企业向银行贷入款项形成借款，企业按照税法规定应当交纳的税款等，均属于企业承担的法定义务，需要依法予以偿还或缴纳。推定义务是指根据企业多年来的习惯做法、公开的承诺或者公开宣布的政策而导致企业将承担的责任，这些责任也使有关各方形成了企业将履行义务解脱责任的合理预期。例如，某企业多年来制定有一项销售政策，对于售出商品提供一定期限内的售后保修服务，预期将为售出商品提供的保修服务就属于推定义务，应当将其确认为一项负债。

2. 负债预期会导致经济利益流出企业

预期会导致经济利益流出企业是负债的一个本质特征。导致经济利益流出企业的现时义务，才符合负债的定义；不会导致企业经济利益流出的现时义务，则不符合负债的定义。在履行现时义务清偿负债时，导致经济利益流出企业的形式多种多样，例如用现金偿还；以实物资产形式偿还；以提供劳务形式偿还；以部分转移资产、部分提供劳务形式偿还；将负债转为资本等。

3. 负债是由企业过去的交易或者事项形成的

负债应当由企业过去的交易或者事项所形成。换句话说，只有过去的交易或者事项才形成负债，企业将在未来发生的承诺、签订的合同等交易或者事项不形成负债。

（二）负债的确认条件

将一项现时义务确认为负债，需要符合负债的定义，还应当同时满足以下两个条件：

1. 与该义务有关的经济利益很可能流出企业

从负债的定义可以看到,预期会导致经济利益流出企业是负债的一个本质特征。在实务中,履行义务所需流出的经济利益带有不确定性,尤其是与推定义务相关的经济利益通常需要依赖于大量的估计。因此,负债的确认应当与经济利益流出的不确定性程度的判断结合起来。如果有确凿证据表明与现时义务有关的经济利益很可能流出企业,就应当将其作为负债予以确认;反之,如果企业承担了现时义务,但是导致经济利益流出企业的可能性若已不复存在,就不符合负债的确认条件,不应将其作为负债予以确认。

2. 未来流出的经济利益的金额能够可靠地计量

负债的确认在考虑经济利益流出企业的同时,对于未来流出的经济利益的金额应当能够可靠计量。对于与法定义务有关的经济利益流出金额,通常可以根据合同或者法律规定的金额予以确定,考虑到经济利益流出的金额通常在未来期间,若未来期间较长,有关金额的计量就需要考虑货币时间价值等因素的影响。对于与推定义务有关的经济利益流出金额,企业应当根据履行相关义务所需支出的最佳估计数进行估计,并综合考虑有关货币时间价值、风险等因素的影响。

(三) 负债的分类

负债按其流动性不同,分为流动负债和非流动负债两类。

流动负债是指预计在一个正常营业周期中清偿或者主要为交易目的而持有或者自资产负债表日起一年内(含一年)到期应予以清偿或者企业无权自主地将清偿推迟至资产负债表日后一年以上的负债。流动负债主要包括:短期借款、应付账款、应付票据、预收账项、应付职工薪酬、应交税费、应付利息、应付股利、其他应付款等。

非流动负债是指流动负债以外的负债,主要包括长期借款、应付债券、长期应付款等。

三、所有者权益

(一) 所有者权益的定义

所有者权益是指企业资产扣除负债后,由所有者享有的剩余权益。公司的所有者权益又称为股东权益。所有者权益是所有者对企业资产的剩余索取权,它是企业资产中扣除债权人权益后应由所有者享有的部分,既可反映所有者投入资本的保值增值情况,又体现了保护债权人权益的理念。所有者权益具有以下特征:

(1) 除非发生减资、清算或分派现金股利,企业不需要偿还所有者权益;
(2) 企业清算时,只有在清偿所有的负债后,所有者权益才返还给所有者;
(3) 所有者凭借所有者权益能够参与企业利润的分配。

(二) 所有者权益的确认条件

所有者权益体现的是所有者在企业中的剩余权益,因此所有者权益的确认主要依赖于其他会计要素,尤其是资产和负债的确认;所有者权益金额的确定也主要取决于资产和负债的计量。例如,企业接受投资者投入的资产,在该资产符合企业资产确认条件时,就相应地符合了所有者权益的确认条件;当该资产的价值能够可靠计量时,所有者权益的金额也就可以确定。

所有者权益反映的是企业所有者对企业资产的索取权,负债反映的是企业债权人对企业资产的索取权,两者在性质上有本质区别,因此企业在会计确认、计量和报告中应当严格区分负债和所有者权益,以如实反映企业的财务状况,尤其是企业的偿债能力和产权比率等。在实务中,企业某些交易或者事项可能同时具有负债和所有者权益的特征,在这种情况下,企业应当将属于负债和所有者权益的部分分开核算和列报。例如,企业发行的可转换公司债券,企业应当将其中的负债部分和权益性工具部分进行分拆,分别确认负债和所有者权益。

(三) 所有者权益的来源构成

所有者权益的来源包括所有者投入的资本、直接计入所有者权益的利得和损失、留存收益等,通常由实收资本(或股本)、资本公积(含资本溢价或股本溢价、其他资本公积)、盈余公积和未分配利润构成。

所有者投入的资本是指所有者投入企业的资本部分,它既包括构成企业注册资本或者股本部分的金额,也包括投入资本超过注册资本或者股本部分的金额,即资本溢价或者股本溢价,这部分投入资本在我国企业会计准则体系中被计入了资本公积。

直接计入所有者权益的利得和损失,是指不应计入当期损益、会导致所有者权益发生增减变动的、与所有者投入资本或者向所有者分配利润无关的利得或者损失。其中,利得是指由企业非日常活动所形成的、会导致所有者权益增加的、与所有者投入资本无关的经济利益的流入,利得包括直接计入所有者权益的利得和直接计入当期利润的利得。损失是指由企业非日常活动所发生的、会导致所有者权益减少的、与向所有者分配利润无关的经济利益的流出,包括直接计入所有者权益的损失和直接计入当期利润的损失。直接计入所有者权益的利得和损失主要包括可供出售金融资产的公允价值变动额、现金流量套期中套期工具公允价值变动额(有效套期部分)等。

留存收益是企业历年实现的净利润留存于企业的部分,主要包括累计计提的盈余公积和未分配利润。

四、收入

(一) 收入的定义

收入是指企业在日常活动中形成的、会导致所有者权益增加的、与所有者投入资本无关的经济利益的总流入。根据收入的定义,收入具有以下特征:

1. **收入是企业在日常活动中形成的**

日常活动是指企业为完成其经营目标所从事的经常性活动以及与之相关的活动。例如,工业企业制造并销售产品、商业企业销售商品、保险公司签发保单、咨询公司提供咨询服务、软件企业为客户开发软件、安装公司提供安装服务、商业银行对外贷款、租赁公司出租资产等,均属于企业的日常活动。明确界定日常活动是为了将收入与利得相区分,因为企业非日常活动所形成的经济利益的流入不能确认为收入,而应当计入利得。

2. **收入会导致所有者权益的增加**

与收入相关的经济利益的流入应当会导致所有者权益的增加,不会导致所有者权益增加的经济利益的流入不符合收入的定义,不应确认为收入。例如,企业向银行借入款项,尽管也导致了企业经济利益的流入,但该流入并不导致所有者权益的增加,反而使企业承担了一项现时义务。企业对于因借入款项所导致的经济利益的增加,不应将其确认为收入,应当确认一项负债。

3. **收入是与所有者投入资本无关的经济利益的总流入**

收入应当会导致经济利益的流入,从而导致资产的增加。例如,企业销售商品,应当收到现金或者在未来有权收到现金,才表明该交易符合收入的定义。但是,经济利益的流入有时是所有者投入资本的增加所导致的,所有者投入资本的增加不应当确认为收入,应当将其直接确认为所有者权益。

(二)收入的确认条件

企业收入的来源渠道多种多样,不同收入来源的特征有所不同,其收入确认条件也往往存在差别,如销售商品、提供劳务、让渡资产使用权等。一般而言,收入只有在经济利益很可能流入从而导致企业资产增加或者负债减少、经济利益的流入额能够可靠计量时才能予以确认。即收入的确认至少应当符合以下条件:一是与收入相关的经济利益应当很可能流入企业;二是经济利益流入企业的结果会导致资产的增加或者负债的减少;三是经济利益的流入额能够可靠计量。

(三)收入的分类

收入按照重要性分类,一般可分为主营业务收入和其他业务收入两类。

主营业务收入是指企业主要经营业务所取得的收入。主营业务收入一般占企业收入的比重较大,对企业的经济效益产生较大的影响。

其他业务收入是指企业次要经营业务所取得的收入。其他业务收入一般占企业收入的比重较小,对企业的经济效益的影响较小。

五、费用

(一)费用的定义

费用是指企业在日常活动中发生的、会导致所有者权益减少的、与向所有者分配利润无

关的经济利益的总流出。根据费用的定义,费用具有以下特征:

1. 费用是企业在日常活动中形成的

费用必须是企业在其日常活动中所形成的,这些日常活动的界定与收入定义中涉及的日常活动的界定相一致。因日常活动所产生的费用通常包括销售成本(营业成本)、管理费用等。将费用界定为日常活动所形成的,目的是为了将其与损失相区分,企业非日常活动所形成的经济利益的流出不能确认为费用,而应当计入损失。

2. 费用会导致所有者权益的减少

与费用相关的经济利益的流出应当会导致所有者权益的减少,不会导致所有者权益减少的经济利益的流出不符合费用的定义,不应确认为费用。

3. 费用是与向所有者分配利润无关的经济利益的总流出

费用的发生应当会导致经济利益的流出,从而导致资产的减少或者负债的增加(最终也会导致所有者权益的减少)。其表现形式包括现金或者现金等价物的流出,存货、固定资产和无形资产等的流出或者消耗等。鉴于企业向所有者分配利润也会导致经济利益的流出,而该经济利益的流出显然属于所有者权益的抵减项目,不应确认为费用,应当将其排除在费用的定义之外。

(二) 费用的确认条件

费用的确认除了应当符合定义外,也应当满足严格的条件,即费用只有在经济利益很可能流出从而导致企业资产减少或者负债增加、经济利益的流出额能够可靠计量时才能予以确认。因此,费用的确认至少应当符合以下条件:一是与费用相关的经济利益应当很可能流出企业;二是经济利益流出企业的结果会导致资产的减少或者负债的增加;三是经济利益的流出额能够可靠计量。

(三) 费用的分类

费用按照其经济用途,可以分为应计入产品成本、劳务成本的费用和不应计入产品成本、劳务成本的费用两大类。对于应计入产品成本、劳务成本的费用再继续划分为直接费用和间接费用;对于不应计入产品成本、劳务成本的费用,则称为期间费用。

直接费用是指企业在生产商品和提供劳务过程中所发生的直接材料费用、直接人工费用。

间接费用是指应由产品成本负担的,不能直接计入各产品成本的有关费用。如企业生产车间为组织和管理生产而发生的各种制造费用。

期间费用是指企业当期发生的必须从当期收入得到补偿的费用。期间费用主要包括管理费用、销售费用和财务费用。

六、利润

(一) 利润的定义

利润是指企业在一定会计期间的经营成果。通常情况下,如果企业实现了利润,表明企业的所有者权益将增加,业绩得到了提升;反之,如果企业发生了亏损(即利润为负数),则表明企业的所有者权益将减少,业绩下滑了。利润往往是评价企业管理层业绩的一项重要指标,也是投资者等财务报告使用者进行决策时的重要参考。

(二) 利润的确认条件

利润反映的是收入减去费用、利得减去损失后的净额的概念,因此,利润的确认主要依赖于收入和费用以及利得和损失的确认,其金额的确认也主要取决于收入、费用、利得、损失金额的计量。

(三) 利润的构成

利润包括收入减去费用后的净额、直接计入当期利润的利得和损失等。其中收入减去费用后的净额反映的是企业日常活动的经营业绩,直接计入当期利润的利得和损失反映的是企业非日常活动的业绩。直接计入当期利润的利得和损失,是指应当计入当期损益、最终会引起所有者权益发生增减变动的、与所有者投入资本或者向所有者分配利润无关的利得或者损失。企业应当严格区分收入和利得、费用和损失之间的区别,以更加全面地反映企业的经营业绩。

利润有营业利润、利润总额和净利润之分。

营业利润是营业收入减去营业成本、营业税费、期间费用(包括销售费用、管理费用和财务费用)、资产减值损失,加上公允价值变动净收益、投资净收益后的金额。

利润总额是指营业利润加上营业外收入,减去营业外支出后的金额。

净利润是指利润总额减去所得税费用后的金额。

第二节　会计等式

一、会计基本等式

企业为了实现其经营目标,都需要拥有一定数量与结构的、具有未来经济效益的经济资源,这些经济资源在会计上称为"资产"。而企业的资产最初进入企业的来源渠道不外乎两种,一是由投资人提供;二是由债权人提供。既然企业的投资人和债权人为企业提供了全部资产,就应该对企业的资产享有要求权。这种对企业资产的要求权,在会计上称为"权益"。其中,属于债权人的部分,称为"债权人权益",通常又称为"负债";属于投资人的部分,称为"投资人权益",又称为"所有者权益"。

可见,资产表明企业拥有什么经济资源和拥有多少经济资源,权益则表明是谁提供了这些经济资源,谁对这些经济资源拥有要求权。既然权益是对资产的要求权,那么,资产与权益之间就是相互依存的关系。没有资产,就没有有效的权益。同样,企业所拥有的资产也完全不能脱离权益而存在。没有无资产的权益,也没有无权益的资产。而且,从数量上看,有一定数额的资产,就必定有一定数额的权益;反之,有一定数额的权益,也就必然有一定数额的资产。也就是说,一个企业的资产总额与权益总额必然相等,从任何一个时点看,二者之间都必然保持数量上的平衡关系。资产与权益的这种平衡关系,可以用下面的等式来表示。

$$资产 = 权益 \qquad ①$$
$$资产 = 债权人权益 + 投资人权益 \qquad ②$$
$$资产 = 负债 + 所有者权益 \qquad ③$$

上述等式③称为"会计基本等式",也叫"会计恒等式"。它反映了会计基本要素之间的数量关系,是设置账户、复式记账、编制资产负债表等会计核算方法的理论依据。

企业的经营都是以获取利润为主要目的。要获取利润,就必须取得收入,而在取得收入的过程中,又必然要发生一定的费用。企业在一定时期所获取的收入大于为获取收入所发生的费用,其差额即为利润;若收入小于费用,其差额即为亏损。由于企业所获得的利润属于企业的所有者,所发生的亏损也最终要由所有者承担,因而,利润在本质上讲是所有者权益的增加,亏损则是所有者权益的减少。按照收入、费用与利润(或亏损)之间的关系,既然收入的增加会增加利润或减少亏损,也就可以视同所有者权益的增加;既然费用的增加会减少利润或增加亏损,也就可以视同所有者权益的减少。从理论上讲,企业在经营中所获得的收入与发生的费用,完全可以直接作为所有者权益项目的增加或减少。但是,企业在一定时期内有关收入和费用的经济业务往往很多,这样处理会使所有者权益项目的内容复杂化,不便于区分所有者投资所引起的所有者权益的变化与收入、费用所引起的所有者权益的变化。更重要的是,企业在一定期间的收入、费用和利润数额,是企业内部管理当局决策和企业外部有关各方决策所需要的重要信息,这就要求企业必须单独核算收入与费用数额。否则,就只有根据所有者权益项目加以分析和汇总才能取得这些资料。

根据以上分析,可以得出如下结论:

(1) 企业在经营开始之际(或会计期初),既无收入也无费用,因而必定是下列会计基本等式:

$$资产 = 负债 + 所有者权益 \qquad ③$$

(2) 随着经营活动的进行,在会计期间内,企业一方面取得收入(可视同所有者权益的增加),并因此而增加资产或减少负债;另一方面要发生各种各样的费用(可视同所有者权益

的减少),并因此而减少资产或增加负债。因此,在会计期中(结账之前),原来的会计基本等式即③式就转化为下面的形式:

$$资产 = 负债 + 所有者权益 + (收入 - 费用) \quad ④$$

(3)到会计期末(一般是月末),企业将费用与收入相配比,计算出利润或亏损,④式就转化为:

$$资产 = 负债 + 所有者权益 + 利润 \quad ⑤$$

在会计期末(通常是年终决算),企业按法定的程序对利润进行分配,结账之后,⑤式又恢复为期初的形式,即

$$资产 = 负债 + 所有者权益$$

习惯上,一般把③式称为静态的会计等式,④⑤式称为动态的会计等式。

二、经济业务对会计等式的影响

上述"资产 = 负债 + 所有者权益"这一基本会计等式表示任何企业在任何时点上会计要素之间的恒等关系,随着经济活动的不断进行,千变万化的经济业务会引起资产、负债、所有者权益的增减变动,但是不论经济业务怎样变化,都不会破坏会计等式的恒等关系。现举例说明:

假设某工厂 2018 年 4 月 1 日的资产、负债及所有者权益的数额如表 2-1 所示。

表 2-1　会计要素月初余额

资产	金额(元)	负债及所有者权益	金额(元)
库存现金	2 000	短期借款	36 000
银行存款	50 000	应付票据	34 000
应收票据	60 000	应付账款	52 000
应收账款	30 000	实收资本	300 000
原材料	100 000	盈余公积	48 000
固定资产	250 000	未分配利润	22 000
资产总计	492 000	负债及所有者权益总计	492 000

表 2-1 表明该企业在月份开始时,资产与负债及所有者权益是平衡的,总额均为 492 000 元。该企业本月发生如下经济业务:

(1)收回应收账款 10 000 元,存入银行。

这项经济业务发生后,使资产类一个项目(应收账款)减少了 10 000 元,另一个资产类项目(银行存款)增加了 10 000 元。

(2)以 20 天后到期的商业汇票 5 000 元,去偿付前次购买原材料的货款。

这项经济业务发生后,使一个权益类项目(应付账款)减少了 5 000 元,另一个权益类项

目(应付票据)增加了 5 000 元。

（3）收到某公司投资转入设备 1 台，价值 50 000 元。

这项经济业务的发生，使资产类一个项目（固定资产）增加了 50 000 元，另一个权益类项目（实收资本）也增加了 50 000 元。

（4）以银行存款 20 000 元归还短期借款。

这项经济业务的发生，使一个资产类项目（银行存款）减少了 20 000 元，另一个权益类项目（短期借款）也减少了 20 000 元。

上述四项经济业务引起资产、负债、所有者权益的变化，从表 2-2 经济业务增减变动表可以看到，经济业务的增减并没有破坏等式的平衡关系；从整体看，该企业经过经济业务的变动，在新的基础上达到了新的平衡。

同时可以看到，在会计等式为"资产＝权益"的情况下，经济业务无论怎样繁多，归纳起来不外乎以下四种类型：

（1）资产内部一个项目增加，另一个项目减少，增减金额相等；

（2）权益内部一个项目增加，另一个项目减少，增减金额相等；

（3）一项资产项目和一项权益项目同时增加，双方增加金额相等；

（4）一项资产项目和一项权益项目同时减少，双方减少金额相等。

表 2-2　经济业务增减变动表

资产					负债及所有者权益				
项目	变动前金额	增加金额	减少金额	变动后金额	项目	变动前金额	增加金额	减少金额	变动后金额
库存现金	2 000			2 000	短期借款	36 000		④ 20 000	16 000
银行存款	50 000	① 10 000	④ 20 000	40 000	应付票据	34 000	② 5 000		39 000
应收票据	60 000			60 000	应付账款	52 000		② 5 000	47 000
应收账款	30 000		① 10 000	20 000	实收资本	300 000	③ 50 000		350 000
原材料	100 000			100 000	盈余公积	48 000			48 000
固定资产	250 000	③ 50 000		300 000	未分配利润	22 000			22 000
资产总计	492 000	60 000	30 000	522 000	负债及所有者权益总计	492 000	55 000	25 000	522 000

在会计等式为"资产＝负债＋所有者权益"的情况下，经济业务的类型可扩展为以下九种情况：

（1）资产内部一个项目增加，另一个项目减少；

（2）负债内部一个项目增加，另一个项目减少；

（3）所有者权益内部一个项目增加，另一个项目减少；

（4）一个资产项目与一个负债项目同时增加；

（5）一个资产项目与一个负债项目同时减少；

（6）一个资产项目与一个所有者权益项目同时增加；

（7）一个资产项目与一个所有者权益项目同时减少；

（8）一个负债项目增加，另一个所有者权益项目减少；

（9）一个负债项目减少，另一个所有者权益项目增加。

以上九种类型的经济业务可用图2-1形象化地表示如下：

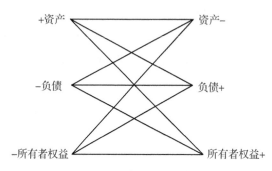

图2-1　九种经济业务类型

无论四种类型的经济业务，还是九种类型的经济业务，每一种类型的经济业务都会使会计基本等式等号两边同时等额增加或同时等额减少，或者等号一边同时等额一增一减。前者会使会计基本等式的总额发生等量的增加或减少，后者会使等式一边的组成内容发生一增一减的变动而双方总额不变。同时根据数学原理，方程式等号两边同增一个数或同减一个数，其值必等；方程式等号一边等额一增一减一个数，其值不变，这是会计基本等式之所以能保持平衡的数学关系。

通过以上阐述得出的结论是：随着经济活动的不断进行，经济业务的发生必然会引起企业资产、负债和所有者权益的增减变动，影响着会计等式，但无论任何时点、任何一项经济业务的发生都不会破坏会计等式的平衡关系。这种恒等关系是设置账户、复式记账、进行试算平衡和编制资产负债表的理论依据。

第三节　会计科目

一、会计科目的意义

会计科目是对会计要素按其经济内容进行分类的项目名称。如前所述，经济业务的发生会引起会计要素发生增减变动，各会计要素都包含着不同内容的项目。为了全面、系统、连续、分门别类地记录和反映会计要素项目的增减变动情况及其变动结果，提供对经济管理有用的会计信息,必须结合管理要求,对会计要素的具体内容进行科学的分类。这种分类就是通过设置会计科目来进行的。一个企业要设置多少会计科目以及确定每一科目的核算内容,已由财政部在会计制度中做了统一规定,这样便使会计科目的设置,既能结合会计要素的特点又能满足为经济管理提供信息的需要。每个企业必须按会计制度的要求,同时结合企业业务规模的特点,合理地确定会计科目,作为企业设置账户进行日常核算的基础。

二、会计科目的分类

(一)按会计科目反映的经济内容分类

会计科目按其反映的经济内容,可以分为资产类、负债类、所有者权益类、收入类、费用类和利润类六大类会计科目。

1. 资产类科目

按照资产的流动性可分为:

(1)反映流动资产的科目,有"库存现金""银行存款""原材料""库存商品""应收账款""应收票据""预付账款""其他应收款""应收利息"等;

(2)反映非流动资产的科目,有"长期股权投资""固定资产""累计折旧""无形资产""累计摊销""长期待摊费用"等。

2. 负债类科目

按照负债的偿还期的长短可分为:

(1)反映流动负债的科目,有"短期借款""应付票据""应付账款""预收账款""其他应付款""应付职工薪酬""应交税费""应付股利""应付利息"等;

(2)反映长期负债的科目,有"长期借款""应付债券""长期应付款"等。

3. 所有者权益类科目

反映所有者权益的科目,有"实收资本""资本公积""盈余公积"等。

4. 收入类科目

反映收入的科目,有"主营业务收入"和"其他业务收入"等。

5. 费用类科目

按费用是否计入损益可分为:

(1)不计入损益的费用科目,有"生产成本"和"制造费用";

(2)计入损益的费用科目,有"主营业务成本""其他业务成本""税金及附加""销售费用""管理费用""财务费用""所得税费用"等。

6. 利润类科目

反映利润的科目有"本年利润"和"利润分配"。

必须指出,现行企业会计准则中把会计科目也划分为资产类、负债类、所有者权益类、共同类、成本类和损益类六大类,与上述分类的不同在于:

(1) 将利润类科目并入所有者权益类科目；

(2) 将不计入损益的费用类科目单独设置成本类科目；

(3) 将收入类科目和计入损益的费用科目合称损益类科目；

(4) 单独设置共同类科目。

现将企业会计准则中常用的会计科目列表如下，见表2-3。

表2-3 企业会计科目表（简化）

编号	名称	编号	名称
	一、资产类		应付股利
	库存现金		其他应付款
	银行存款		长期借款
	其他货币资金		应付债券
	交易性金融资产		长期应付款
	应收票据		三、共同类
	应收账款		衍生工具
	预付账款		套期工具
	应收股利		被套期项目
	应收利息		四、所有者权益类
	其他应收款		实收资本
	坏账准备		资本公积
	在途物资		盈余公积
	原材料		本年利润
	库存商品		利润分配
	周转材料		五、成本类
	持有至到期投资		生产成本
	长期股权投资		制造费用
	固定资产		劳务成本
	累计折旧		六、损益类
	无形资产		主营业务收入
	累计摊销		其他业务收入
	长期待摊费用		投资收益
	商誉		营业外收入
	待处理财产损益		主营业务成本
	二、负债类		其他业务成本
	短期借款		税金及附加
	交易性金融负债		销售费用

编号	名称	编号	名称
	应付票据		管理费用
	应付账款		财务费用
	预收账款		营业外支出
	应付职工薪酬		资产减值损失
	应交税费		所得税费用
	应付利息		以前年度损益调整

（二）按会计科目反映资料的详细程度分类

会计科目按其反映资料的详细程度不同，可分为总分类科目和明细分类科目两类。

（1）总分类科目，是对会计要素不同经济内容作总括分类反映的科目，如"固定资产""原材料""应付账款"等均为总分类科目。总分类科目是设置总分类账户的依据。

（2）明细分类科目，是对总分类科目所含内容作进一步分类，反映详细、具体情况的科目。如应付账款科目下按具体单位分设明细科目，具体反映应付哪个单位的账款。明细科目是设置明细账户的依据。

为了适应管理工作的需要，有的总分类科目下需要设置的明细科目太多时，也可在总分类科目与明细科目之间增设二级科目（也称子目）。一般来讲，会计科目分为三级，总分类科目统驭下属数个明细科目，二级科目介于总分类科目（一级科目）与三级明细科目之间，对于总分类科目来说，二级科目、三级明细科目都属于明细科目的地位。现以"原材料"科目为例，用表2-4表示总分类科目、明细科目及其二级科目之间的关系。

表2-4 总分类科目与明细分类科目的关系

总分类科目（一级科目）	明细分类科目	
	二级科目（子目）	明细科目（细目）
原材料	原料及主要材料	甲材料
		乙材料
	辅助材料	A材料
		B材料

为了便于会计科目的分类排列，便于编制会计凭证、登记账簿、查阅账目，便于实行会计电算化，对会计科目要进行编号。会计科目的编号有多种方法，我国目前采用的是数字组编号法，它是将某一组数字作为某一类会计科目的编号范围。每一会计科目有一固定编号，企业不能随意改变，在某些会计科目之间留有空号，供增设会计科目之用。

第四节　会计账户

一、设置账户的意义

随着经济活动的进行,错综复杂的经济业务会引起资产、负债、所有者权益不断发生增减变动。前面曾用表2-2说明经济业务的发生不会破坏"资产＝负债＋所有者权益"这一会计等式的平衡关系,同时表内也反映了由于经济业务发生而引起会计要素之间的增减变动和变动结果;但是如果企业每发生一笔经济业务,就编制一张增减变动表来反映经济业务引起会计要素的变化,在会计上既没有必要也不可能。为了连续、系统、全面地核算和监督各项经济业务引起会计要素项目增减变动及其变动结果的情况,必须借助于账户这一工具,通过设置账户的方法完成这一任务。

账户是对会计要素的具体内容进行分类的标志,通过设置账户的方法可以把错综复杂的经济活动所引起各项资产、负债、所有者权益,还有经营过程中的收入、费用等增减变动情况及其结果,及时地、分类地、连续地进行反映和监督,提供各种动态指标和状况指标。

每个企业都必须设置能够反映某一会计要素具体内容的、又能提供其增减变动情况和变动结果资料的账户。例如,企业的机器设备、房屋、建筑物等都是主要劳动资料,具有相同的经济内容,把它们归为一类,设置一个"固定资产"账户;企业发生有关固定资产增减变动的业务时,及时登记到"固定资产"账户中去,通过"固定资产"账户就可以了解和掌握固定资产增减变动情况和变动结果。又如,企业由于购买原材料所欠各供应单位的款项,是企业在结算过程中对供应单位的债务,有必要设置一个"应付账款"账户,当企业发生有关结欠和归还供应单位货款的业务时,及时登记到"应付账款"账户中去,通过这个账户可以了解和掌握与供应单位货款的结算情况。

会计账户一般具有下列特征:首先,账户是由会计要素每一具体项目来确定其名称,反映该具体项目的经济内容;其次,每个账户必须有一定的结构,以便连续反映该会计要素具体项目的变动情况;再次,通过设置账户的方法,可以连续、系统、完整、清晰地反映企业的经济活动。

二、账户与会计科目

会计科目是在会计制度中对会计要素具体内容规定的项目名称,在实际工作中企业根据规定的会计科目设置账户,因此账户和会计科目都同时具有对会计对象的具体内容进行科学分类这一特征,会计科目所反映的经济内容也是账户所要登记的经济内容。但是,账户还具有用途和结构的特征即账页格式,根据会计科目在账页中设置账户,才能具体反映和监督会计要素增减变动的日常动态,提供各种核算资料;而会计科目本身不具备结构问题,只是设置账户的依据,是账户名称。因此,设置账户才是会计核算的专门方法。从理论上讲,账户与会计科目既有联系又有区别。需要说明的是,在实务中账户与会计科目两者往往互相混用。

三、设置账户的原则

为了更好地发挥账户的作用,企业在设置账户时应遵循以下原则:

(1) 账户的设置必须结合企业经济业务特点,所设账户能如实地、合理地、毫不遗漏地反映全部会计对象的内容。

(2) 账户的设置必须体现财务会计制度要求,所设账户提供的会计信息必须满足国家宏观经济管理需要,满足外部有关方面了解企业经营状况以及企业内部经营管理的需要。

(3) 账户体系必须科学严密,且要有利于记清账目,简明适用。我国会计制度中的会计科目表是根据会计对象具体内容的特点对会计要素所作的科学分类,并规定了每一科目核算内容。企业必须按确定的会计科目设置账户,这样才能使账户名称含义明确,账户核算内容清晰,各账户之间相互联系,构成一个科学、完整的账户体系,既能如实反映企业生产经营活动情况,又能保证核算指标的统一性和可比性,也便于会计信息的分析利用和综合汇总。在上述原则基础上企业也可以根据其业务特点和生产经营规模的具体情况,自行增设、减少或合并一些会计科目,灵活地设置所需要的账户。

四、账户的基本结构

任何一个账户都有一个名称,反映某一类会计要素的具体经济内容;同时每一个账户都要求提供这一类会计要素变动情况的资料,因此它必须具有一定的结构。各项经济业务引起会计要素的变动,不外乎是数量上的增加和减少两种情况及其根据增减变动计算的结余数额。因此,账户的基本结构是将账户分为两部分或划分为左右两方,其中一方登记增加额,另一方登记减少额,增加额和减少额相抵后的差额,称为账户的余额。因此,在账户中所记的金额,可以分为:期初余额、本期增加额、本期减少额和期末余额。

期初余额:将上一期的期末余额转入本期,即为本期期初余额。

本期增加额:即一定时期(月度、季度、半年度、年度)内账户所登记的增加金额的合计,也称本期增加发生额。

本期减少额:即一定时期内账户所登记的减少金额的合计,也称本期减少发生额。

期末余额:即本期期初余额加上本期增加发生额减去本期减少发生额后的数额。结转到下一期即为下期期初余额。

上述四项金额的关系,可以用下列等式表示:

$$期末余额 = 期初余额 + 本期增加发生额 - 本期减少发生额$$

每个账户的本期增加额和本期减少额都应分别记入各该账户左右两方,以便于分别计算增、减发生额和余额。如果在左方记增加额,则在右方记减少额,余额必在左方;反之,如果在右方记增加额,则在左方记减少额,余额必在右方。

在会计教学中,为了便于说明账户结构,通常使用简化的"T"字形账户表示其结构,如图2-2所示。

图2-2　账户的简化格式

在会计实务中,账户的格式体现在账页上,由于所登记经济业务的不同,可以有各种各样的账页格式,但一般说来,任何一种账户格式的设计,应当包含下列基本内容:

(1)账户的名称(即会计科目);
(2)日期(表明记账时间);
(3)凭证号数(表明账户记录的来源);
(4)摘要(概要说明经济业务的内容);
(5)增加、减少和结余金额(在借贷记账法下为借方、贷方和余额栏)。

在会计实务中使用的账户一般格式如表2-5所示。

表2-5　会计实务中使用的账户格式

账户名称(会计科目):

日期	凭证号数	摘要	借方金额	贷方金额	余额

在账户左右两方中,哪一方记增加数,哪一方记减少数,取决于所采用的记账方法和该账户所记录的经济内容。关于账户的具体结构,将在下一章详细阐述。

行政事业单位会计要素和会计等式

我国政府与事业单位会计的会计要素共分为资产、负债、净资产、收入、支出等五项。其会计等式是:

会计基本等式:资产＝负债＋净资产

会计要素动态公式是:收入－支出＝结余或资产＝负债＋净资产＋收入－支出

【练习题】

一、名词解释

会计要素　资产　　负债　　收入　费用　利润　流动资产　会计等式　会计科目
总分类会计科目　　明细分类会计科目　　会计账户

二、单项选择题

1. 下列各项业务中,不影响企业资产总额发生变动的业务是(　　)。
   A. 收到其他单位投入一台设备　　　B. 向银行取得一笔借款
   C. 从其他单位赊购一批材料　　　　D. 收到客户所欠的货款存入银行
2. 会计科目和账户之间的主要区别在于(　　)。
   A. 记录资产和权益的增减变动情况不同　　B. 记录资产和负债的结果不同
   C. 反映的经济内容不同　　　　　　　　　D. 账户有结构而会计科目无结构
3. 资产预期会给企业带来(　　)。
   A. 经济利益　　　B. 经济资源　　　C. 经济效果　　　D. 经济效益
4. 下列各项中属于流动负债的是(　　)。
   A. 预付账款　　　B. 预收账款　　　C. 其他应收款　　D. 资本公积
5. 盈余公积归属的会计要素是(　　)。
   A. 利润　　　　　B. 所有者权益　　C. 收入　　　　　D. 负债
6. 下列属于动态会计要素的是(　　)。
   A. 资产　　　　　B. 负债　　　　　C. 收入　　　　　D. 所有者权益
7. 下列业务引起资产与所有者权益同时增加的是(　　)。
   A. 购进材料货款未付　　　　　　B. 投资人投入一台设备
   C. 收到客户所欠货款　　　　　　D. 上缴税金
8. 预付账款按经济内容分类属于(　　)。
   A. 资产账户　　　B. 负债账户　　　C. 所有者权益账户　D. 损益账户
9. 下列各项中属于非流动负债的是(　　)。
   A. 预付账款　　　B. 预收账款　　　C. 应付账款　　　D. 应付债券
10. 下列各项中不属于期间费用的有(　　)。
    A. 制造费用　　　B. 管理费用　　　C. 财务费用　　　D. 销售费用

三、多项选择题

1. 下列各项中,反映企业经营成果的会计要素有(　　)。

A. 资产　　　　　B. 利润　　　　　C. 费用　　　　　D. 收入
2. 资产按其流动性不同,可以分为(　　)。
A. 货币资金　　　B. 流动资产　　　C. 固定资产　　　D. 非流动资产
3. 下列各项中,属于所有者权益的有(　　)。
A. 未分配利润　　B. 实收资本　　　C. 资本公积　　　D. 盈余公积
4. 下列各项中,属于收入要素的有(　　)。
A. 主营业务收入　B. 其他业务收入　C. 营业外收入　　D. 投资收益
5. 下列选项中属于期间费用的有(　　)。
A. 制造费用　　　B. 管理费用　　　C. 财务费用　　　D. 销售费用
6. 下列各项中,属于资产要素特点的有(　　)。
A. 必须是有形的　　　　　　　　　B. 必须是企业拥有或控制的
C. 必须能够给企业带来未来经济利益　D. 必须是经济资源
7. 收入可能引起企业(　　)。
A. 资产增加　　　B. 资产减少　　　C. 负债增加　　　D. 负债减少
8. 下列项目中属于流动负债的有(　　)。
A. 应收账款　　　B. 预收账款　　　C. 应付账款　　　D. 预付账款
9. 下列经济业务发生,使资产与权益项目同时减少的有(　　)。
A. 收到短期借款存入银行　　　　　B. 以银行存款支付应付利润
C. 以银行存款偿还应付账款　　　　D. 以银行存款购买股票
10. 下列业务符合会计基本等式平衡原理的有(　　)。
A. 资产与负债同时增加　　　　　　B. 资产与负债此增彼减
C. 资产与所有者权益同时减少　　　D. 负债与所有者权益此增彼减

四、判断题

1. 一项资源若要作为企业的资产予以确认,其所有权必须属于企业。　　　(　　)
2. 费用的发生会导致企业所有者权益的减少。　　　　　　　　　　　　　(　　)
3. 所有者权益是企业投资人对企业全部资产的所有权。　　　　　　　　　(　　)
4. 收入的增加,实质上会导致所有者权益的增加。　　　　　　　　　　　(　　)
5. 账户与会计科目两者的含义是一致的,没有本质区别。　　　　　　　　(　　)
6. 资产、负债、所有者权益三个要素也叫动态会计要素。　　　　　　　　(　　)
7. 设置会计账户是会计核算的专门方法之一。　　　　　　　　　　　　　(　　)
8. 账户的余额一般在登记增加发生额的那一方。　　　　　　　　　　　　(　　)
9. 有了明细分类科目一般就不需要设置总分类科目。　　　　　　　　　　(　　)
10. "累计摊销"属于资产类会计科目。　　　　　　　　　　　　　　　　(　　)

五、核算题

（一）确定下列各项目是属资产类、负债类,还是属所有者权益类,并分别计算三大会计要素的合计数。

内容	资产	负债	所有者权益
① 车间里的机器设备 185 000 元			
② 国家对企业的投资 400 000 元			
③ 企业在银行的存款 85 000 元			
④ 企业欠银行的短期借款 60 000 元			
⑤ 库存的原材料 125 000 元			
⑥ 企业应付的购料款 37 000 元			
⑦ 职工预借的差旅费 1 000 元			
⑧ 企业应收客户的货款 12 8000 元			
⑨ 应交国家的税金 53 000 元			
⑩ 车间尚未完工的产品 26 000 元			
合计			

（二）计算下列括号内的数字。

	资产	负债	所有者权益
①	12 500	1 800	（　）
②	28 000	（　）	12 500
③	（　）	11 600	39 750

（三）根据已给资料,计算下列括号内的数字。

	资产	费用	负债	所有者权益	收入
①	20 500	9 000	2 000	12 000	（　）
②	34 000	12 000	8 000	（　）	20 000
③	19 000	18 000	（　）	7 000	24 000
④	45 000	（　）	22 000	14 000	32 000
⑤	（　）	1 000	2 300	4 800	1 900
合计	（　）	（　）	（　）	（　）	（　）

（四）练习经济业务对会计等式的影响。

1. 资料

某企业 2018 年 2 月 28 日的资产负债表中显示资产总额为 700 000 元,负债总额为

200 000元,所有者权益总额为 500 000 元。该企业 3 月份发生下列经济业务:

（1）销售商品取得收入 200 000 元,已存入银行。

（2）以银行存款 9 600 元支付行政管理部门的水电费。

（3）以库存现金 2 800 元购买办公用品。

（4）计算出应付行政管理部门职工薪酬 66 000 元。

（5）以银行存款 14 000 元支付应计入管理费用各项税费。

（6）结转销售商品的成本 100 000 元。

2. 要求

（1）根据上述资料,分析说明 3 月份发生的经济业务对会计等式的影响。

（2）判断该企业 3 月份是盈利还是亏损。

（3）若将利润或亏损全部转入所有者权益项目,计算 3 月末的资产总额、负债总额和所有者权益总额并填列下表。

业务序号	资产	负债	所有者权益	收入	费用
合计					

（五）练习经济业务的类型。

1. 资料

清远公司 2018 年 5 月份有关项目的期初余额如下:

银行存款	8 000 元	库存现金	1 520 元
原材料	81 520 元	库存商品	2 400 元
固定资产	142 500 元	短期借款	108 000 元
实收资本	127 940 元		

清远公司 2018 年 5 月份发生下列经济业务:

（1）2 日,用银行存款 4 000 元,购入一批原材料。

（2）2 日,从银行提取 3 000 元现金备用。

（3）3 日,收到外商投入资本 90 000 元,存入银行。

（4）7 日,向义利公司销售产品,价款 24 000 元,存入银行。

（5）8 日,以现金支付业务招待费 500 元。

（6）8 日,生产产品领用原材料 8 000 元。

（7）10 日,向星海工厂购入原材料,价款 10 000 元,以银行存款支付。

（8）15 日,向运河工厂销售产品,价款 8 000 元,尚未收到。

（9）20 日,支付本月份水电费 2 500 元,用银行存款付讫。

（10）25 日,以现金购买办公用品发给厂部使用,价款 200 元。

(11) 26日,购进原材料,价款5 000元,尚未支付。

(12) 30日,收到运河工厂交来的货款8 000元,结清前欠货款,已存入本企业账号。

2. 要求

(1) 确定月初资产、负债、所有者权益的数量关系。

(2) 分析每一笔经济业务,判断其属于什么类型经济业务,涉及哪些会计科目。

(3) 确定月末资产、负债、所有者权益的数量关系。

第三章 复式记账

通过本章学习，了解并掌握：
1. 复式记账的涵义；
2. 借贷记账法的账户结构；
3. 借贷记账法的记账规则；
4. 会计分录的编制方法；
5. 试算平衡的原理和方法；
6. 总分类账户与明细分类账户的平行登记方法。

第一节 复式记账的意义

一、记账方法的概念和种类

如前所述，发生经济业务时，会计要素的有关项目就会发生增减变动。为了全面、系统地反映各会计要素有关具体项目的增减变动情况及其结果，必须采用一定的记账方法，把发生的经济业务登记入账。记账方法就是指经济业务在会计账户中登记的方法。记账方法从简单到复杂，从不完善到逐步完善，经历了一个由单式记账到复式记账的漫长发展过程。

记账方法按记账方式的不同，可分为单式记账法和复式记账法两种。

二、单式记账法的特点

单式记账法是指对发生的经济业务,通常只在账上做单方面登记,而不反映其来龙去脉的一种记账方法。这种记账方法的主要特征是:

(1) 除了有关人欠或欠人和现金收付业务,应在两个或两个以上有关账户登记外,对于其他经济业务只在一个账户中登记或不登记。例如,以现金购买材料物资,只记现金账户减少,不记材料账户增加;购入材料物资尚未付出现金时,只记应付款账户的增加,不记材料账户的增加;而用现金支付应付款时,则既要登记现金的减少,又要登记应付款的减少。在单式记账法下,即使对材料物资的增减进行记录,但这种记录却与来自同一笔经济业务、理应同记录的数据——现金减少数或应付款增加数的记录不发生联系。

(2) 在记账之后,在所有账户之间不存在数字上的平衡关系。单式记账法所记录的实际上是经济活动中的部分经济业务或经济业务中的部分数据,所以不能反映经济活动的全部情况;通过单式记账法获得的会计核算资料是不完整的,账户记录的正确性也难于检查。因此,单式记账法是一种比较简单、不够严密的记账方法,只能适应小规模生产的需要。随着商品经济的发展,生产社会化程度越来越高,经济活动越来越复杂,经济管理在客观上提出了更高的要求,特别是会计实践经验的积累和认识水平的提高,使记账方法出现了革命,复式记账法便应运而生。

三、复式记账法的意义

复式记账法是指对发生的每一项经济业务,都要以相等的金额,在相互关联的两个或两个以上账户中进行登记的一种记账方法。例如,用现金300元购入材料这项经济业务的发生,一方面使企业的材料增加了300元,另一方面使企业的现金减少了300元。根据复式记账法的原理,这项经济业务应以相等的金额在"原材料"和"库存现金"这两个相互联系的账户上进行登记,即一方面在"原材料"账户上登记增加300元,另一方面在"库存现金"账户上登记减少300元。

复式记账法对于完整、系统、正确地反映企业、单位的资金运动,建立严密的核算体系,具有重要的意义。

(一) 它可以如实地反映经济活动的来龙去脉,完整、系统地反映经济活动的过程和结果

企业、单位的经济活动,是由无数的经济业务所组成的,每一经济业务的发生又都要引起有关会计要素的增减变化。所有的有关会计要素的增减变化显示了资金运动的全部过程。运用复式记账法,可以通过对有关会计要素增减变化的登记,将每一项单独的经济业务与整个经济活动联系起来;同时,复式记账可以使各个账户之间产生一种彼此关联、互相沟通的关系,使全部账户都能以不同的形式连接起来,使任何一个账户都不可能脱离其他账户

而独立存在,从而形成一个严密的账户体系。这样,账户中所反映的会计要素的增减变化,就可以完整地反映经济活动的来龙去脉,为经济管理提供系统的信息。

(二) 它可以进行试算平衡,使账户之间保持相互对应关系,保证账户记录的正确性

由于复式记账法要求以相等的金额在两个或两个以上相互联系的账户中作出双重记录,这就使账户之间在数字上产生了一种互相核对、互相平衡的关系。如果记账发生遗漏、差错,这种平衡关系就会被破坏。因此,利用复式记账法所产生的这种平衡关系,可以防止记账时数字的错漏;如有数字差错发生,也可以通过试算平衡来核对,以便及时发现和更正,从而保证账户记录的正确性。

此外,复式记账法对于统一会计计量单位、建立现代会计报表体系,也有着重要的意义。复式记账法要求以相等的数量做出双重记录,必然要求被记录的对象具有相同的质,不同质的记录对象在数量上是无法对比的,当然说不上相等。因此,复式记账法为以货币作为会计的统一计量单位提出了客观的要求。同样,复式记账法的平衡关系,也为能全面系统反映企业、单位经济活动的财务状况和经营成果的会计报表,提供了理论基础。

复式记账法按照记账符号、记账规则、试算平衡方法的不同,可以分为借贷记账法、增减记账法和收付记账法。目前我国的企业、单位采用的记账方法都是借贷记账法。借贷记账法是一种产生最早、当今世界运用也最广泛的复式记账法。

复式记账方法种类

在中国会计历史中,复式记账法主要有借贷记账法、增减记账法、收付记账法三种。借贷记账法:15 世纪形成于意大利,是以"借""贷"作为记账符号的一种记账方法,现为世界各国广泛采用。增减记账法:这是在 20 世纪 60 年代由我国设计提出的一种记账方法,是以"增""减"作为记账符号的一种记账方法。收付记账法:这是用"收""付"作为记账符号的一种记账方法,是我国古老的一种记账方法。

第二节　借贷记账法

一、借贷记账法的产生和发展

借贷记账法是按照复式记账的原理,以资产与权益的平衡关系为基础,以"借""贷"两字作为记账符号,以"有借必有贷,借贷必相等"为记账规则的一种复式记账法。

借贷记账法于13世纪起源于意大利,开始只进行单式记账,大约到15世纪才形成了比较完善的复式记账法。

根据史料记载,13世纪意大利的一些沿海城市的商品经济已有相当程度的发展,海陆贸易比较发达。由于商品交换的需要,在这些地方出现了从事货币借贷业务和办理转账结算的钱庄,即现代银行的前身。它们对于各个有银钱往来的客户,分别开设账户,账户分上下两个记账部位,上部为借方,下部为贷方。对于钱庄付出的放款,记在借主名下,即记入借方,表示对客户的债权(应收款);对于钱庄收进的存款,记在贷主名下,即记入贷方,表示对客户的债务(应付款)。对于两个往来客户之间要办理转账结算,就在付款人的账户上记入借方,在收款人的账户上记入贷方。这时,借贷两字仅表示债权、债务关系,即借表示借出,贷表示贷入,并不具有现代意义的作为纯粹记账符号的"借方"和"贷方"。当时的这种记账方法,虽然有了复式记账的雏形,但账簿的记录仍以文字叙述为主,还没有明确的金额栏,更没有形成以数字平衡为基础的账户结构。这种复式记账法,于13世纪初首先出现在佛罗伦萨,因此会计学者称之为"佛罗伦萨式记账法"。

随着商品经济和银行业的发展,记账方法也有了很大的发展。14世纪中叶,在意大利的热那亚出现了一种更为进步的复式记账法。这种记账方法的记账对象,除了保留原有的债权、债务外,还扩大到商品、现金,而且账户的格式已分为左右两方,分别表示借方和贷方。账簿的记录形式也不再是以文字叙述为主,而是改为以数字平衡为主;每个账户都要结出余额,并把余额分列在借贷两方,求得账户借贷双方数字上的平衡。这时,借和贷两字就逐渐地失去了原来的含义,转化为记账符号,变成会计上的专门术语。这种记账方法虽比佛罗伦萨式有了明显的进步,但还有不足之处,如还没有设置计算损益和反映资本的账户,账户体系不完整,全部账户的数字平衡还无法完全做到。这种记账方法,以14世纪中叶在热那亚使用过的账簿为代表,因此也就被称为"热那亚式记账法"。

到了15世纪,在意大利的威尼斯,形成了一种比热那亚式更为完备的记账方法,即"威尼斯式记账法"。它的重要发展在于增设了计算损益和反映资本的账户,而且还进行了全部账户余额的试算平衡。1494年,意大利数学家卢卡·帕乔利在其《算术、几何与比例概要》

一书中,对威尼斯式记账法从实务和理论两方面进行了较为系统完整的论述。从此,借贷复式记账法就基本定型了。

卢卡·帕乔利专著的出版,使得借贷记账法在世界各国广为流传。五百多年来,经过世界各国的会计学者和会计工作者在理论和实践上对其不断发展和完善,目前已成为国际通用的记账方法。

借贷记账法

借贷记账法在清朝末期的光绪年间从日本传入中国。在各种复式记账法中,借贷记账法是产生最早,并在当今世界各国应用最广泛、最科学的记账方法。在我国当代会计实践中,曾使用过增减记账法和收付记账法,但由于二者在会计核算中的不足而被借贷记账法替代。目前,我国的企业、行政事业单位会计记账都采用借贷记账法。

二、借贷记账法的记账符号

借贷记账法是以"借""贷"作为记账符号,反映各会计要素增减变动情况的一种复式记账方法。在借贷记账法下,任何账户都分为借方和贷方两个基本部分,通常左方为借方,右方为贷方,在会计教学中将其简化为"T"字形账户的形式,它的基本结构如图3-1所示。

图3-1 账户的简化形式

在借贷记账法下,所有账户的借方和贷方都要按相反的方向记录,即一方登记增加金额,一方登记减少金额。至于哪一方登记增加金额,哪一方登记减少金额,则要根据各个账户所反映的经济内容来决定,也就是说,要看经济业务涉及哪些账户及其账户性质而定。

三、借贷记账法的账户结构

(一)六类账户的基本结构

如前所述,企业会计对象按其经济内容,可以划分为资产、负债、所有者权益、收入、费用和利润六大会计要素。对会计对象的具体内容即会计要素进一步分类核算的项目称会计科目。会计科目是设置会计账户的依据,因此会计账户可分为资产账户、负债账户、所有者权益账户、收入账户、费用账户、利润账户六类。

1. 资产账户的结构

资产账户是用来核算企业各项资产增减变动及其结存情况的账户。由于通常在会计的基本平衡公式的左边列示资产,而账户的基本结构左方表示借方,所以习惯上在资产账户中,其借方登记期初余额和本期增加额,贷方登记本期减少数。一般而言,其期初余额和本期增加数之和总会大于其本期减少数,所以在正常情况下,资产账户的期末余额总是在借方。

资产账户的基本结构如图 3-2 所示。

借方	账户名称	贷方
期初余额		
资产增加额		资产减少额
资产增加额		资产减少额
本期发生额(增加额合计)		本期发生额(减少额合计)
期末余额		

图 3-2 资产账户

资产账户的期末余额可根据下列公式计算:

借方期末余额 = 借方期初余额 + 借方本期发生额 − 贷方本期发生额

2. 负债账户的结构

负债账户是用来核算企业各项负债增减变动及其结余情况的账户。由于通常在会计基本平衡公式的右边列示负债,而账户的基本结构右边表示贷方,所以习惯上在负债账户中,其贷方登记期初余额和本期增加额,借方登记本期减少额。一般而言,在正常情况下,负债账户的期末余额总是在贷方。

负债账户的基本结构如图 3-3 所示。

借方	账户名称	贷方
		期初余额
负债减少额		负债增加额
负债减少额		负债增加额
本期发生额(减少额合计)		本期发生额(增加额合计)
		期末余额

图 3-3 负债账户

负债账户的期末余额可根据下列公式计算:

贷方期末余额 = 贷方期初余额 + 贷方本期发生额 − 借方本期发生额

3. 所有者权益账户的结构

所有者权益账户是用来核算企业各项所有者权益增减变动及其结余情况的账户。在会计的基本平衡公式中,由于所有者权益同负债一起列在右边,因此所有者权益账户的基本结构与负债账户的基本结构相同,即在所有者权益账户中,其贷方登记期初余额和本期增加额,借方登记本期减少额,在正常情况下,所有者权益账户的期末余额总是在贷方。

所有者权益账户的基本结构如图 3-4 所示。

借方	账户名称	贷方
	期初余额	
所有者权益减少额	所有者权益增加额	
所有者权益减少额	所有者权益增加额	
本期发生额(减少额合计)	本期发生额(增加额合计)	
	期末余额	

图 3-4 所有者权益账户

所有者权益账户的期末余额可根据下列公式计算:

$$贷方期末余额 = 贷方期初余额 + 贷方本期发生额 - 借方本期发生额$$

4. 收入账户的结构

收入账户是用来核算企业各项收入取得情况的账户。收入的增加可以视同所有者权益的增加,这就决定了收入账户的结构应与所有者权益账户的结构保持一致。在收入账户中,贷方登记收入的增加额,借方登记收入的减少额(或转销额)。期末时,本期收入的增加额减去本期收入的减少额后的差额,应转入利润账户,所以收入账户期末没有余额。

收入账户的基本结构如图 3-5 所示。

借方	账户名称	贷方
收入减少额或转销额	收入增加额	
收入减少额或转销额	收入增加额	
本期发生额(减少额或转销额合计)	本期发生额(增加额合计)	

图 3-5 收入账户

5. 费用账户的结构

费用账户是用来核算企业各项费用发生情况的账户。费用的增加可以视同所有者权益的减少,这就决定了费用账户的结构应与所有者权益账户的结构相反。在费用账户中,借方登记费用的增加额,贷方登记费用的减少额(或转销额)。期末时,本期费用的增加额减去本期费用的减少额后的差额,应转入利润账户,所以费用账户期末一般没有余额。如有余额,则为借方余额,表示期末资产余额。

费用账户的基本结构如图 3-6 所示。

借方	账户名称	贷方
费用增加额		费用减少额或转销额
费用增加额		费用减少额或转销额
本期发生额(增加额合计)		本期发生额(减少额或转销额合计)

图 3-6　费用账户

6. 利润账户的结构

利润账户是用来核算企业利润形成情况的账户。企业在其经营过程中不断地取得收入,而为了取得这些收入,又不断地发生各种费用。合理地比较一定期间的收入与费用,就可确定企业在该期间所实现的经营成果。收入大于费用的差额为利润,收入小于费用的差额则为亏损。在利润账户中,贷方登记收入的增加额(即收入账户的收入转销额),借方登记费用的增加额(即费用账户的费用转销额);在一般情况下(收入大于费用时),利润账户的期末余额在贷方,表示企业实现的利润额。如出现亏损时,利润账户的期末余额则在借方,表示企业形成的亏损额。

利润账户的基本结构如图 3-7 所示。

借方	账户名称	贷方
		期初余额(利润余额)
费用转销额		收入转销额
费用转销额		收入转销额
本期发生额(费用转销额合计)		本期发生额(收入转销额合计)
		期末余额(利润余额)

图 3-7　利润账户[*]

[*] 此利润账户的结构仅指实现利润情况下的结构,出现亏损时,期末余额在借方。

(二) 两类账户的基本结构

为了便于掌握和使用不同的账户,在借贷记账法下,可将上述六类账户的结构综合概括为两大类账户的基本结构。

前已述及,"收入类"账户和"费用类"账户,属于暂时性的过渡账户,到了会计期末,都要结转到"利润类"账户中,以便计算企业的盈亏。利润的形成,表现为企业所有者权益的增加;亏损的出现,则表现为企业所有者权益的减少。因此,"收入类"账户和"利润类"账户的结构与"所有者权益类"账户的结构基本一致,而"费用类"账户的结构与"所有者权益类"账户的结构相反,但与"资产类"账户的结构基本一致。"负债类"账户的结构与"所有者权益类"账户的结构相一致。"负债"加上"所有者权益"合称"权益",因此可把全部六类账户综合为资产类账户(包括资产账户和费用账户)和权益类账户(包括负债账户、所有者权益账户、收入账户和利润账户)两大类。

资产类账户借方登记增加额,贷方登记减少额,期末如有余额在借方。

权益类账户则相反,贷方登记增加额,借方登记减少额,期末如有余额一般在贷方。

(三) 共同性账户的设置

在借贷记账法下,账户余额的方向,表示账户的性质,即借方余额说明账户属于资产类,贷方余额说明账户属于权益类。如"其他应收款"账户属于资产类账户,"其他应付款"账户属于权益类账户。为了简化账户的设置,可以设置一些双重性质的账户。如将"其他应收款"账户和"其他应付款"账户合并设置一个共同性的"其他往来"账户。在期末,如果应收的债权大于应付的债务,此账户余额便在借方,说明其余额是属于资产类的;如果应付的债务大于应收的债权,此账户余额便在贷方,说明其余额是属于权益类的。在会计实务中,"应收账款""预收账款""应付账款""预付账款"等账户都可以成为共同性账户。

四、借贷记账法的记账规律

采用借贷记账法记录经济业务时,应该依次考虑以下三个问题:首先,根据经济业务的内容,确定该笔经济业务应记入哪些账户,这些账户是资产类账户,还是权益类账户;其次,确定记入这些账户的金额是增加额,还是减少额;最后,结合前面两条,根据借贷记账法的账户结构,确定应记入各有关账户的借方还是贷方。

在"资产=权益"的会计平衡公式下,企业千变万化的经济业务,可以归纳成四种类型的经济业务。现以四种类型的经济业务为例,说明借贷记账法的运用,进而说明借贷记账法的记账规律。

(1) 从银行提取现金600元。

这是一项资产内部有关项目此增彼减的经济业务,它涉及"库存现金"和"银行存款"这两个资产账户:前者增加600元,后者减少600元。由于资产类账户借方表示增加,贷方表示减少,因此,增加的数额应记入"库存现金"账户的借方,减少的数额应记入"银行存款"账户的贷方。登记的结果如图3-8所示。

借方	库存现金	贷方	借方	银行存款		贷方
期初余额	300		期初余额	68 000	①	600
①	600					

图 3-8

(2) 企业开出面值26 000元的商业汇票,以抵付供应单位的购料欠款。

这是一项权益内部有关项目此增彼减的经济业务,它涉及"应付票据"和"应付账款"这两个权益账户:前者增加26 000元,后者减少26 000元。由于权益类账户贷方表示增加,借方表示减少,因此增加的数额应记入"应付票据"账户的贷方,减少的数额应记入"应付账款"账户的借方。登记的结果如图 3-9 所示。

借方	应付账款	贷方		借方	应付票据	贷方
② 26 000	期初余额	86 000			期初余额	42 000
					②	26 000

图 3-9

（3）企业从银行借入短期借款 40 000 元，存入银行。

这是一项资产和权益项目同时增加的经济业务，它涉及"银行存款"这个资产账户和"短期借款"这个权益账户：前者增加 40 000 元，后者也增加 40 000 元。由于资产类账户借方表示增加，权益类账户贷方表示增加，因此双方增加的数额应分别记入"银行存款"账户的借方和"短期借款"账户的贷方。登记的结果如图 3-10 所示。

借方	银行存款	贷方		借方	短期借款	贷方
期初余额	68 000	① 600			期初余额	30 000
③	40 000				③	40 000

图 3-10

（4）企业用银行存款 50 000 元，偿还前欠的购料款。

这是一项资产和权益项目同时减少的经济业务，它涉及"银行存款"这个资产账户和"应付账款"这个权益账户，两者数额同时减少 50 000 元。由于资产类账户贷方表示减少，权益类账户借方表示减少，因此双方减少的数额应分别记入"银行存款"账户的贷方和"应付账款"账户的借方。登记的结果如图 3-11 所示。

借方	银行存款	贷方		借方	应付账款	贷方
期初余额	68 000	① 600		② 26 000	期初余额	86 000
③	40 000	④ 50 000		④ 50 000		

图 3-11

通过以上所举各例可以看出，每一种类型经济业务发生后，都要在两个账户中进行登记，而且都要登记在一个账户的借方和另一个账户的贷方，借贷双方登记的金额相等。

有些经济业务比较复杂，需要在两个以上账户中进行登记，即需要在一个账户的借方和几个账户的贷方进行登记，或者在几个账户的借方和一个账户的贷方进行登记。登记的结果仍然是有借有贷，借贷双方的金额也必然相等。

由上可知，借贷记账法的记账规律是"有借必有贷，借贷必相等"；对发生的每一笔经济业务都要以相等的金额、相反的借贷方向，在两个或两个以上相互联系的账户中进行登记。

也就是说,在一个账户中记借方,同时在另一个或几个账户中记贷方;或者在一个账户中记贷方,同时在另一个或几个账户中记借方。记入借方的金额与记入贷方的金额必须相等。

借贷记账法的记账规律可用图3-12表示如下:

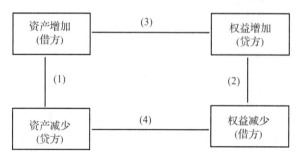

图 3-12

五、账户对应关系和会计分录

(一)账户对应关系

在借贷记账法下,根据记账规律登记每项经济业务时,就会在有关账户之间形成应借、应贷的相互关系。账户之间的这种相互依存关系,称为账户对应关系。具有对应关系的账户,称为对应账户。两个互为对应账户的账户之间存在着两种不同的账户对应关系。例如,存入银行现金500元这项经济业务,形成了应记"银行存款"账户借方和应记"库存现金"账户贷方的对应关系。又如,从银行提取现金300元这项经济业务,形成了应记"库存现金"账户借方和应记"银行存款"账户贷方的对应关系。上述两种不同的账户对应关系所涉及只是互为对应账户的"库存现金"账户和"银行存款"账户。通过账户的对应关系,既可以了解经济业务的具体内容,从而掌握资金运动的来龙去脉,也可以了解对经济业务处理的合理性和合法性。

(二)会计分录

账户之间的对应关系取决于所发生的经济业务的具体内容,不同的经济业务,必然会形成不同的账户对应关系。某项经济业务发生后,必然会在有关账户之间形成一定的对应关系。为了保证记账的正确性,在有关账户中按照每项经济业务所形成的对应关系进行登记时,必须在把经济业务记入账户之前,先将经济业务所形成的对应关系,以书面的形式明确下来,然后再根据对应关系的书面记录去登记入账。将经济业务所形成的账户对应关系,以书面形式明确下来的工作,就是编制会计分录。会计分录简称分录,就是指明经济业务所应记入的账户、应借应贷的方向及金额的书面记录。在实际工作中,编制会计分录是通过编制记账凭证进行的。

1. 简单会计分录

会计分录有简单会计分录和复合会计分录两种。简单会计分录只涉及两个账户,即以一个账户的借方与另一个账户的贷方相对应组成的会计分录。下面四笔会计分录都是简单会计分录。

现以前述所举四项经济业务,分别说明其会计分录的编制方法。

(1) 借：库存现金　　　　　　　　　　　　600
　　　贷：银行存款　　　　　　　　　　　　　　600

(2) 借：应付账款　　　　　　　　　　　26 000
　　　贷：应付票据　　　　　　　　　　　　　26 000

(3) 借：银行存款　　　　　　　　　　　40 000
　　　贷：短期借款　　　　　　　　　　　　　40 000

(4) 借：应付账款　　　　　　　　　　　50 000
　　　贷：银行存款　　　　　　　　　　　　　50 000

2. 复合会计分录

复合会计分录则要涉及两个以上账户,就是以一个账户的借方与另外几个账户的贷方,或者以几个账户的借方与另外一个账户的贷方相对应组成的会计分录。

例如,企业购买一批材料,价值760元,其中700元用银行存款支付,60元用现金支付。

此项业务的会计分录为复合会计分录,列示如下：

　　借：原材料　　　　　　　　　　　　　　760
　　　贷：银行存款　　　　　　　　　　　　　　700
　　　　　库存现金　　　　　　　　　　　　　　 60

又例如,企业用银行存款400元支付办公用品费,其中270元办公用品为企业行政管理部门所使用,另外130元办公用品为车间所使用。

此项业务的会计分录也为复合会计分录,列示如下：

　　借：管理费用　　　　　　　　　　　　　270
　　　　制造费用　　　　　　　　　　　　　130
　　　贷：银行存款　　　　　　　　　　　　　　400

复合会计分录实际上是由若干个简单会计分录合并组成的。上面两个复合会计分录可以分列为如下四个简单会计分录：

(1) 借：原材料　　　　　　　　　　　　　700
　　　贷：银行存款　　　　　　　　　　　　　　700

(2) 借：原材料　　　　　　　　　　　　　 60
　　　贷：库存现金　　　　　　　　　　　　　　 60

(3) 借：管理费用　　　　　　　　　　　　270
　　　贷：银行存款　　　　　　　　　　　　　　270

(4) 借：制造费用　　　　　　　　　　　　130
　　　贷：银行存款　　　　　　　　　　　　　　130

编制复合会计分录,可以简化记账工作,节省记账时间,也能完整地反映一项经济业务的全貌。

复合会计分录还包括多借多贷会计分录,即几个账户的借方与几个账户的贷方相对应组成的会计分录。但是,在一般情况下,不能把反映不同类型的经济业务合并编制多借多贷的会计分录。

六、借贷记账法的试算平衡

(一) 试算平衡的原理

运用借贷记账法的记账规律,在账户中记录经济业务的过程中,可能发生这样或那样的人为错误。为了检查和验证账户记录是否正确,以便找出错误及其原因,及时予以更正,必须进行试算平衡。所谓试算平衡,就是指在结算出一定时期全部账户发生额和余额的基础上,根据资产总额等于权益总额的平衡关系和记账规律来检查和验证账户记录是否正确的一种专门方法。

由于借贷记账法以资产等于权益这一会计基本等式为依据,按照"有借必有贷,借贷必相等"的记账规律,这就保证了为每一项经济业务所编制的会计分录的借贷双方发生额必然相等;在一定时期内,所有账户的借方发生额合计与贷方发生额合计也必然相等;所有账户的借方期末余额合计数与贷方期末余额合计数,是以一定的累计发生额为基础计算的结果,它们也必然是相等的。这就形成了账户之间的一系列平衡关系。这种平衡关系主要包括以下三个方面:

(1) 全部账户的借方期初余额合计数等于全部账户的贷方期初余额合计数;

(2) 全部账户的借方本期发生额合计数等于全部账户的贷方本期发生额合计数;

(3) 全部账户的借方期末余额合计数等于全部账户的贷方期末余额合计数。

上述三方面的平衡关系,可以用来检查账户记录的正确性。如果借贷不平衡,则表明记账有错误,必须及时找出错误的原因,并加以改正。在借贷记账法下,就是根据上述借贷必然相等的规律进行试算平衡,以检查每一笔经济业务的会计分录是否正确,检查所有账户的本期发生额和期末余额是否正确。

(二) 试算平衡的方法

根据试算平衡原理,可以对账户记录进行试算平衡。试算平衡的具体方法,通常是通过编制"试算平衡表"来进行的。

正确进行试算平衡必须掌握以下步骤:

首先,将发生的经济业务所编制的会计分录全部登记入账;

其次,将所有账户的借方发生额和贷方发生额分别进行合计,计算出各账户借方本期发生额和贷方本期发生额;

再次,将各账户的借方本期发生额与贷方本期发生额进行比较,并根据各账户的期初余

额,分别计算出各账户的借方期末余额或贷方期末余额;

最后,根据所有账户的本期发生额及余额,编制成总分类账户本期发生额及余额试算平衡表。

现以某企业的经济业务为例,说明试算平衡表的编制。

某企业1月份的账户记录如图3-13所示。

借方	库存现金		贷方
期初余额	800	⑦	900
③	2 000		
本期发生额	2 000	本期发生额	900
期末余额	1 900		

借方	固定资产		贷方
期初余额	324 800		
⑥	200 000		
本期发生额	200 000	本期发生额	0
期末余额	524 800		

借方	银行存款		贷方
期初余额	64 500	③	2 000
①	200 000	④	30 000
②	100 000	⑥	200 000
⑧	30 000	⑨	30 440
本期发生额	330 000	本期发生额	262 440
期末余额	132 060		

借方	原材料		贷方
期初余额	70 340		
④	30 000		
⑤	50 000		
⑦	900		
本期发生额	80 900	本期发生额	0
期末余额	151 240		

借方	短期借款		贷方
		期初余额	20 000
		⑧	30 000
本期发生额	0	本期发生额	30 000
		期末余额	50 000

借方	应付账款		贷方
⑨	30 440	期初余额	40 440
		⑤	50 000
本期发生额	30 440	本期发生额	50 000
		期末余额	60 000

借方	长期借款		贷方
		期初余额	100 000
		②	100 000
本期发生额	0	本期发生额	100 000
		期初余额	200 000

借方	实收资本		贷方
		期初余额	300 000
		①	200 000
本期发生额	0	本期发生额	200 000
		期末余额	500 000

图 3-13

根据该企业1月份的账户记录,编制总分类账户本期发生额及余额试算平衡表。试算平衡表的格式如表3-1所示。

表 3-1 试算平衡表

××年1月31日   单位:元

账户名称	期初余额		本期发生额		期末余额	
	借方	贷方	借方	贷方	借方	贷方
库存现金	800		2 000	900	1 900	
银行存款	64 500		330 000	262 440	132 060	
原材料	70 340		80 900		151 240	
固定资产	324 800		200 000		524 800	
短期借款		20 000		30 000		50 000
应付账款		40 440	30 440	50 000		60 000
长期借款		100 000		100 000		200000
实收资本		300 000		200 000		500000
合计	460 440	460 440	643 340	643 340	810 000	810 000

通过编制"试算平衡表",如果借贷双方金额合计相等,说明账户记录和计算基本正确;如果借贷双方金额合计不相等,可以肯定账户记录或计算有错误,应及时查明原因,进行更正。

在借贷双方金额合计不相等的情况下,必须采用一定的方法,按照下列步骤寻找错误:

(1)检查试算表的编制是否有误。

主要检查抄列账户有无遗漏,抄列方向和金额有无错误,以及试算表借贷方金额合计计算有无错误等。

(2)检查账户记录是否有误。

主要检查各账户的期末余额计算有无错误,借贷方本期发生额的加计有无错误,记账时一方金额和一方方向有无记错、一方金额有无重记或漏记等。

(3)检查会计分录是否有误。

主要检查会计分录中借贷方向是否对应,借贷双方的金额是否相等。

在一般情况下,按上述三大步骤检查到会计分录,错误应能发现。显然,随着检查步骤的不断推进,检查更加费时费力,这就要求会计人员在会计工作中务必细心并加强复核,以便提高会计工作效率。

(三)试算平衡的局限性

前已述及,试算表中借贷双方金额合计不相等,可以肯定账户记录或计算有错误;而借贷双方金额合计相等,也只能说明账户记录或计算基本正确,并不能证明账户记录或计算肯定没有错误。因为,若存在如下的错误是不会影响借贷的平衡关系的:

(1)一笔经济业务全部遗漏记账;

(2)一笔经济业务全部重复记账;

(3)一笔经济业务的借贷方向颠倒;

（4）账户名称记错；

（5）借贷双方发生同金额的错误；

（6）借贷某一方发生相互抵销的错误等。

对于不影响借贷平衡关系的错误，不易发现，寻找更加费时费力，这就更加要求会计人员在进行会计处理时注意尽量避免这类错误的发生。

第三节 总分类账户和明细分类账户

一、总分类账户与明细分类账户的关系

账户按其所提供指标的详细程度可划分为总分类账户和明细分类账户。总分类账户是总括地反映各个会计要素具体项目增减变化及其结果的账户，它根据一级会计科目设置，只用货币作为计量单位。明细分类账户是详细地反映会计要素具体项目的细项的增减变化及其结果的账户，它根据明细会计科目设置，除了以货币作为计量单位外，有时也要用实物量作为计量单位。例如，"应收账款"账户是一个总分类账户，它只能总括地反映企业全部应收账款的增减变化及其结余情况，但不能详细反映企业与各购货单位之间的上述情况。为了详细掌握企业与各购货单位之间应收账款的增减变化及其结余的具体情况，必须在"应收账款"总分类账户下，按各购货单位分别设置明细分类账户。

明细分类账户有时可分为二级账户和三级账户两级。二级账户是介于总分类账户与明细账户之间的一种账户，能提供比总分类账户更为详细、比明细账户更为概括的核算资料。它是对总分类账户核算内容作进一步的分类，如在"原材料"总分类账户下设置"原料及主要材料""辅助材料"等二级账户。

三级账户又称明细账户，是对二级账户核算内容作进一步的划分，如在"原材料"总分类账户所属的"原料及主要材料"二级账户下按材料的品种、规格设置明细账户。

总分类账户也称一级账户，可控制二级账户，再由二级账户来控制三级账户，这种逐级控制便于资料的相互核对。总分类账户与明细分类账户的核算内容是相同的，所不同的只是提供核算资料的详细程度的差别。总分类账户与明细分类账户的关系是，总分类账户提供的总括核算资料起着对明细分类账户的统驭作用，每一个总分类账户对其所属的明细分类账户进行综合和控制。设有明细分类账户的总分类账户，称为统驭账户。总分类账户下所设的明细分类账户，称为辅助账户。明细分类账户提供的详细核算资料，对总分类账户起到补充说明的作用，每一个明细分类账户就是对统驭账户核算内容的必要补充。

二、总分类账户与明细分类账户的平行登记

由于总分类账户和明细分类账户的上述关系,在会计核算工作中,就有必要应用平行登记的方法来登记总分类账户和明细分类账户。所谓平行登记,就是对发生的每项经济业务根据会计凭证一方面要在总分类账户中进行总括登记,另一方面还要在所属的明细分类账户中进行明细登记。登记总分类账户和明细分类账户的原始依据必须相同,记账方向必须一致,金额必须相等。

总分类账户与明细分类账户平行登记的要点如下:

(1)记账内容要一致。

对于每一项经济业务,既要记入有关的总分类账户,又要记入各总分类账户所属的明细分类账户。如果一项经济业务涉及某一个总分类账户所属的几个明细分类账户,则应分别记入有关的几个明细分类账户。登记总分类账户和明细分类账户的依据必须一致。

(2)记账方向要相同。

对于每项经济业务,在总分类账户和所属的明细分类账户进行登记时,其记账方向(借方或贷方)必须相同。即如果总分类账户的金额记入借方,其所属明细分类账户的金额也必须记入借方;总分类账户的金额记入贷方,其所属明细分类账户的金额也必须记入贷方。

(3)记账金额要相等。

对于每一项经济业务,记入总分类账户的金额必须与记入所属明细分类账户的金额之和相等。

下面以"应收账款"账户为例,说明总分类账户与明细分类账户之间平行登记的方法。

清远公司2018年1月初"应收账款"账户的借方余额为8 000元,其中应收甲厂3 000元,应收乙厂5 000元。

清远公司2017年1月份发生了下列经济业务:

(1)1月15日销售给甲厂产品,售价6 000元,货已发出,货款尚未收到;

(2)1月28日收到甲厂交来货款5 000元,乙厂交来货款3 000元。

根据上述资料,采用平行登记的方法记入"应收账款"总分类账户及其所属明细分类账户,其具体做法如下:

(1)将月初余额分别记入"应收账款"总分类账户及其所属明细分类账户(在会计实务中,账户的月初余额即为上月月末余额,不需要另行记入,这里仅说明平行登记方法的步骤)。

(2)根据上列有关经济业务编制会计分录。

① 借:应收账款——甲厂　　　　　　　　　6 000
　　　贷:主营业务收入　　　　　　　　　　　　　6 000
② 借:银行存款　　　　　　　　　　　　　8 000
　　　贷:应收账款　　　　　　　　　　　　　　　8 000

——甲厂　　　　　　　　　　　　　　　5 000

——乙厂　　　　　　　　　　　　　　　3 000

（3）根据以上会计分录平行登记"应收账款"总分类账户及其所属明细分类账户，并分别计算各账户的本期发生额和期末余额。登记结果见表3-2、表3-3、表3-4所示。

表3-2　总分类账

账户名称：应收账款　　　　　　　　　　　　　　　　　　　　　　　　　　　　单位：元

2018年		凭证号数	摘要	借方	贷方	借或贷	余额
月	日						
1	1		期初余额			借	8 000
1	15		销售产品	6 000		借	14 000
1	28		回收货款		8 000	借	6 000
1	31		本期发生额及期末余额	6 000	8 000	借	6 000

表3-3　明细分类账

明细分类账户名称：甲厂　　　　　　　　　　　　　　　　　　　　　　　　　　单位：元

2018年		凭证号数	摘要	借方	贷方	借或贷	余额
月	日						
1	1		期初余额			借	3 000
1	15		销售产品	6 000		借	9 000
1	28		回收货款		5 000	借	4 000
1	31		本期发生额及期末余额	6 000	5 000	借	4 000

表3-4　明细分类账

明细分类账户名称：乙厂　　　　　　　　　　　　　　　　　　　　　　　　　　单位：元

2018年		凭证号数	摘要	借方	贷方	借或贷	余额
月	日						
1	1		期初余额			借	5 000
1	28		回收货款		3 000	借	2 000
1	31		本期发生额及期末余额		3 000	借	2 000

三、总分类账户与明细分类账户的试算平衡

由于总分类账户和明细分类账户是平行登记的，其登记结果必然是某个总分类账户的本期发生额应等于所属各明细分类账户本期发生额合计数；某个总分类账户的期末余额应等于所属各明细分类账户期末余额之和。在会计核算工作中，通常利用这种相等关系，通过编制"明细分类账户本期发生额及余额平衡表"，来检查总分类账户和所属明细分类账户的

记录是否正确。

明细分类账户本期发生额及余额平衡表是根据明细分类账户来编制的。一般有两种形式：一种是既有实物数量的反映，也有货币反映，如"原材料""库存商品"明细分类账户本期发生额及余额平衡表；另一种是只需要用货币反映的明细分类账户本期发生额及余额表，如"应收账款""应付账款"等明细分类账户的本期发生额及余额平衡表。

现以前述清远公司 2018 年 1 月份应收账款明细分类账户的记录为例，编制"应收账款明细分类账户本期发生额及余额平衡表"，其格式见表 3-5 所示。

表 3-5　应收账款明细分类账户本期发生额及余额平衡表

2018 年 1 月　　　　　　　　　　　　　　　　　　　　　　　　　　单位：元

明细分类账户名称	期初余额		本期发生额		期末余额	
	借方	贷方	借方	贷方	借方	贷方
甲厂	3 000		6 000	5 000	4 000	
乙厂	5 000			3 000	2 000	
合计	8 000		6 000	8 000	6 000	

明细分类账户本期发生额及余额平衡表中各栏的合计数，都必须与总分类账户本期发生额及余额试算表中"应收账款"账户各栏金额相核对。如果各栏金额核对一致，则说明总分类账户及其所属的明细分类账户记录基本正确；如果某栏金额核对不相一致，则说明总分类账户和所属的明细分类账户一方或双方记录计算有误，应及时寻找错误，加以更正。

会计学习十大网站

序号	网站名称	网　　址
1	无忧会计网	http://www.51kj.com.cn
2	中华财会网	http://www.e521.com
3	中国会计学会	http://www.asc.em.tsinghua.edu.cn
4	中国会计视野	http://cpa-view.com
5	财考网	http://www.ck100.com
6	中国注册会计师协会	http://www.cicpa.org.cn
7	中国会计网	http://www.canet.com.cn
8	中华会计网校	http://www.chinaacc.com
9	东方会计网	http://www.360kj.net
10	中国财经教育网	http://www.cjjc.cfeph.cn

【练习题】

一、名词解释

单式记账　复式记账　借贷记账法　账户对应关系　对应账户　会计分录
简单会计分录　复合会计分录　试算平衡　总分类账户　明细分类账户　平行登记

二、单项选择题

1. 在借贷记账法下,"借贷"记账符号表示(　　)。
   A. 债权债务关系的变化　　　　　　B. 记账金额
   C. 平衡关系　　　　　　　　　　　D. 记账方向
2. 我国企事业单位会计核算统一采用的记账方法是(　　)。
   A. 借贷记账法　B. 收付记账法　C. 增减记账法　D. 单式记账法
3. 共同性账户的期末余额(　　)。
   A. 在借方　　　　　　　　　　　　B. 在贷方
   C. 可能在借方也可能在贷方　　　　D. 没有余额
4. 借贷记账法下的余额试算平衡是通过编制(　　)来完成的。
   A. 盘存单　　　B. 试算平衡表　C. 科目汇总表　D. 余额调节表
5. 下列会计分录形式中,属于简单会计分录的是(　　)。
   A. 一借一贷　　B. 一借多贷　　C. 多借一贷　　D. 多借多贷
6. 在借贷记账法下,"预收账款"科目的余额(　　)。
   A. 只能在借方　　　　　　　　　　B. 只能在贷方
   C. 通常为零　　　　　　　　　　　D. 既可能在借方也可能在贷方
7. 在借贷记账法下,资产类科目的期末余额一般在(　　)。
   A. 借方　　　　B. 贷方　　　　C. 增加方　　　D. 减少方
8. 存在对应关系的账户称为(　　)。
   A. 联系账户　　B. 对应账户　　C. 总分类账户　D. 明细分类账户
9. 下列经济业务中,借记资产类科目、贷记负债类科目的是(　　)。
   A. 从银行提取现金　B. 接受投资　C. 赊购商品　D. 以现金偿还债务
10. 期末需要转入"本年利润"科目的是(　　)类科目。
    A. 资产　　　　B. 所有者权益　C. 损益　　　　D. 成本

三、多项选择题

1. 期末不需要转入"本年利润"科目的是(　　)。
   A. 资产类科目　B. 成本类科目　C. 损益类科目　D. 负债类科目
2. 企业用银行存款偿还应付账款,会引起(　　)。

A. 资产增加　　　B. 资产减少　　　C. 负债增加　　　D. 负债减少

3. 借贷记账法下,借方可以登记(　　)。

A. 资产增加　　　B. 费用增加　　　C. 收入增加　　　D. 所有者权益减少

4. 资产账户的借方不能登记的是(　　)。

A. 资产增加　　　B. 资产减少　　　C. 负债减少　　　D. 收入减少

5. 下列会计分录形式中,属于复合会计分录的是(　　)。

A. 一借一贷　　　B. 一借多贷　　　C. 多借一贷　　　D. 多借多贷

6. 在借贷记账法下,有可能成为共同性账户的是(　　)。

A. "预收账款"账户　　　　　　　B. "应收账款"账户

C. "应收票据"账户　　　　　　　D. "应付账款"账户

7. 在借贷记账法下,期末没有余额的账户是(　　)。

A. 所有者权益类账户　　　　　　B. 资产类账户

C. 损益类账户　　　　　　　　　D. 收入类账产

8. 下列经济业务中会使资产和负债同时增加的是(　　)。

A. 从银行提取现金　　　　　　　B. 向银行借款存入银行

C. 购买材料货款未付　　　　　　D. 收到投入资金存入银行

9. 下列经济业务中,不引起资产总额发生变化的是(　　)。

A. 现金送存银行　　　　　　　　B. 收回应收账款存入银行

C. 用固定资产进行对外投资　　　D. 以现金偿还债务

10. 下列属于流动负债类账户的是(　　)。

A. "应付账款"账户　　　　　　　B. "应付债券"账户

C. "预付账款"账户　　　　　　　D. "应付股利"账户

四、判断题

1. 借贷记账法下,借方表示增加,贷方表示减少。
2. 复合会计分录是指多借多贷形式的会计分录。
3. 借贷记账法下,损益类科目的借方登记增加数,贷方登记减少数,期末一般无余额。
4. 企业可以将不同类型的经济业务合并在一起,编制多借多贷的会计分录。
5. 收入类科目与费用类科目一般没有期末余额,但有期初余额。
6. 会计分录包括经济业务涉及的科目名称、记账方向和金额三方面内容。
7. 资产与所有者权益在数量上始终是相等的。
8. 资产来源于权益,权益与资产必然相等。
9. 科目的余额总是和科目的增加额方向一致。
10. 会计分录中的账户之间的相互依存关系称为账户的对应关系。

五、核算题

（一）练习简单会计分录的编制。

1．资料

清远厂 2018 年 3 月份发生下列经济业务：

（1）3 日，将库存现金 2 000 元送存银行。

（2）7 日，收到国家投入资本金 300 000 元，存入银行。

（3）9 日，向东风厂购入原材料 60 000 元，货款尚未支付。

（4）15 日，向天池厂销售产品 80 000 元，货款尚未收到。

（5）18 日，用库存现金 600 元购入厂部办公用品。

（6）20 日，以现金支付厂办人员出差预借差旅费 1 300 元。

（7）23 日，向银行借入短期借款 100 000 元，存入银行。

（8）25 日，用银行存款购入固定资产一批，价值 500 000 元。

（9）27 日，向天山厂销售产品 40 000 元，货款收到存入银行。

（10）29 日，结转本月完工产品的生产成本 98 000 元。

2．要求

根据上列资料编制会计分录。

（二）练习复合会计分录的编制。

1．资料

清远厂 2018 年 4 月份发生下列经济业务：

（1）4 日，向南方厂购入材料 90 000 元，60 000 元已通过银行支付，其余尚欠。

（2）5 日，用银行存款 3 600 元支付办公费，其中厂部 2 000 元，车间 1 600 元。

（3）7 日，领用材料 73 800 元，其中生产产品领料 70 000 元，车间一般性消耗领料 3 000 元，厂部修理领料 800 元。

（4）9 日，报销厂办人员差旅费 1 380 元，出差时预借 1 300 元，不足部分用现金补付。

（5）13 日，向银行取得借款 850 000 元，存入银行，其中长期借款 500 000 元，短期借款 350 000 元。

（6）15 日，向新胜厂销售产品 126 000 元，货款 100 000 元已收到存入银行，其余对方尚欠。

（7）18 日，向北方厂销售产品 35 700 元，货款 35 000 元通过银行已收妥，700 元收到现金。

（8）20 日，用银行存款归还到期的长期借款 200 000 元，短期借款 50 000 元。

2．要求

根据上列资料编制会计分录。

（三）练习借贷记账法的运用。

1．资料

(1) 清远厂 2018 年 6 月 30 日有关账户的余额如下：

库存现金	800	应付账款	54 000
银行存款	30 000	短期借款	13 000
原材料	90 000	应交税费	8 800
生产成本	40 000	实收资本	680 000
库存商品	20 000	盈余公积	40 000
应收账款	35 000	本年利润	20 000
固定资产	600 000		

(2) 该厂 7 月份发生下列经济业务：

① 从银行提取现金 500 元。

② 以现金支付采购员张良出差预借款 700 元。

③ 生产产品领用原材料 21 000 元。

④ 用银行存款缴清上月欠缴税金 8 800 元。

⑤ 收回昆山厂前欠货款 15 000 元，存入银行。

⑥ 向银行借入长期借款 200 000 元，存入银行。

⑦ 用银行存款购入机器一台，计价 180 000 元。

⑧ 向东风厂购入原材料 34 000 元，货款尚未支付。

⑨ 用银行存款偿还前欠振东厂货款 24 000 元。

⑩ 本月完工产品验收入库，成本 38 000 元。

2. 要求

(1) 开设有关账户，登记期初余额。

(2) 根据所提供的经济业务，编制会计分录，并据以登记各有关账户。

(3) 结出各账户的本期发生额和期末余额，并编制试算平衡表。

(四) 练习总分类账户和明细分类账户的平行登记。

1. 资料

(1) 宏达厂 2018 年 7 月 31 日"原材料"及"应付账款"总分类账户的期末余额如下：

①"原材料"总分类账户借方余额 86 000 元，其中：

甲材料	200 吨	单价 300 元/吨	金额 60 000 元
乙材料	100 吨	单价 260 元/吨	金额 26 000 元

②"应付账款"总分类账户贷方余额 59 000 元，其中：

南林厂	40 000 元
竹辉厂	19 000 元

(2) 宏达厂 8 月份发生的有关经济业务如下：

① 用银行存款偿还前欠南林厂货款 30 000 元、竹辉厂货款 10 000 元。

② 生产产品领用甲材料 150 吨、乙材料 60 吨。

③ 向南林厂购入甲材料 80 吨,单价 300 元/吨;购入乙材料 40 吨,单价 260 元/吨,货款均未支付,材料均已验收入库。

④ 用银行存款偿还前欠南林厂货款 20 000 元。

⑤ 向竹辉厂购入乙材料 140 吨,单价 260 元/吨,材料已经验收入库,货款尚未支付。

⑥ 生产产品领用甲材料 30 吨,乙材料 100 吨。

2. 要求

(1) 根据上述资料(1),开设"原材料"和"应付账款"总分类账户及所属明细分类账户,并登记期初余额。

(2) 根据上述资料(2),编制会计分录,登记"原材料"和"应付账款"总分类账户及所属明细分类账户。

(3) 结算出各个账户的本期发生额和期末余额,并将"原材料"和"应付账款"总分类账户的本期发生额及期末余额分别与所属明细分类账户的本期发生额和期末余额合计数核对。

第四章 基本经济业务的核算

通过本章学习，了解并掌握：
1. 资金投入业务的确认、账户设置和账务处理；
2. 供应业务的确认、账户设置和账务处理；
3. 生产业务的确认、账户设置和账务处理；
4. 销售业务的确认、账户设置和账务处理；
5. 财务成果业务的确认、账户设置和账务处理；
6. 资金退出业务的确认、账户设置和账务处理。

在第二、第三章中，我们初步说明了账户和复式记账的基本原理。为了全面、完整地理解账户和复式记账的基本原理，本章将进一步说明账户和复式记账的具体运用。

设置账户和运用复式记账的方法，目的是要全面、连续、系统、综合地反映和监督企业单位会计要素的增减变动。如何设置账户，包括应该设置哪些账户，每个账户核算什么内容，各个账户之间存在什么样的相互关系等，都要根据各个会计要素增减变动的特点来确定，而各个会计要素的增减变动总是在企业的生产经营过程中发生的。因此，本章将通过对企业单位的生产经营过程的核算，来说明账户和复式记账的具体运用。

各种企业单位由于工作任务和经济活动性质并不相同，经营过程又各有特点，因此账户的设置也不可能完全一致。从总体来说，在各种企业单位中，工业企业生产经营过程的经济活动比较典型，其基本经济业务可概括为下列六个方面：资金投入业务、供应业务、生产业务、销售业务、财务成果业务、资金退出业务。本章将通过这六类基本经济业务的核算来说明账户和复式记账的具体运用。

第一节　资金投入业务的核算

一、资金投入业务的确认

任何企业要进行生产经营活动,都必须拥有一定的资产。企业资产进入企业的来源渠道不外乎两种:一是由企业的所有者提供,二是由企业的债权人提供。企业的所有者和债权人向企业投入资金,按资金投入企业的时间先后,可分为企业创立时投入和创立后投入两种。

企业创立时投入的资金,是设立企业必须拥有的资本金,即开办企业的本钱。资本金是指企业在工商行政管理部门登记的注册资金。资本金按照投资主体划分,可分为国家资本金、法人资本金、个人资本金和外商资本金四类。企业所有者可以用库存现金、银行存款等以货币形式向企业投入资金,也可以用原材料、固定资产等以实物形式向企业投入资金,还可以用专利、商标等以无形资产形式向企业投入资金。本节将简要介绍以银行存款形式投入资金的会计处理。

企业创立时所有者投入企业的资本金,是企业进行生产经营活动的启动资金。企业拥有了所有者初始投入的启动资金所形成的各种资产,就可以开展各项生产经营活动。在生产经营过程中,由于企业规模扩大、业务发展,所有者初始投入的资金不敷运用,还可以由所有者追加投入资本金,也可以向债权人负债,即由债权人向企业投入资金,以满足企业不断发展变化的需要。债权人向企业投入资金,是企业拥有资产的一条重要渠道。债权人可以用贷款、提供赊销物资等方式向企业投入资金。本节将简要介绍企业向银行取得长期借款和短期借款的会计处理。

二、资金投入业务的账户设置

为了记录资金投入业务,企业应设置"银行存款""实收资本""资本公积""长期借款""短期借款""财务费用""应付利息"等账户。

(一)"银行存款"账户

1. 账户性质

"银行存款"账户属于资产类账户。

2. 账户用途

该账户用以核算企业存入银行或其他金融机构的各种存款的增减变动情况。但银行本票存款、银行汇票存款、信用保证金存款、信用卡存款、外埠存款、存出投资款等,不在本账户内核算,在"其他货币资金"账户中核算。

3. 账户结构

该账户的借方登记银行存款的增加数,贷方登记银行存款的减少数,期末余额在借方,表示期末银行存款的结存数。"银行存款"账户的结构如图4-1所示。

借方	银行存款	贷方
期初余额:银行存款的结存数		
银行存款增加数	银行存款减少数	
期末余额:银行存款的结存数		

图4-1 "银行存款"账户的结构

4. 明细账户设置

该账户应按开户银行和其他金融机构、存款种类等分别设置银行存款日记账,进行明细分类核算。

5. 对应账户

企业发生经济业务,借记"银行存款"账户时,一般应贷记"实收资本""长期借款""短期借款""应收账款""主营业务收入""库存现金"等对应账户;贷记"银行存款"账户时,一般应借记"固定资产""无形资产""原材料""应付账款""管理费用""制造费用""销售费用""应交税费""库存现金"等对应账户。

(二)"实收资本"账户

1. 账户性质

"实收资本"账户属于所有者权益类账户。如果企业是股份有限公司,则将该账户改为"股本"账户。

2. 账户用途

该账户用以核算企业实际收到投资者投入的资本的增减变动情况。

3. 账户结构

该账户的贷方登记所有者投资的增加额,借方登记所有者投资的减少额,期末余额在贷方,表示期末所有者投资的实有数额。"实收资本"账户的结构如图4-2所示。

借方	实收资本	贷方
		期初余额:所有者投资的实有数额
所有者投资的减少额		所有者投资的增加额
		期末余额:所有者投资的实有数额

图4-2 "实收资本"账户的结构

4. 明细账户设置

为了详细地反映各投资者的投资情况,该账户还应按投资者设置明细分类账户,进行明细分类核算。

5. 对应账户

企业发生经济业务,贷记"实收资本"账户时,一般应借记"银行存款""库存现金""固定资产""无形资产""原材料"等对应账户;借记"实收资本"账户时,一般应贷记"银行存款""库存现金"等对应账户。

(三)"资本公积"账户

1. 账户性质

"资本公积"账户属于所有者权益类账户。

2. 账户用途

用以核算企业实际收到投资者出资额超出其在注册资本或股本中所占份额的部分(即资本溢价或股本溢价)的增减变动情况,直接计入所有者权益的利得或损失的增减变动情况也通过本账户核算。

3. 账户结构

其贷方登记资本公积的增加额,借方登记资本公积的减少额,期末余额在贷方,表示期末资本公积的实有数额。"资本公积"账户的结构如图4-3所示。

借方	资本公积	贷方
	期初余额:资本公积的实有数额	
资本公积的减少额	资本公积的增加额	
	期末余额:资本公积的实有数额	

图4-3 "资本公积"账户的结构

4. 明细账户设置

为了详细地反映资本公积的增减变动情况,该账户还应按"资本溢价(股本溢价)""其他资本公积"设置明细分类账户,进行明细分类核算。

5. 对应账户

企业发生经济业务,贷记"资本公积"账户时,一般应借记"银行存款""库存现金""固定资产""无形资产""原材料"等对应账户;借记"资本公积"账户时,一般应贷记"实收资本"等对应账户。

(四)"长期借款"账户

1. 账户性质

属于负债类账户。

2. 账户用途

该账户用以核算企业从银行或其他金融机构借入的期限在一年或长于一年的一个营业周期以上的各种借款的增减变动情况。

3. 账户结构

该账户的贷方登记取得的各种长期借款的本金额及其应付而未付的利息额,借方登记到期偿还的各种长期借款的本息额,期末余额在贷方,表示期末尚未偿还的长期借款的本息额。"长期借款"账户的结构如图4-4所示。

借方	长期借款	贷方
偿还的长期借款的本息额	期初余额:尚未偿还的长期借款的本息额	
	取得的长期借款的本金额	
	应付而未付的利息额	
	期末余额:尚未偿还的长期借款的本息额	

图 4-4 "长期借款"账户的结构

4. 明细账户设置

为了详细地反映长期借款增减变动的具体情况,该账户应按长期借款的种类设置明细分类账户,进行明细分类核算。

5. 对应账户

企业发生经济业务,贷记"长期借款"账户时,一般应借记"银行存款""在建工程""财务费用"等对应账户;借记"长期借款"账户时,一般应贷记"银行存款"等对应账户。

(五)"短期借款"账户

1. 账户性质

"短期借款"账户属于负债类账户。

2. 账户用途

该账户用以核算企业从银行或其他金融机构借入的偿还期在一年以内(含一年)的各种借款的增减变动情况。

3. 账户结构

该账户的贷方登记取得的各种短期借款的本金额,借方登记到期偿还的各种短期借款的本金额,期末余额在贷方,表示期末尚未偿还的短期借款的本金额。"短期借款"账户的结构如图4-5所示。

借方	短期借款	贷方
偿还的短期借款的本金额		期初余额：尚未偿还的短期借款的本金额
		取得的短期借款的本金额
		期末余额：尚未偿还的短期借款的本金额

图 4-5 "短期借款"账户的结构

4. 明细账户设置

为了详细地反映短期借款增减变动的具体情况，该账户应按短期借款的种类设置明细分类账户，进行明细分类核算。

5. 对应账户

企业发生经济业务，贷记"短期借款"账户时，一般应借记"银行存款"等对应账户；借记"短期借款"账户时，一般应贷记"银行存款"等对应账户。

（六）"财务费用"账户

1. 账户性质

"财务费用"账户属于损益类账户。

2. 账户用途

该账户用以核算企业为筹集生产经营所需资金等而发生的各项费用的增减变动情况。

3. 账户结构

该账户的借方登记企业发生的各项财务费用，贷方登记期末转入"本年利润"账户的财务费用，结转后该账户无余额。"财务费用"账户的结构如图4-6所示。

借方	财务费用	贷方
企业发生的各项财务费用		期末转入"本年利润"账户的财务费用

图 4-6 "财务费用"账户的结构

4. 明细账户设置

为了详细地反映财务费用的具体情况，该账户应按费用项目设置专栏，进行明细分类核算。

5. 对应账户

企业发生经济业务，借记"财务费用"账户时，一般应贷记"应付利息""银行存款"等对应账户；贷记"财务费用"账户时，一般应借记"本年利润""银行存款"等对应账户。

（七）"应付利息"账户

1. 账户性质

属于负债类账户。

2. 账户用途

该账户用以核算企业筹集生产经营资金所形成的应付利息的增减变动情况。

3. 账户结构

该账户的贷方登记取得的各种借款所发生的应付而未付的利息额,借方登记实际支付的利息额,期末余额在贷方,表示期末应付而未付的利息额。"应付利息"账户的结构如图4-7所示。

借方	应付利息	贷方
实际支付的利息额	期初余额:应付而未付的利息额	
	发生的应付而未付的利息额	
	期末余额:应付而未付的利息额	

图 4-7　"应付利息"账户的结构

4. 明细账户设置

为了详细地反映应付利息增减变动的具体情况,该账户应按借款的种类设置明细分类账户,进行明细分类核算。

5. 对应账户

企业发生经济业务,贷记"应付利息"账户时,一般应借记"财务费用"等对应账户;借记"应付利息"账户时,一般应贷记"银行存款"等对应账户。

三、资金投入业务的账务处理

下面举例说明企业资金投入业务的账务处理。

清远工厂2018年发生有关业务如下:

(1) 1月2日,清远工厂收到国家投入资金800 000元,资金已存入银行。

这项经济业务的发生,一方面表明企业银行存款增加了800 000元,另一方面表示国家投入资本增加了800 000元。因此,这项经济业务涉及"银行存款"和"实收资本"两个账户。银行存款的增加应记入"银行存款"账户的借方,国家投入资本的增加应记入"实收资本"账户的贷方。其会计分录如下:

　　借:银行存款　　　　　　　　　　　　800 000
　　　　贷:实收资本　　　　　　　　　　　　800 000

(2) 2月8日,清远工厂收到甲企业投入资金600 000元,其中500 000元作为实收资本,100 000元作为资本公积,资金已存入银行。

这项经济业务的发生,一方面使企业银行存款增加了600 000元,另一方面使企业投入资本增加了500 000元,资本公积增加了100 000元。因此,这项经济业务涉及"银行存款"、"实收资本"和"资本公积"三个账户。银行存款的增加应记入"银行存款"账户的借方,投入

资本的增加应记入"实收资本"账户的贷方,资本公积的增加应记入"资本公积"账户的贷方。其会计分录如下:

  借:银行存款   600 000
    贷:实收资本   500 000
      资本公积   100 000

(3) 3月1日,清远工厂向开户银行借入3年期的银行借款1 000 000元,年利率12%,到期一次还本付息,款项已存入银行。

这项经济业务的发生,一方面使企业银行存款增加了1 000 000元,另一方面使企业的长期借款增加了1 000 000元。因此,这项经济业务涉及"银行存款"和"长期借款"两个账户。银行存款的增加应记入"银行存款"账户的借方,长期借款的增加应记入"长期借款"账户的贷方。这项业务应作如下会计分录:

  借:银行存款   1 000 000
    贷:长期借款   1 000 000

(4) 4月1日,清远工厂向开户银行借入6个月期的银行借款500 000元,年利率6%,每季付息一次,到期还本,款项已存入银行。

这项经济业务的发生,一方面使企业银行存款增加了500 000元,另一方面使企业的短期借款增加了500 000元。因此,这项经济业务涉及"银行存款"和"短期借款"两个账户。银行存款的增加应记入"银行存款"账户的借方,短期借款的增加应记入"短期借款"账户的贷方。这项业务应作如下会计分录:

  借:银行存款   500 000
    贷:短期借款   500 000

(5) 4月30日,清远工厂预提本月份短期借款利息2 500元(500 000×6%÷12)。

企业向银行取得短期借款而支付的利息,按规定是按季结付的,根据权责发生制核算基础的要求,企业应按月预提利息费用,计入当月损益。因此,这项经济业务的发生,一方面使应付利息增加了2 500元,另一方面使应由本月损益负担的利息费用增加了2 500元。所以,这项经济业务涉及"财务费用"和"应付利息"两个账户。财务费用的增加应记入"财务费用"账户的借方,应付利息的增加应记入"应付利息"账户的贷方。其会计分录如下:

  借:财务费用   2 500
    贷:应付利息   2 500

5月31日和6月30日企业应分别预提5月份和6月份的短期借款利息2 500元,其会计分录与4月份的会计分录相同。

(6) 6月30日,清远工厂以银行存款7 500元,支付本年度第二季度短期借款的利息。

这项经济业务的发生,一方面使企业银行存款减少了7 500元,另一方面使企业第二季度各月预提的应付利息也减少了7 500元。因此,这项经济业务涉及"应付利息"和"银行存

款"两个账户。应付利息的减少应记入"应付利息"账户的借方,银行存款的减少应记入"银行存款"账户的贷方。其会计分录如下:

借:应付利息　　　　　　　　　　　7 500
　　贷:银行存款　　　　　　　　　　　　　7 500

企业7、8、9三个月应同4、5、6三个月一样按月预提当月的短期借款利息,并支付当季短期借款的利息。

(7) 10月1日,清远工厂以银行存款500 000元,偿还已到期的短期借款本金。

这项经济业务的发生,一方面使企业银行存款减少了500 000元,另一方面使企业的短期借款减少了500 000元。因此,这项经济业务涉及"银行存款"和"短期借款"两个账户。短期借款的减少应记入"短期借款"账户的借方,银行存款的减少应记入"银行存款"账户的贷方。这项业务应作如下会计分录:

借:短期借款　　　　　　　　　　　500 000
　　贷:银行存款　　　　　　　　　　　　　500 000

(8) 12月31日,清远工厂预提年度长期借款利息100 000元(1 000 000×12%÷12×10)。

根据权责发生制核算基础的要求,企业向银行取得长期借款而产生的利息,应按年预提利息费用,并按借款合同的规定按时结付。因此,这项经济业务的发生,一方面使应由本年负担的利息费用增加了100 000元,另一方面使应付利息增加了100 000元。所以,这项经济业务涉及"财务费用"(或"在建工程")和"长期借款"两个账户。利息费用的增加应记入"财务费用"(或"在建工程")账户的借方,应付利息的增加应记入"长期借款"账户的贷方。其会计分录如下:

借:财务费用(在建工程)　　　　　100 000
　　贷:长期借款　　　　　　　　　　　　100 000

第二节　供应业务的核算

一、供应业务的确认

工业企业的经营过程一般可划分为供应过程、生产过程和销售过程三个阶段。供应过程就是为生产产品做准备的过程。为了生产产品,企业必须购建厂房和机器设备等固定资产,必须取得专利和商标等无形资产,必须采购各种原材料。

固定资产是指同时具有下列特征的有形资产:为生产商品、提供劳务、出租或经营管理而持有的;使用寿命超过一个会计年度。使用寿命,是指企业使用固定资产的预计期间,或者该固定资产所能生产产品或提供劳务的数量。固定资产是企业经营过程中使用的长期资产，包括房屋建筑物、机器设备、车辆、工具器具等。企业可以通过外购、自行建造、接受投资等方式取得固定资产。本节将简要介绍以外购方式取得固定资产的会计处理。

无形资产是指企业拥有或者控制的没有实物形态的可辨认非货币性资产。无形资产是企业经营过程中使用的长期资产，包括专利权、非专利技术、商标权、著作权、土地使用权等。企业可以通过外购、自创、接受投资等方式取得无形资产。本节将简要介绍以外购方式取得无形资产的会计处理。

在原材料的采购供应过程中，企业一方面要根据供应计划和采购合同的规定，及时采购材料物资，验收入库，保证生产的需要；同时也要与供应单位办理货币结算，支付货款和各种采购费用。材料物资是否购入，主要不由材料是否验收入库，或货款是否支付来确定，而是由材料物资的所有权是否转移，即材料物资的所有权是否从供应单位转移到购买单位来确定。因此，材料采购供应业务的具体内容，从材料物资是否验收入库角度看，有购入材料物资尚在运输途中尚未验收入库和购入材料物资已经验收入库之分；从货款结算角度看，有预付货款而材料尚未购入、材料购入支付货款和材料购入货款尚未支付之分。企业采购的原材料，可以采用实际成本核算，也可以采用计划成本核算。本节将简要介绍按实际成本方式采购原材料的会计处理。

二、供应业务的账户设置

为了记录供应业务，企业应设置"固定资产""无形资产""原材料""在途物资""应付账款""应付票据""预付账款""应交税费——应交增值税"等账户。

（一）"固定资产"账户

1. 账户性质

"固定资产"账户属于资产类账户。

2. 账户用途

该账户用以核算企业固定资产原始价值的增减变动情况。

3. 账户结构

该账户的借方登记固定资产原始价值的增加数，贷方登记固定资产原始价值的减少数，期末余额在借方，表示期末结存固定资产原始价值数。"固定资产"账户的结构如图4-8所示。

借方	固定资产	贷方
期初余额：结存固定资产原始价值数		
固定资产原始价值的增加数	固定资产原始价值的减少数	
期末余额：结存固定资产原始价值数		

图 4-8　"固定资产"账户的结构

4. 明细账户设置

为了详细地核算固定资产增减变动的具体情况，该账户应按固定资产的种类等设置明细分类账，进行明细分类核算。

5. 对应账户

企业发生经济业务，借记"固定资产"账户时，一般应贷记"实收资本""银行存款""在建工程"等对应账户；贷记"固定资产"账户时，一般应借记"固定资产清理""累计折旧"等对应账户。

（二）"无形资产"账户

1. 账户性质

"无形资产"账户属于资产类账户。

2. 账户用途

该账户用以核算企业无形资产原始价值的增减变动情况。

3. 账户结构

该账户的借方登记无形资产原始价值的增加额，贷方登记无形资产原始价值的减少额，期末余额在借方表示期末无形资产的原始价值额。"无形资产"账户的结构如图4-9所示。

借方	无形资产	贷方
期初余额：结存无形资产原始价值数		
无形资产原始价值的增加数	无形资产原始价值的减少数	
期末余额：结存无形资产原始价值数		

图 4-9　"无形资产"账户的结构

4. 明细账户设置

为了详细地反映无形资产增减变化的具体情况，该账户应按无形资产的种类等设置明细分类账，进行明细分类核算。

5. 对应账户

企业发生经济业务，借记"无形资产"账户时，一般应贷记"实收资本""银行存款"等对应账户；贷记"无形资产"账户时，一般应借记"累计摊销"等对应账户。

(三)"原材料"账户

1. 账户性质
"原材料"账户属于资产类账户。

2. 账户用途
该账户用以核算企业库存的各种原材料的增减变动情况。

3. 账户结构
该账户的借方登记验收入库材料的实际成本,贷方登记发出材料的实际成本,期末余额在借方表示期末库存材料的实际成本。"原材料"账户的结构如图 4-10 所示。

借方	原材料	贷方
期初余额:库存材料的实际成本		
验收入库材料的实际成本	发出材料的实际成本	
期末余额:库存材料的实际成本		

图 4-10 "原材料"账户的结构

4. 明细账户设置
为了详细地反映各种材料增减变化的具体情况,该账户应按材料的类别、品种等设置明细分类账户,进行明细分类核算。

5. 对应账户
企业发生经济业务,借记"原材料"账户时,一般应贷记"实收资本""银行存款""库存现金""应付账款""应付票据""预付账款""在途物资"等对应账户;贷记"原材料"账户时,一般应借记"生产成本""制造费用""管理费用"等对应账户。

(四)"在途物资"账户

1. 账户性质
"在途物资"账户属于资产类账户。

2. 账户用途
该账户用以核算企业已购入但尚未验收入库物资的增减变动情况。

3. 账户结构
该账户的借方登记已购入但尚未验收入库物资的实际成本数,贷方登记物资运达验收入库的实际成本数,期末余额在借方,表示期末已购入但尚未验收入库的各种在途物资的实际成本数。"在途物资"账户的结构如图 4-11 所示。

借方	在途物资	贷方
期初余额：在途物资的实际成本数		
已购入但尚未验收入库物资的实际成本数	验收入库物资的实际成本数	
期末余额：在途物资的实际成本数		

图 4-11 "在途物资"账户的结构

4. 明细账户设置

为了详细地反映各种在途物资增减变化的具体情况，该账户应按在途物资的品种、类别等设置明细分类账户，进行明细分类核算。

5. 对应账户

企业发生经济业务，借记"在途物资"账户时，一般应贷记"银行存款""库存现金""应付账款""应付票据""预付账款"等对应账户；贷记"在途物资"账户时，一般应借记"原材料"账户。

（五）"应付账款"账户

1. 账户性质

"应付账款"账户属于负债类账户。

2. 账户用途

该账户用以核算企业因购买材料物资和接受劳务等而应付给供应单位的款项的增减变动情况。

3. 账户结构

该账户的贷方登记应付供应单位款项的增加额，借方登记应付供应单位款项的减少额，期末余额一般在贷方，表示期末企业应付供应单位的款项额。"应付账款"账户的结构如图 4-12 所示。

借方	应付账款	贷方
	期初余额：应付供应单位的款项额	
应付供应单位款项的减少额	应付供应单位款项的增加额	
	期末余额：应付供应单位的款项额	

图 4-12 "应付账款"账户的结构

4. 明细账户设置

为了详细地反映应付账款增减变动的具体情况，该账户应按供应单位设置明细分类账户，进行明细分类核算。

5. 对应账户

企业发生经济业务，贷记"应付账款"账户时，一般应借记"原材料""在途物资""固定资产""应交税费——应交增值税"等对应账户；借记"应付账款"账户时，一般应贷记"银行存款""库存现金"等对应账户。

(六)"应付票据"账户

1. 账户性质

"应付票据"账户属于负债类账户。

2. 账户用途

该账户用以核算企业对外发生债务时所开出、承兑的商业汇票的增减变动情况。

3. 账户结构

该账户的贷方登记企业开出、承兑的商业汇票额,借方登记汇票到期支付的款项,期末贷方余额表示尚未支付的商业汇票款。"应付票据"账户的结构如图4-13所示。

借方	应付票据	贷方
	期初余额:尚未支付的商业汇票款	
汇票到期支付的款项	企业开出、承兑的商业汇票额	
	期末余额:尚未支付的商业汇票款	

图4-13 "应付票据"账户的结构

4. 明细账户设置

为了加强应付票据的管理,企业应设置"应付票据备查簿",详细登记每一应付票据的种类、号数、签发日期、到期日、票面金额、收款单位名称、付款日期和金额等资料。

5. 对应账户

企业发生经济业务,贷记"应付票据"账户时,一般应借记"原材料""在途物资""固定资产""应交税费——应交增值税"等对应账户;借记"应付票据"账户时,一般应贷记"银行存款"等对应账户。

(七)"预付账款"账户

1. 账户性质

"预付账款"账户属于资产类账户。

2. 账户用途

该账户用以核算企业按照购货合同规定预付给供应单位的货款的增减变动情况。

3. 账户结构

该账户的借方登记预付给供应单位货款的增加额,贷方登记预付给供应单位货款的减少额,期末余额一般在借方,表示期末企业预付给供应单位货款的实有数。"预付账款"账户的结构如图4-14所示。

借方	预付账款	贷方
期初余额:预付给供应单位货款的实有数		
预付给供应单位货款的增加额		预付给供应单位货款的减少额
期末余额:预付给供应单位货款的实有数		

图 4-14　"预付账款"账户的结构

4. 明细账户设置

为了详细地反映企业预付账款增减变化的具体情况,该账户应按供应单位名称设置明细分类账户,进行明细分类核算。

5. 对应账户

企业发生经济业务,借记"预付账款"账户时,一般应贷记"银行存款""库存现金"等对应账户;贷记"预付账款"账户时,一般应借记"原材料""在途物资""应交税费——应交增值税"等对应账户。

在预付款项不多的企业,也可以将预付的账款直接记入"应付账款"账户,而不设置"预付账款"账户。

(八)"应交税费"账户

1. 账户性质

"应交税费"账户属于负债类账户。

2. 账户用途

该账户用以核算企业应交纳的各种税费的增减变动情况。

3. 账户结构

该账户的贷方登记企业按规定计算应交纳的各种税费,借方登记企业实际交纳的各种税费,期末余额在贷方,表示期末企业尚未交纳的各种税费。"应交税费"账户的结构如图 4-15 所示。

借方	应交税费	贷方
		期初余额:尚未交纳的各种税费
实际交纳的各种税费		应交纳的各种税费
		期末余额:尚未交纳的各种税费

图 4-15　"应交税费"账户的结构

4. 明细账户设置

为了详细反映企业应交纳的各种税费增减变动的具体情况,该账户一般按应交纳的税费项目设置明细账,如"应交税费——应交增值税""应交税费——应交消费税""应交税费——应交城市维护建设税""应交税费——应交教育费附加""应交税费——应交所得税"等明细分类账户,进行明细分类核算。

增值税是就销售货物、销售加工修理修配劳务、销售服务、销售无形资产、销售不动产的增值部分征收的一种税。增值税的纳税人分为一般纳税人和小规模纳税人。本书此处介绍的"应交税费——应交增值税"账户的结构,是针对一般纳税人而言的。

"应交税费——应交增值税"账户的结构为:该账户的贷方登记企业销售货物或提供应税劳务的销项税额、出口退税和进项税额转出的数额,借方登记企业购进货物或接受应税劳务的进项税额和实际已交纳的增值税额。期末余额如在贷方,表示企业期末尚未交纳的增值税额;期末余额如在借方,表示企业期末多交或尚未抵扣的增值税额。进项税额,是指纳税人购进货物、加工修理修配劳务、服务、无形资产、不动产,支付或负担的增值税额。销项税额,是指纳税人销售货物、服务、无形资产、不动产、提供加工修理修配劳务,按照销售额和增值税税率计算并收取的增值税额。一般纳税人的增值税税率有17%、11%、6%和零税率四种。"应交税费——应交增值税"账户的结构如图4-16所示。

借方	应交税费——应交增值税	贷方
① 进项税额		① 销项税额
② 已交税额		② 出口退税
		③ 进项税额转出
余额:多交或尚未抵扣的增值税额		余额:尚未交纳的增值税额

图 4-16　"应交税费——应交增值税"账户的结构

5. 对应账户

企业发生经济业务,贷记"应交税费"账户时,一般应借记"银行存款""应收账款""应收票据""预收账款""税金及附加""所得税费用"等对应账户;借记"应交税费"账户时,一般应贷记"银行存款""应付账款""应付票据""预付账款"等对应账户。

三、供应业务的账务处理

下面举例说明企业供应业务的账务处理。

清远工厂2018年8月份发生有关业务如下:

(1) 8月2日,清远工厂购入一台不需要安装的设备,设备价款500 000元,税率17%,增值税进项税额85 000元,用银行存款支付全部款项,设备当即投入使用。

这项经济业务的发生,一方面使企业固定资产增加了500 000元,增值税进项税额增加了85 000元,另一方面使企业银行存款减少了585 000元。因此,这项经济业务涉及"固定资产""应交税费——应交增值税"和"银行存款"三个账户。固定资产的增加应记入"固定资产"账户的借方,增值税进项税额的增加(属应交增值税的减少),应记入"应交税费——应交增值税"账户的借方,银行存款的减少应记入"银行存款"账户的贷方。其会计分录如下:

借:固定资产 500 000
　　应交税费——应交增值税(进项税额) 85 000
　贷:银行存款 585 000

(2) 8月5日,清远工厂购入专利权一项,专利价款3 000 000元,税率6%,增值税进项税额180 000元,用银行存款支付全部款项,专利当即投入使用。

这项经济业务的发生,一方面使企业无形资产增加了3 000 000元,增值税进项税额增加了180 000元,另一方面使企业银行存款减少了3 180 000元。因此,这项经济业务涉及"无形资产""应交税费——应交增值税"和"银行存款"三个账户。无形资产的增加应记入"无形资产"账户的借方,增值税进项税额的增加(属应交增值税的减少),应记入"应交税费——应交增值税"账户的借方,银行存款的减少应记入"银行存款"账户的贷方。其会计分录如下:

借:无形资产 3 000 000
　　应交税费——应交增值税(进项税额) 180 000
　贷:银行存款 3 180 000

(3) 8月7日,向红星工厂购入甲材料一批,材料价款100 000元,税率17%,增值税进项税额17 000元,材料已验收入库,用银行存款支付全部货款。

这项经济业务的发生,一方面使企业库存原材料增加了100 000元,增值税进项税额增加了17 000元,另一方面使企业银行存款减少了117 000元。因此,这项经济业务涉及"原材料""应交税费——应交增值税"和"银行存款"三个账户。原材料的增加应记入"原材料"账户的借方,增值税进项税额的增加(属应交增值税的减少),应记入"应交税费——应交增值税"账户的借方,银行存款的减少应记入"银行存款"账户的贷方。其会计分录如下:

借:原材料——甲材料 100 000
　　应交税费——应交增值税(进项税额) 17 000
　贷:银行存款 117 000

(4) 8月8日向天龙工厂购入乙材料一批,材料价款30 000元,税率17%,增值税进项税额5 100元,材料尚未验收入库,货款尚未支付。

这项经济业务的发生一方面使企业在途物资增加了30 000元,增值税进项税额增加了5 100元,另一方面使企业的应付账款增加了35 100元。因此,这项经济业务涉及"在途物资""应交税费——应交增值税"和"应付账款"三个账户。在途物资的增加应记入"在途物资"账户的借方,增值税进项税额的增加(属应交增值税的减少)应记入"应交税费——应交增值税"账户的借方,应付账款的增加应记入"应付账款"账户的贷方。其会计分录如下:

借:在途物资——乙材料 30 000
　　应交税费——应交增值税(进项税额) 5 100

贷：应付账款——天龙工厂　　　　　　　　　　35 100

（5）8月10日上述乙材料运达本厂后，经验收入库。

这项经济业务的发生，一方面使企业库存原材料增加了30 000元，另一方面使企业在途物资减少了30 000元。因此，这项经济业务涉及"原材料"和"在途物资"两个账户。原材料的增加应记入"原材料"账户的借方，在途物资的减少应记入"在途物资"账户的贷方。其会计分录如下：

　　借：原材料——乙材料　　　　　　　　　　　　30 000
　　贷：在途物资——乙材料　　　　　　　　　　　　30 000

（6）8月11日，用银行存款35 100元，支付前欠天龙工厂的货款。

这项经济业务的发生，一方面使企业的应付账款减少了35 100元，另一方面使企业的银行存款减少了35 100元。因此，这项经济业务涉及"应付账款"和"银行存款"两个账户。应付账款的减少应记入"应付账款"账户的借方，银行存款的减少应记入"银行存款"账户的贷方。其会计分录如下：

　　借：应付账款——天龙工厂　　　　　　　　　　35 100
　　贷：银行存款　　　　　　　　　　　　　　　　35 100

（7）8月12日，用银行存款向东华工厂预付购料款90 000元。

这笔经济业务的发生，一方面使企业预付账款增加了90 000元，另一方面使企业银行存款减少了90 000元。因此，这项经济业务涉及"预付账款"和"银行存款"两个账户。预付账款的增加应记入"预付账款"账户的借方，银行存款的减少应记入"银行存款"账户的贷方。其会计分录如下：

　　借：预付账款——东华工厂　　　　　　　　　　90 000
　　贷：银行存款　　　　　　　　　　　　　　　　90 000

（8）8月18日，从东华工厂购入甲材料一批，材料价款70 000元，税率17%，增值税进项税额11 900元，材料已验收入库，货款前已预付。

这项经济业务的发生，一方面使企业库存原材料增加了70 000元，增值税进项税额增加了11 900元，另一方面使企业预付账款减少了81 900元。因此，这项经济业务涉及"原材料""应交税费——应交增值税"和"预付账款"三个账户。原材料的增加应记入"原材料"账户的借方，增值税进项税额的增加（属应交增值税的减少），应记入"应交税费——应交增值税"账户的借方，预付账款的减少应记入"预付账款"账户的贷方。其会计分录如下：

　　借：原材料——甲材料　　　　　　　　　　　　70 000
　　　　应交税费——应交增值税（进项税额）　　　11 900
　　贷：预付账款——东华工厂　　　　　　　　　　81 900

（9）8月25日，从宏伟公司购进乙材料一批，材料价款60 000元，税率17%，增值税进项税额10 200元，材料已验收入库，开出为期3个月、票面金额70 200元的商业汇票一张。

这项经济业务的发生,一方面使企业的库存材料增加了 60 000 元,增值税进项税额增加了 10 200 元,另一方面使企业应付票据增加了 70 200 元。因此,这项经济业务涉及"原材料""应交税费——应交增值税"和"应付票据"三个账户。原材料的增加应记入"原材料"账户的借方,增值税进项税额的增加(属应交增值税的减少),应记入"应交税费——应交增值税"账户的借方,应付票据的增加应记入"应付票据"账户的贷方。这项经济业务应作如下会计分录:

借:原材料——乙材料　　　　　　　　　60 000
　　应交税费——应交增值税(进项税额)　10 200
　贷:应付票据　　　　　　　　　　　　　　　70 200

第三节　生产业务的核算

一、生产业务的确认

工业企业的基本经济活动是不断地生产和销售产品。产品的生产加工过程也是生产的耗费过程。在生产加工过程中,劳动者利用厂房、机器设备等劳动资料,对原辅材料等劳动对象进行加工,生产出符合社会需要的产品;企业要耗费各种材料,要发生厂房、机器设备的折旧,要发生无形资产的摊销,要支付职工的薪酬,还要发生其他各项生产费用。

企业在生产经营过程中发生的费用,可分为直接费用、间接费用和期间费用。直接费用是指企业直接为生产产品所发生的各项直接支出,包括直接材料费用、直接人工费用。直接材料费用是指企业生产过程中直接用于产品生产,构成产品实体的原材料及主要材料、外购半成品等费用。直接人工费用是指支付给产品生产工人的各种薪酬,包括工资、奖金、津贴补贴、福利费、社会保险费、住房公积金等费用。间接费用,也称制造费用,是指企业生产车间为生产产品所发生的各项间接支出,包括间接材料、间接工资、折旧费和其他间接支出。直接费用和间接费用,构成产品的生产成本,也称产品的制造成本。

期间费用是指企业在生产经营过程中发生的各种费用,包括管理费用、财务费用和销售费用。管理费用是指企业行政管理部门为组织和管理生产经营活动而发生的各项费用,包括行政管理人员的工资等各种薪酬、折旧费、办公费、水电费、业务招待费、保险费等费用。财务费用是指企业为筹集资金而发生的各项支出,如利息支出、手续费等。销售费用是指企业在产品销售过程中发生的包装费、运输费、广告费等费用。

二、生产业务的账户设置

为了记录生产加工业务,反映费用发生、归集和分配情况,企业应设置"生产成本""制造费用""管理费用""其他应收款""应付职工薪酬""累计折旧""累计摊销""库存商品""库存现金"等有关账户。

(一)"生产成本"账户

1. 账户性质

"生产成本"账户属于成本类账户。

2. 账户用途

该账户用以核算企业为进行产品的生产而发生的各项生产费用。

5. 对应账户

该账户的借方登记进行产品生产而发生的各种费用(包括直接费用和间接费用),贷方登记企业已经生产完工并已验收入库的产成品成本,期末余额一般在借方,表示期末尚未加工完成的在产品成本。"生产成本"账户的结构如图4-17所示。

借方	生产成本	贷方
直接费用		
间接费用		生产完工并已验收入库的产成品成本
期末余额:尚未加工完成的在产品成本		

图4-17 "生产成本"账户的结构

4. 明细账户设置

为了详细地反映各种产品生产成本形成的具体情况,该账户应按产品品种等设置明细分类账户,进行明细分类核算。

5. 对应账户

企业发生经济业务,借记"生产成本"账户时,一般应贷记"原材料""应付职工薪酬""制造费用"等对应账户;贷记"生产成本"账户时,一般应借记"库存商品"账户。

(二)"制造费用"账户

1. 账户性质

"制造费用"账户属于成本类账户。

2. 账户用途

该账户用以核算企业为生产产品而发生的各项间接费用。

3. 账户结构

该账户的借方登记各项间接费用的全部发生数,贷方登记分配计入有关成本计算对象的间接费用数,期末一般无余额。"制造费用"账户的结构如图4-18所示。

图 4-18 "制造费用"账户的结构

4. 明细账户设置

为了详细地反映间接费用的发生和分配的具体情况,该账户应按不同的车间、部门设置明细分类账户,并按制造费用的项目内容设置专栏,进行明细分类核算。

5. 对应账户

企业发生经济业务,借记"制造费用"账户时,一般应贷记"原材料""应付职工薪酬""累计折旧""银行存款""库存现金"等对应账户;贷记"制造费用"账户时,一般应借记"生产成本"账户。

(三)"管理费用"账户

1. 账户性质

"管理费用"账户属于损益类账户。

2. 账户用途

该账户用以核算企业行政管理部门为组织和管理生产经营活动而发生的各项管理费用。

3. 账户结构

该账户的借方登记企业发生的各项管理费用,贷方登记期末转入"本年利润"账户的管理费用,结转后该账户无余额。"管理费用"账户的结构如图 4-19 所示。

图 4-19 "管理费用"账户的结构

4. 明细账户设置

为了详细地反映管理费用的具体情况,该账户应按费用项目设置专栏,进行明细分类核算。

5. 对应账户

企业发生经济业务,借记"管理费用"账户时,一般应贷记"原材料""应付职工薪酬""累计折旧""累计摊销""银行存款""库存现金"等对应账户;贷记"管理费用"账户时,一般应借记"本年利润"账户。

（四）"其他应收款"账户

1. 账户性质

"其他应收款"账户属于资产类账户。

2. 账户用途

该账户用以核算企业除应收账款、应收票据、预付账款、应收利息、应收股利等以外的其他各种应收及暂付款项的增减变动情况。

3. 账户结构

该账户的借方登记企业发生的各项其他应收款项,贷方登记企业收回的各项其他应收款项,期末余额一般在借方,表示企业期末尚未收回的各项其他应收款项。"其他应收款"账户的结构如图4-20所示。

借方	其他应收款	贷方
期初余额:尚未收回的各项其他应收款项		
发生的各项其他应收款项	收回的各项其他应收款项	
期末余额:尚未收回的各项其他应收款项		

图4-20 "其他应收款"账户的结构

4. 明细账户设置

为了详细地反映其他应收款的具体情况,该账户应按对方单位或个人设置明细分类账户,进行明细分类核算。

5. 对应账户

企业发生经济业务,借记"其他应收款"账户时,一般应贷记"银行存款""库存现金"等对应账户;贷记"其他应收款"账户时,一般应借记"管理费用""制造费用""银行存款""库存现金"等对应账户。

（五）"应付职工薪酬"账户

1. 账户性质

"应付职工薪酬"账户属于负债类账户。

2. 账户用途

该账户用以核算企业根据有关规定应付给职工的各种薪酬的增减变动情况。

职工薪酬,是指企业为获得职工提供的服务或解除劳动关系而给予的各种形式的报酬或补偿。职工薪酬包括短期薪酬、离职后福利、辞退福利和其他长期职工福利。

短期薪酬,是指企业在职工提供相关服务的年度报告期间结束后十二个月内需要全部予以支付的职工薪酬,因解除与职工的劳动关系给予的补偿除外。短期薪酬具体包括:职工工资、奖金、津贴和补贴,职工福利费,医疗保险费、工伤保险费和生育保险费等社会保险费,住房公积金,工会经费和职工教育经费,短期带薪缺勤,短期利润分享计划,非货币性福利以及其他短期薪酬。

离职后福利,是指企业为获得职工提供的服务而在职工退休或与企业解除劳动关系后,提供的各种形式的报酬和福利,短期薪酬和辞退福利除外。

辞退福利,是指企业在职工劳动合同到期之前解除与职工的劳动关系,或者为鼓励职工自愿接受裁减而给予职工的补偿。

其他长期职工福利,是指除短期薪酬、离职后福利、辞退福利之外所有的职工薪酬,包括长期带薪缺勤、长期残疾福利、长期利润分享计划等。

3. 账户结构

该账户的贷方登记企业应付给职工的各种薪酬数,借方登记企业实际支付给职工的各种薪酬数;期末余额在贷方,反映企业应付未付的职工薪酬数。"应付职工薪酬"账户的结构如图 4-21 所示。

借方	应付职工薪酬	贷方
		期初余额:应付未付的职工薪酬数
支付给职工的各种薪酬数		应付给职工的各种薪酬数
		期末余额:应付未付的职工薪酬数

图 4-21 "应付职工薪酬"账户的结构

4. 明细账户设置

为了详细反映职工薪酬的支付和分配的具体情况,该账户应按职工类别、薪酬组成内容等设置明细账,进行明细分类核算。

5. 对应账户

企业发生经济业务,贷记"应付职工薪酬"账户时,一般应借记"生产成本""制造费用""管理费用"等对应账户;借记"应付职工薪酬"账户时,一般应贷记"银行存款""库存现金"等对应账户。

(六)"累计折旧"账户

1. 账户性质

"累计折旧"账户属于资产类账户,它是"固固定资产"账户的备抵调整账户。

2. 账户用途

该账户用以核算企业固定资产的累计损耗价值的增减变动情况。

3. 账户结构

该账户的贷方登记企业按月计提的固定资产折旧额,借方登记减少固定资产时已提折旧的注销额,期末余额在贷方,表示企业固定资产的累计折旧额。"累计折旧"账户的结构如图 4-22 所示。

借方	累计折旧	贷方
已提折旧的注销额	期初余额：固定资产的累计折旧额 计提的固定资产折旧额 期末余额：固定资产的累计折旧额	

图 4-22 "累计折旧"账户的结构

4. 明细账户设置

为了详细反映累计折旧的具体情况，该账户应按固定资产的类别或项目设置明细分类账户，进行明细分类核算。

5. 对应账户

企业发生经济业务，贷记"累计折旧"账户时，一般应借记"制造费用""管理费用"等对应账户；借记"累计折旧"账户时，一般应贷记"固定资产"等对应账户。

（七）"累计摊销"账户

1. 账户性质

"累计摊销"账户属于资产类账户，它是"无形资产"账户的备抵调整账户。

2. 账户用途

该账户用以核算企业无形资产的累计摊销价值的增减变动情况。

3. 账户结构

该账户的贷方登记企业按月计提的无形资产摊销额，借方登记减少无形资产时已提摊销的注销额，期末余额在贷方表示企业无形资产的累计摊销额。"累计摊销"账户的结构如图 4-23 所示。

借方	累计摊销	贷方
已提摊销的注销额 期末余额：无形资产的累计摊销额	期初余额：无形资产的累计摊销额 计提的无形资产摊销额	

图 4-23 "累计摊销"账户的结构

4. 明细账户设置

为了详细反映累计摊销的具体情况，该账户应按无形资产的项目设置明细分类账户，进行明细分类核算。

5. 对应账户

企业发生经济业务，贷记"累计摊销"账户时，一般应借记"管理费用"等对应账户；借记"累计摊销"账户时，一般应贷记"无形资产"等对应账户。

(八)"库存商品"账户

1. 账户性质

"库存商品"账户属于资产类账户。

2. 账户用途

该账户用以核算企业库存的各种库存商品的实际成本的增减变动情况。

3. 账户结构

该账户的借方登记企业验收入库的库存商品的实际成本,贷方登记企业发出的库存商品的实际成本,期末余额在借方表示期末库存商品的实际成本。"库存商品"账户的结构如图4-24所示。

借方	库存商品	贷方
期初余额:库存商品的实际成本		
验收入库的库存商品的实际成本	发出的库存商品的实际成本	
期末余额:库存商品的实际成本		

图4-24 "库存商品"账户的结构

4. 明细账户设置

为了详细地反映各种库存商品增减变动的具体情况,该账户应按库存商品的品种等设置明细分类账,进行明细分类核算。

5. 对应账户

企业发生经济业务,借记"库存商品"账户时,一般应贷记"生产成本"等对应账户;贷记"库存商品"账户时,一般应借记"主营业务成本"等对应账户。

(九)"库存现金"账户

1. 账户性质

"库存现金"账户属于资产类账户。

2. 账户用途

该账户用以核算企业库存现金的增减变动情况。

3. 账户结构

该账户的借方登记企业库存现金的增加数,贷方登记企业库存现金的减少数,期末余额在借方,表示期末库存现金的实有数。"库存现金"账户的结构如图4-25所示。

借方	库存现金	贷方
期初余额:库存现金的实有数		
库存现金的增加数	企业库存现金的减少数	
期末余额:库存现金的实有数		

图4-25 "库存现金"账户的结构

4. 明细账户设置

为了详细地反映各种库存现金增减变动的具体情况，该账户应按库存现金的币种等设置库存现金日记账，进行明细分类核算。

5. 对应账户

企业发生经济业务，借记"库存现金"账户时，一般应贷记"银行存款""其他应收款""其他应付款""主营业务收入""其他业务收入"等对应账户；贷记"库存现金"账户时，一般应借记"银行存款""制造费用""管理费用""其他应收款""应付职工薪酬"等对应账户。

三、生产业务的账务处理

下面举例说明企业生产业务的账务处理。

清远工厂2018年6月份发生的部分业务如下：

（1）6月3日，为生产A产品领用甲材料86 000元，为生产B产品领用甲材料32 000元，车间一般性消耗领用乙材料3 200元。

这项经济业务的发生，一方面使企业的库存材料减少了121 200元，另一方面使生产成本增加了118 000元，使制造费用增加了3 200元。因此，这项经济业务涉及到"原材料""生产成本""制造费用"三个账户。生产成本的增加应记入"生产成本"账户的借方，制造费用的增加应记入"制造费用"账户的借方，库存材料的减少应记入"原材料"账户的贷方。其会计分录如下：

  借：生产成本   118 000
    ——A产品   86 000
    ——B产品   32 000
    制造费用   3 200
    贷：原材料   121 200
      ——甲材料   118 000
      ——乙材料   3 200

（2）6月6日，以库存现金预付企业供应科采购员张强差旅费800元。

预付差旅费属于暂付款项。因此，这项经济业务的发生，一方面使其他应收款项增加了800元，另一方面使库存现金减少了800元。所以，这项经济业务涉及"其他应收款"和"库存现金"两个账户。其他应收款项的增加应记入"其他应收款"账户的借方，库存现金的减少应记入"库存现金"账户的贷方。其会计分录如下：

  借：其他应收款   800
    贷：库存现金   800

（3）6月9日，采购员张强出差归来，报销差旅费650元，交回现金150元。

这项经济业务的发生，一方面使管理费用增加了 650 元，库存现金增加了 150 元，另一方面使其他应收款项减少了 800 元。所以，这项经济业务涉及"管理费用""库存现金""其他应收款"三个账户。管理费用和库存现金的增加应分别记入"管理费用"和"库存现金"账户的借方，其他应收款项的减少应记入"其他应收款"账户的贷方。其会计分录如下：

  借：管理费用   650
    库存现金   150
   贷：其他应收款   800

（4）6 月 10 日，从银行提取现金 68 000 元，以备发放本月份职工薪酬。

这项经济业务的发生，一方面使企业库存现金增加了 68 000 元，另一方面使企业的银行存款减少了 68 000 元。所以，这项经济业务涉及"库存现金"和"银行存款"两个账户。库存现金的增加应记入"库存现金"账户的借方，银行存款的减少应记入"银行存款"账户的贷方。其会计分录如下：

  借：库存现金   68 000
   贷：银行存款   68 000

（5）6 月 10 日，用现金发放本月职工薪酬 68 000 元。

这项经济业务的发生，一方面使企业的库存现金减少了 68 000 元，另一方面使应付职工薪酬也相应地减少了 68 000 元。因此，这项经济业务涉及"库存现金"和"应付职工薪酬"两个账户。应付职工薪酬的减少应记入"应付职工薪酬"账户的借方，库存现金的减少应记入"库存现金"账户的贷方。其会计分录如下：

  借：应付职工薪酬   68 000
   贷：库存现金   68 000

（6）6 月 15 日，以银行存款支付本月份办公用品费 1 100 元，其中企业行政管理部门 800 元，基本生产车间 300 元。

这项经济业务的发生，一方面使管理费用增加了 800 元，制造费用增加了 300 元，另一方面使企业银行存款减少了 1 100 元。因此，这项经济业务涉及"管理费用""制造费用"和"银行存款"三个账户。管理费用的增加应记入"管理费用"账户的借方，制造费用的增加应记入"制造费用"账户的借方，银行存款的减少应记入"银行存款"账户的贷方。其会计分录如下：

  借：管理费用   800
    制造费用   300
   贷：银行存款   1 100

（7）6 月 30 日，分配本月份应付职工薪酬 68 000 元，其中 A 产品生产工人薪酬 30 000 元，B 产品生产工人薪酬 20 000 元，车间管理人员薪酬 8 000 元，企业行政管理部门人员薪酬 10 000 元。

这项经济业务的发生,一方面使生产成本中的直接工资费用增加了50 000元,制造费用增加了8 000元,管理费用增加了10 000元;另一方面表明企业本月份发生了应付给职工的薪酬费用68 000元,即企业应付职工薪酬增加了68 000元。因此,这项经济业务涉及"生产成本""制造费用""管理费用""应付职工薪酬"四个账户。生产工人薪酬属于直接费用,应记入"生产成本"账户的借方;车间管理人员薪酬属于间接费用,应记入"制造费用"账户的借方;企业行政管理部门人员薪酬属于期间费用,应记入"管理费用"账户的借方;应付职工薪酬的增加,应记入"应付职工薪酬"账户的贷方。其会计分录如下:

借:生产成本　　　　　　　　　　　　　50 000
　　——A产品　　　　　　　　　　　　30 000
　　——B产品　　　　　　　　　　　　20 000
　　制造费用　　　　　　　　　　　　　8 000
　　管理费用　　　　　　　　　　　　　10 000
　　贷:应付职工薪酬　　　　　　　　　　68 000

(8) 6月30日,按规定计提本月固定资产折旧费9 000元,其中生产车间6 000元,企业行政管理部门3 000元。

在工业企业的生产经营活动中,固定资产是用来改变或影响劳动对象的主要劳动资料。在生产经营过程中,由于使用和技术进步等原因而逐渐损耗的固定资产价值,叫作固定资产折旧。固定资产折旧费是企业生产经营而发生的费用,将随着产品的销售和收入的实现而逐渐得到补偿。计提固定资产折旧,一方面表明费用的增加,另一方面表明固定资产价值因损耗而减少。固定资产价值的减少(属资产的减少),本应记入"固定资产"账户的贷方,但为了满足经营管理上的需要,使"固定资产"账户能经常按原始价值反映固定资产的增减变动和结存情况,所以专门设置了一个"累计折旧"账户,用"累计折旧"账户的贷方来反映固定资产的损耗价值。因此,这项经济业务涉及"制造费用""管理费用"和"累计折旧"三个账户。折旧费用的增加应分别记入"制造费用"和"管理费用"账户的借方,固定资产因计提折旧而表明的价值损耗应记入"累计折旧"账户的贷方。这项经济业务应作如下会计分录:

借:制造费用　　　　　　　　　　　　　6 000
　　管理费用　　　　　　　　　　　　　3 000
　　贷:累计折旧　　　　　　　　　　　　9 000

(9) 6月30日,按规定计提本月无形资产摊销费1 600元。

计提无形资产摊销,一方面表明费用的增加,另一方面表明无形资产价值因摊销而减少。无形资产价值的减少(属资产的减少),本应记入"无形资产"账户的贷方,但为了满足经营管理上的需要,使"无形资产"账户能经常按原始价值反映无形资产的增减变动和结存情况,所以专门设置了一个"累计摊销"账户,用"累计摊销"账户的贷方来反映无形资产的摊销价值。因此,这项经济业务涉及"管理费用"和"累计摊销"两个账户。摊销费用的增加应记入"管理费用"账户的借方,无形资产因计提摊销而表明的价值损耗应记入"累计摊销"账户的贷方。这项经济业务应作如下会计分录:

  借:管理费用   1 600
    贷:累计摊销   1 600

(10) 6月30日,结转本月制造费用17 500元,其中A产品分配60%,B产品分配40%。

制造费用是产品生产成本的一个组成部分,平时发生的制造费用应在"制造费用"账户借方进行归集,月末应将月份内归集的各种制造费用转入"生产成本"账户。因此,这项经济业务涉及"生产成本"和"制造费用"两个账户。生产成本的增加应记入"生产成本"账户的借方,制造费用的减少应记入"制造费用"账户的贷方。其会计分录如下:

  借:生产成本   17 500
    ——A产品   10 500
    ——B产品   7 000
    贷:制造费用   17 500

(11) 6月30日,结转本月完工入库产品的生产成本150 000元,其中A产品100 000元,B产品50 000元。

这项经济业务的发生,一方面使企业库存商品增加了150 000元,另一方面使企业生产成本减少了150 000元。这项经济业务涉及"库存商品"和"生产成本"两个账户。库存商品的增加应记入"库存商品"账户的借方,生产成本的减少应记入"生产成本"账户的贷方。其会计分录如下:

  借:库存商品   150 000
    ——A产品   100 000
    ——B产品   50 000
    贷:生产成本   150 000
      ——A产品   100 000
      ——B产品   50 000

第四节 销售业务的核算

一、销售业务的确认

工业企业生产的产品,只有进入流通过程,才能使企业的生产耗费得到补偿并实现积累。在产品的销售过程中,企业按照销售价格向购买单位出售产品,通过货款结算收回货币资金,实现产品销售收入(即主营业务收入);由于在产品销售过程中企业必须提供相应数量的产品,因而企业在确认产品销售收入的同时,还应结转产品销售成本(即主营业务成本)。

另外,为了销售产品,也必然要发生包装、运输、广告等销售费用;此外,还要按照国家税法等相关法规的规定,计算交纳消费税、城市维护建设税、教育费附加等相关销售税费。

工业企业的销售业务除了产品销售外,还有一些其他销售业务,如材料销售和包装物的出租等业务。这些业务发生所取得的收入,称为其他业务收入;所发生的成本,称为其他业务成本。

二、销售业务的账户设置

为了记录销售业务,反映销售收入的实现和销售成本、销售费用、销售税费的发生情况,企业应设置"主营业务收入""主营业务成本""销售费用""税金及附加""其他业务收入""其他业务成本""应收账款""应收票据""预收账款"等有关账户。

(一)"主营业务收入"账户

1. 账户性质

"主营业务收入"账户属于损益类账户。

2. 账户用途

该账户用以核算企业销售商品、提供劳务等所实现的收入的增减变动情况。

3. 账户结构

该账户的贷方登记已实现的主营业务收入,借方登记期末转入"本年利润"账户的主营业务收入,期末结转后无余额。"主营业务收入"账户的结构如图4-26所示。

借方	主营业务收入	贷方
转入"本年利润"账户的主营业务收入	实现的主营业务收入	

图4-26 "主营业务收入"账户的结构

4. 明细账户设置

为了详细地反映企业各种主营业务收入的实现情况,该账户应按照商品、劳务类别等设置明细分类账户,进行明细分类核算。

5. 对应账户

企业发生经济业务,贷记"主营业务收入"账户时,一般应借记"银行存款""库存现金""应收账款""应收票据""预收账款"等对应账户;借记"主营业务收入"账户时,一般应贷记"本年利润"等对应账户。

(二)"其他业务收入"账户

1. 账户性质

"其他业务收入"账户属于损益类账户。

2. 账户用途

该账户用以核算企业确认的除主营业务活动以外的其他经营活动实现的收入的增减变动情况。其他业务收入主要包括出租固定资产、出租无形资产、出租包装物和销售材料等实现的收入。

3. 账户结构

该账户的贷方登记已实现的其他业务收入,借方登记期末转入"本年利润"账户的其他业务收入,期末结转后无余额。"其他业务收入"账户的结构如图4-27所示。

借方	其他业务收入	贷方
转入"本年利润"账户的其他业务收入		实现的其他业务收入

图4-27 "其他业务收入"账户的结构

4. 明细账户设置

为了详细地反映各种其他业务收入的实现情况,该账户应按其他业务的种类设置明细分类账户,进行明细分类核算。

5. 对应账户

企业发生经济业务,贷记"其他业务收入"账户时,一般应借记"银行存款""库存现金""应收账款""应收票据""预收账款"等对应账户;借记"其他业务收入"账户时,一般应贷记"本年利润"等对应账户。

(三)"主营业务成本"账户

1. 账户性质

"主营业务成本"账户属于损益类账户。

2. 账户用途

该账户用以核算企业销售商品、提供劳务等所发生的实际成本的增减变动情况。

3. 账户结构

该账户的借方登记所发生的主营业务成本,贷方登记期末转入"本年利润"账户的主营业务成本,期末结转后无余额。"主营业务成本"账户的结构如图4-28所示。

借方	主营业务成本	贷方
发生的主营业务成本		转入"本年利润"账户的主营业务成本

图4-28 "主营业务成本"账户的结构

4. 明细账户设置

为了详细地反映企业各种主营业务成本的发生情况,该账户应按照商品、劳务类别等设置明细分类账户,进行明细分类核算。

5. 对应账户

企业发生经济业务,借记"主营业务成本"账户时,一般应贷记"库存商品"等对应账户;贷记"主营业务成本"账户时,一般应借记"本年利润"等对应账户。

(四)"其他业务成本"账户

1. 账户性质

"其他业务成本"账户属于损益类账户。

2. 账户用途

该账户用以核算企业确认的除主营业务活动以外的其他经营活动所发生的成本的增减变动情况。其他业务成本主要包括销售材料的成本、出租固定资产的折旧额、出租无形资产的摊销额、出租包装物的成本或摊销额等。

3. 账户结构

该账户的借方登记所发生的其他业务成本,贷方登记期末转入"本年利润"账户的其他业务成本,期末结转后无余额。"其他业务成本"账户的结构如图4-29所示。

借方	其他业务成本	贷方
发生的其他业务成本		转入"本年利润"账户的其他业务成本

图4-29 "其他业务成本"账户的结构

4. 明细账户设置

为了详细反映各种其他业务成本的发生情况,该账户应按其他业务的种类设置明细分类账户,进行明细分类核算。

5. 对应账户

企业发生经济业务,借记"其他业务成本"账户时,一般应贷记"原材料""累计折旧""累计摊销"等对应账户;贷记"其他业务成本"账户时,一般应借记"本年利润"等对应账户。

(五)"税金及附加"账户

1. 账户性质

"税金及附加"账户属于损益类账户。

2. 账户用途

该账户用以核算企业经营活动发生的消费税、城市维护建设税和教育费附加税等相关税费的增减变动情况。

3. 账户结构

该账户的借方登记企业按照规定计算应由本期负担的税金及附加,贷方登记期末转入"本年利润"账户的税金及附加,期末结转后应无余额。"税金及附加"账户的结构如图 4-30 所示。

图 4-30 "税金及附加"账户的结构

4. 明细账户设置

为了详细地反映各种税金及附加的发生情况,该账户应按商品、劳务类别设置明细分类账户,进行明细分类核算。

5. 对应账户

企业发生经济业务,借记"税金及附加"账户时,一般应贷记"应交税费——应交消费税""应交税费——应交城市维护建设税""应交税费——应交教育费附加"等对应账户;贷记"税金及附加"账户时,一般应借记"本年利润"等对应账户。

(六)"销售费用"账户

1. 账户性质

"销售费用"账户属于损益类账户。

2. 账户用途

该账户用以核算企业销售商品和材料、提供劳务的过程中发生的各种销售费用的增减变动情况。销售费用主要包括保险费、包装费、展览费和广告费、商品维修费、预计产品质量保证损失、运输费、装卸费等以及为销售本企业商品而专设的销售机构的职工薪酬、业务费、折旧费等经营费用。

3. 账户结构

该账户的借方登记所发生的销售费用,贷方登记期末转入"本年利润"账户的销售费用,期末结转后无余额。"销售费用"账户的结构如图 4-31 所示。

借方	销售费用	贷方
发生的销售费用	转入"本年利润"账户的销售费用	

图 4-31 "销售费用"账户的结构

4. 明细账户设置

为了详细地反映各项销售费用的发生情况,该账户应按销售费用的项目设置专栏,进行明细分类核算。

5. 对应账户

企业发生经济业务,借记"销售费用"账户时,一般应贷记"银行存款""库存现金""累计折旧""应付职工薪酬"等对应账户;贷记"销售费用"账户时,一般应借记"本年利润"等对应账户。

(七)"应收账款"账户

1. 账户性质

"应收账款"账户属于资产类账户。

2. 账户用途

该账户用以核算企业因销售商品、材料等业务,应向购货单位收取的款项的增减变动情况。

3. 账户结构

该账户的借方登记应收账款的发生额,贷方登记应收账款的收回额,期末余额一般在借方,表示期末尚未收回的应收账款额。"应收账款"账户的结构如图 4-32 所示。

借方	应收账款	贷方
期初余额:尚未收回的应收账款额		
应收账款的发生额	应收账款的收回额	
期末余额:尚未收回的应收账款额		

图 4-32 "应收账款"账户的结构

4. 明细账户设置

为了详细地反映每笔应收账款的发生和收回的具体情况,该账户应按购货单位设置明细分类账户,进行明细分类核算。

5. 对应账户

企业发生经济业务,借记"应收账款"账户时,一般应贷记"主营业务收入""其他业务收入""应交税费——应交增值税"等对应账户;贷记"应收账款"账户时,一般应借记"银行存款""库存现金"等对应账户。

（八）"应收票据"账户

1. 账户性质

"应收票据"账户属于资产类账户。

2. 账户用途

该账户用以核算企业因销售商品或提供劳务等而收到的商业汇票款项的增减变动情况。

3. 账户结构

该账户的借方登记企业收到的商业汇票数，贷方登记商业汇票到期收回数或未到期向银行贴现的票据数，期末余额在借方表示尚未到期的应收票据数。"应收票据"账户的结构如图 4-33 所示。

借方	应收票据	贷方
期初余额：尚未到期的应收票据数		
收到的商业汇票数	商业汇票到期收回数	
	未到期向银行贴现的票据数	
期末余额：尚未到期的应收票据数		

图 4-33　"应收票据"账户的结构

4. 明细账户设置

为了详细反映各张应收票据的取得、收回或贴现的具体情况，该账户应设置"应收票据备查簿"，逐笔登记每一应收票据。

5. 对应账户

企业发生经济业务，借记"应收票据"账户时，一般应贷记"主营业务收入""其他业务收入""应交税费——应交增值税"等对应账户；贷记"应收票据"账户时，一般应借记"银行存款""财务费用"等对应账户。

（九）"预收账款"账户

1. 账户性质

"预收账款"账户属于负债类账户。

2. 账户用途

该账户用以核算企业按照合同规定向购货单位预收的款项的增减变动情况。

3. 账户结构

该账户的贷方登记企业收到的预收款项，借方登记企业销售实现时预收款项的减少额，期末余额一般在贷方，表示期末企业向购货单位预收的款项数。"预收账款"账户的结构如图 4-34 所示。

借方	预收账款	贷方
预收款项的减少额	期初余额:向购货单位预收的款项数 收到的预收款项	
	期末余额:向购货单位预收的款项数	

图 4-34 "预收账款"账户的结构

4. 明细账户设置

为了详细地反映预收账款增减变动的具体情况,该账户应按购货单位设置明细分类账户,进行明细分类核算。

5. 对应账户

企业发生经济业务,贷记"预收账款"账户时,一般应借记"银行存款""库存现金"等对应账户;借记"预收账款"账户时,一般应贷记"主营业务收入""其他业务收入""应交税费——应交增值税"等对应账户。

在预收款项不多的企业,也可以将预收的账款直接记入"应收账款"账户,而不设置"预收账款"账户。

(十)"资产减值损失"账户

1. 账户性质

"资产减值损失"账户属于损益类账户。

2. 账户用途

该账户用以核算企业计提各项资产减值准备所形成的损失的增减变动情况。

3. 账户结构

该账户的借方登记企业计提的各项资产减值损失,贷方登记有关资产价值得以恢复而减少的损失和期末转入"本年利润"账户的减值损失,期末结转后应无余额。"资产减值损失"账户的结构如图4-35所示。

借方	资产减值损失	贷方
计提的各项资产减值损失	有关资产价值得以恢复而减少的损失 转入"本年利润"账户的减值损失	

图 4-35 "资产减值损失"账户的结构

4. 明细账户设置

为了详细地反映各种资产减值损失的发生情况,该账户应按资产减值损失的项目设置明细分类账户,进行明细分类核算。

5. 对应账户

企业发生经济业务,借记"资产减值损失"账户时,一般应贷记"坏账准备""存货跌价准备""固定资产减值准备"等对应账户;贷记"资产减值损失"账户时,一般应借记"本年利润"等对应账户。

（十一）"坏账准备"账户

1. 账户性质

"坏账准备"账户属于资产类账户,它是"应收账款""应收票据""其他应收款"等账户的备抵调整账户。

2. 账户用途

该账户用以核算企业应收款项计提的坏账准备的增减变动情况。

3. 账户结构

该账户的贷方登记企业计提的坏账准备数,借方登记已确认为坏账损失而予以转销的坏账准备数,期末余额在贷方,表示企业已经计提但尚未转销的坏账准备数。"坏账准备"账户的结构如图4-36所示。

借方	坏账准备	贷方
转销的坏账准备数	期初余额:已经计提但尚未转销的坏账准备数	
	计提的坏账准备数	
	期末余额:已经计提但尚未转销的坏账准备数	

图4-36 "坏账准备"账户的结构

4. 明细账户设置

为了详细反映坏账准备的具体情况,该账户应按应收款项的项目设置明细分类账户,进行明细分类核算。

5. 对应账户

企业发生经济业务,贷记"坏账准备"账户时,一般应借记"资产减值损失"等对应账户;借记"坏账准备"账户时,一般应贷记"应收账款""应收票据""其他应收款"等对应账户。

三、销售业务的账务处理

下面举例说明企业销售业务的账务处理。

清远工厂2018年12月份有关业务如下:

（1）12月9日,销售给甲企业A产品一批,销售价款200 000元,税率17%,增值税销项税额34 000元,价税全部收到,存入银行。

这项经济业务的发生,一方面使银行存款增加了234 000元,另一方面使企业的主营业务收入增加了200 000元,增值税销项税额增加了34 000元。因此,这项经济业务涉及"银行存款""主营业务收入""应交税费——应交增值税"三个账户。银行存款的增加应记入"银行存款"账户的借方,主营业务收入的增加应记入"主营业务收入"账户的贷方,增值税销项税额的增加应记入"应交税费——应交增值税"账户的贷方。其会计分录如下：

  借：银行存款   234 000
    贷：主营业务收入   200 000
      应交税费——应交增值税(销项税额)   34 000

（2）12月12日，销售给乙企业A产品一批，销售价款150 000元，税率17%，增值税销项税额25 500元，价税均未收到。

这项经济业务的发生，一方面使企业应收账款增加了175 500元，另一方面使企业的主营业务收入增加了150 000元，增值税销项税额增加了25 500元。因此，这项经济业务涉及"应收账款""主营业务收入""应交税费——应交增值税"三个账户。应收账款的增加应记入"应收账款"账户的借方，主营业务收入的增加和增值税销项税额的增加应分别记入"主营业务收入"账户和"应交税费——应交增值税"账户的贷方。其会计分录如下：

  借：应收账款——乙企业   175 500
    贷：主营业务收入   150 000
      应交税费——应交增值税(销项税额)   25 500

（3）12月15日，销售给丙企业B产品一批，销售价款100 000元，税率17%，增值税销项税额17 000元，收到为期三个月的商业汇票一张。

这项经济业务的发生，一方面使企业应收票据增加了117 000元，另一方面使企业主营业务收入增加了100 000元，增值税销项税额增加了17 000元。因此，这项经济业务涉及"应收票据""主营业务收入""应交税费——应交增值税"三个账户。应收票据的增加应记入"应收票据"账户的借方，主营业务收入的增加和增值税销项税额的增加应分别记入"主营业务收入"账户和"应交税费——应交增值税"账户的贷方。其会计分录如下：

  借：应收票据   117 000
    贷：主营业务收入   100 000
      应交税费——应交增值税(销项税额)   17 000

（4）12月16日，按照合同规定，预收丁企业购买B产品的货款120 000元，已存入银行。

这项经济业务的发生，一方面使银行存款增加了120 000元，另一方面使企业的预收账款增加了120 000元。因此，这项经济业务涉及"银行存款""预收账款"两个账户。银行存款的增加应记入"银行存款"账户的借方，预收账款的增加应记入"预收账款"账户的贷方。其会计分录如下：

  借：银行存款   120 000
    贷：预收账款   120 000

（5）12月18日，销售给丁企业B产品一批，销售价款100 000元，税率17%，增值税销项税额17 000元，货款前已预收。

这项经济业务的发生，一方面使企业预收账款减少了 117 000 元，另一方面使企业主营业务收入增加了 100 000 元，增值税销项税额增加了 17 000 元。因此，这项经济业务涉及"预收账款""主营业务收入""应交税费——应交增值税"三个账户。预收账款的减少应记入"预收账款"账户的借方，主营业务收入的增加和增值税销项税额的增加应分别记入"主营业务收入"账户和"应交税费——应交增值税"账户的贷方。其会计分录如下：

  借：预收账款   117 000
   贷：主营业务收入   100 000
     应交税费——应交增值税（销项税额） 17 000

（6）12 月 20 日，以银行存款支付广告费 6 000 元。

这项经济业务的发生，一方面使销售费用增加了 6 000 元，另一方面使银行存款减少了 6 000元。因此，这项经济业务涉及"销售费用"和"银行存款"两个账户。销售费用的增加应记入"销售费用"账户的借方，银行存款的减少应记入"银行存款"账户的贷方。其会计分录如下：

  借：销售费用   6 000
   贷：银行存款   6 000

（7）12 月 22 日，销售甲材料一批，销售价款 5 000 元，税率 17%，增值税销项税额 850 元，价税均已收到，存入银行。

这项经济业务的发生，一方面使银行存款增加了 5 850 元，另一方面使其他业务收入增加了 5 000 元，增值税销项税额增加了 850 元。因此，这项经济业务涉及"银行存款""其他业务收入""应交税费——应交增值税"三个账户。银行存款的增加应记入"银行存款"账户的借方，其他业务收入的增加应记入"其他业务收入"账户的贷方，增值税销项税额的增加应记入"应交税费——应交增值税"账户的贷方。这项经济业务应作如下会计分录：

  借：银行存款   5 850
   贷：其他业务收入   5 000
     应交税费——应交增值税（销项税额） 850

（8）12 月 31 日，结转本月已销产品成本 320 000 元，其中 A 产品成本 200 000 元，B 产品成本 120 000 元。

这项经济业务的发生，一方面使企业的库存商品成本减少了 320 000 元，另一方面使主营业务成本增加了 320 000 元。因此，这项经济业务涉及"主营业务成本"和"库存商品"两个账户。主营业务成本的增加应记入"主营业务成本"的借方，库存商品的减少应记入"库存商品"账户的贷方。其会计分录如下：

  借：主营业务成本   320 000
   ——A 产品   200 000
   ——B 产品   120 000
   贷：库存商品   320 000

——A 产品	200 000
——B 产品	120 000

(9) 12 月 31 日,结转本月销售甲材料成本 4 500 元。

这项经济业务的发生,一方面使原材料减少了 4 500 元,另一方面使其他业务成本增加了 4 500 元。因此,这项经济业务涉及"其他业务成本"和"原材料"两个账户。其他业务成本的增加应记入"其他业务成本"账户的借方,原材料的减少应记入"原材料"账户的贷方。其会计分录如下:

借:其他业务成本　　　　　　　　　　4 500
　　贷:原材料　　　　　　　　　　　　　　　4 500

(10) 12 月 31 日,按规定计算应由本月已销产品负担的消费税,A 产品消费税税率为 10%,B 产品消费税税率为 15%,A 产品应负担消费税 35 000 元,B 产品应负担消费税 30 000 元。

这项经济业务的发生,一方面使销售税金增加了 65 000 元,另一方面使应交税费增加了 65 000 元。因此,这项经济业务涉及"税金及附加"和"应交税费"两个账户。销售税金的增加应记入"税金及附加"账户的借方,应交税费的增加应记入"应交税费"账户的贷方。这项经济业务应作如下会计分录:

借:税金及附加　　　　　　　　　　　65 000
　　贷:应交税费——应交消费税　　　　　　　65 000

(11) 12 月 31 日,企业应收账款余额为 1 400 000 元,预计按 5% 计提坏账准备。

这项经济业务的发生,一方面使资产减值损失增加了 70 000 元,另一方面使坏账准备增加了 70 000 元。因此,这项经济业务涉及"资产减值损失"和"坏账准备"两个账户。资产减值损失的增加应记入"资产减值损失"账户的借方,坏账准备的增加应记入"坏账准备"账户的贷方。这项经济业务应作如下会计分录:

借:资产减值损失　　　　　　　　　　70 000
　　贷:坏账准备　　　　　　　　　　　　　　70 000

第五节　财务成果业务的核算

一、财务成果业务的确认

财务成果是企业在一定时期内全部经营活动反映在财务上的最终成果,它是企业生产经营活动的经济效益的一种综合反映。企业的财务成果,在会计上称为净利润。财务成果业务,就是指企业净利润的形成和分配两方面的经济业务。

企业的净利润的形成,一般是通过下列三个方面实现的:

(一)营业利润

营业利润是指企业在一定经营期间生产经营活动实现的利润。营业利润是主营业务收入、其他业务收入和投资净收益之和扣除主营业务成本、其他业务成本、税金及附加、销售费用、管理费用、财务费用、资产减值损失后的净额。投资净收益是指投资收益扣除投资损失后的数额。

营业利润可以用计算公式表示如下:

$$营业利润 = 主营业务收入 + 其他业务收入 + 投资净收益 - 主营业务成本 \\ - 其他业务成本 - 税金及附加 - 销售费用 - 管理费用 - 财务费用 \\ - 资产减值损失$$

$$投资净收益 = 投资收益 - 投资损失$$

(二)利润总额

利润总额是指企业在一定经营期间的营业利润和营业外收支净额的合计数额。

营业外收支净额是指营业外收入与营业外支出之间的差额。营业外收入是指与企业生产经营无直接关系的各项收入,主要包括非流动资产处置利得、非货币性资产交换利得、债务重组利得、政府补助、盘盈利得、捐赠利得等。营业外支出是指与企业生产经营无直接关系的各项支出,包括非流动资产处置损失、非货币性资产交换损失、债务重组损失、公益性捐赠支出、非常损失、盘亏损失等。

利润总额可以用计算公式表示如下:

$$利润总额 = 营业利润 + 营业外收支净额$$

$$营业外收支净额 = 营业外收入 - 营业外支出$$

(四)净利润

净利润是指企业在一定经营期间的利润总额扣除所得税费用后的净额。所得税费用是指按照税法规定计算的应由本期负担的应纳所得税额。

净利润可以用计算公式表示如下:

$$净利润 = 利润总额 - 所得税费用$$

$$所得税费用 = 应纳税所得额 \times 所得税税率$$

$$应纳税所得额 = 利润总额 \pm 纳税调整项目$$

企业通过自身的生产经营活动所获得的净利润,应按规定进行利润分配。企业的净利润应按下列顺序进行分配:首先是弥补以前年度的亏损,其次是提取盈余公积,最后是向投资者分配利润。企业的净利润经过上述分配后仍有余额,即为未分配利润。

二、财务成果业务的账户设置

为了记录财务成果的形成和分配情况,企业应设置"本年利润""利润分配""所得税费用""投资收益""营业外收入""营业外支出""盈余公积""应付股利"等账户。

(一)"本年利润"账户

1. 账户性质

"本年利润"账户属于所有者权益类账户。

2. 账户用途

该账户用以核算企业在本年度实现的利润(或亏损)总额及净利润(或净亏损)的增减变动情况。

3. 账户结构

该账户的贷方登记期末从各损益类账户转来的收入数和对外投资净收益数,借方登记期末从各损益类账户转来的成本、费用、支出数和对外投资净损失数。在没有结转所得税费用之前,该账户的贷方余额表示截止到本期累计实现的利润总额,借方余额表示截止到本期累计形成的亏损总额;在结转所得税费用之后,贷方余额则表示企业实现的净利润,借方余额表示企业发生的净亏损。年度终了,企业应将本年实现的净利润或净亏损转入"利润分配"账户,结转后该账户应无余额。

"本年利润"账户(盈利)的结构如图4-37所示。

借方 本年利润	贷方
(2)期末转入的各项费用、损失额	(1)期末转入的各项收入、收益额
(4)期末转入所得税费用	(3)余额:当期实现的利润总额
(6)年终转入"利润分配"的净利润	(5)余额:当期实现的净利润

图4-37 "本年利润"账户(盈利)的结构

"本年利润"账户(亏损)的结构如图4-38所示。

借方 本年利润	贷方
(2)期末转入的各项费用、损失额	(1)期末转入的各项收入、收益额
(3)余额:当期实现的亏损总额	
(4)期末转入所得税费用	
(5)余额:当期实现的净亏损	(6)年终转入"利润分配"的净亏损

图4-38 "本年利润"账户(亏损)的结构

4. 明细账户设置

为了详细地反映企业实现利润或发生亏损的具体情况,该账户应按利润形成的具体项目设置明细账,进行明细分类核算。

5. 对应账户

企业发生经济业务,借记"本年利润"账户时,一般应贷记"主营业务成本""其他业务成本""税金及附加""销售费用""管理费用""财务费用""资产减值损失""营业外支出""所得税费用""利润分配"等对应账户;贷记"本年利润"账户时,一般应借记"主营业务收入""其他业务收入""投资收益""营业外收入""利润分配"等对应账户。

(二)"利润分配"账户

1. 账户性质

"利润分配"账户属于所有者权益类账户,它是"本年利润"账户的一个调整账户。

2. 账户用途

该账户用以核算企业利润的分配或亏损的弥补的增减变动情况。

3. 账户结构

该账户的借方登记企业净利润的分配数或从"本年利润"账户转来的净亏损数,贷方登记年度终了时企业从"本年利润"账户转来的可供分配的净利润数或已弥补的净亏损数。年终,该账户的贷方余额表示年末可供分配而尚未分配的净利润数,借方余额则表示年末尚未弥补的净亏损数。"利润分配"账户的结构如图4-39所示。

借方	利润分配	贷方
净利润的分配数		从"本年利润"账户转来的净利润数
从"本年利润"账户转来的净亏损数		已弥补的净亏损数
余额:年末尚未弥补的净亏损数		余额:年末尚未分配的净利润数

图4-39 "利润分配"账户的结构

4. 明细账户设置

为了详细地反映企业净利润分配的具体情况,该账户应按利润分配的去向设置明细分类账户,进行明细分类核算。

5. 对应账户

企业发生经济业务,借记"利润分配"账户时,一般应贷记"盈余公积""应付股利""本年利润"等对应账户;贷记"利润分配"账户时,一般应借记"本年利润""银行存款"等对应账户。

(三)"所得税费用"账户

1. 账户性质

"所得税费用"账户属于损益类账户。

2. 账户用途

该账户用以核算企业按规定从当期损益中扣除的所得税费用的增减变动情况。

3. 账户结构

该账户的借方登记按规定应由当期损益负担的所得税费用,贷方登记期末转入"本年利润"账户的所得税费用,结转后该账户无余额。"所得税费用"账户的结构如图4-40所示。

借方	所得税费用	贷方
当期损益应负担的所得税费用		期末转入"本年利润"账户的所得税费用

图4-40 "所得税费用"账户的结构

4. 明细账户设置

为了详细地反映企业所得税费用的具体情况,该账户应按"当期所得税费用"和"递延所得税费用"设置明细分类账户,进行明细分类核算。

5. 对应账户

企业发生经济业务,借记"所得税费用"账户时,一般应贷记"应交税费——应交所得税"等对应账户;贷记"所得税费用"账户时,一般应借记"本年利润"等对应账户。

(四)"长期股权投资"账户

1. 账户性质

"长期股权投资"账户属于资产类账户。

2. 账户用途

该账户用以核算企业对外长期股权投资的增减变动情况。

3. 账户结构

该账户的借方登记取得的对外长期股权投资的增加额,贷方登记发生的对外长期股权投资的减少额,期末在借方,表示期末企业对外长期股权投资的结余额。"长期股权投资"账户的结构如图4-41所示。

借方	长期股权投资	贷方
余额:长期股权投资的结余额		
长期股权投资的增加额		长期股权投资的减少额
余额:长期股权投资的结余额		

图4-41 "长期股权投资"账户的结构

4. 明细账户设置

为了详细地反映企业对外长期股权投资的具体情况,该账户应按投资项目设置明细分类账户,进行明细分类核算。

5. 对应账户

企业发生经济业务,借记"长期股权投资"账户时,一般应贷记"银行存款""投资收益"等对应账户;贷记"长期股权投资"账户时,一般应借记"银行存款""投资收益"等对应账户。

(五)"持有至到期投资"账户

1. 账户性质

"持有至到期投资"账户属于资产类账户。

2. 账户用途

该账户用以核算企业对外长期债权投资的增减变动情况。

3. 账户结构

该账户的借方登记取得的对外长期债权投资的增加额,贷方登记发生的对外长期债权投资的减少额,期末在借方,表示期末企业对外长期债权投资的结余额。"持有至到期投资"账户的结构如图4-42所示。

借方	持有至到期投资	贷方
余额:长期债权投资的结余额		
长期债权投资的增加额		长期债权投资的减少额
余额:长期债权投资的结余额		

图 4-42 "持有至到期投资"账户的结构

4. 明细账户设置

为了详细地反映企业对外长期债权投资的具体情况,该账户应按投资项目设置明细分类账户,进行明细分类核算。

5. 对应账户

企业发生经济业务,借记"持有至到期投资"账户时,一般应贷记"银行存款""投资收益"等对应账户;贷记"持有至到期投资"账户时,一般应借记"银行存款""投资收益"等对应账户。

(六)"投资收益"账户

1. 账户性质

"投资收益"账户属于损益类账户。

2. 账户用途

该账户用以核算企业对外投资取得的收益或发生的损失的增减变动情况。

3. 账户结构

该账户的贷方登记取得的对外投资收益，借方登记发生的对外投资损失，期末将投资净收益或投资净损失转入"本年利润"账户后应无余额。"投资收益"账户的结构如图 4-43 所示。

借方	投资收益	贷方
发生的对外投资损失		取得的对外投资收益
期末转入"本年利润"账户的净收益		期末转入"本年利润"账户的净损失

图 4-43　"投资收益"账户的结构

4. 明细账户设置

为了详细地反映企业对外投资收益的具体情况，该账户应按投资项目设置明细分类账户，进行明细分类核算。

5. 对应账户

企业发生经济业务，借记"投资收益"账户时，一般应贷记"长期股权投资""本年利润"等对应账户；贷记"投资收益"账户时，一般应借记"银行存款""长期股权投资""持有至到期投资""本年利润"等对应账户。

（七）"营业外收入"账户

1. 账户性质

"营业外收入"账户属于损益类账户。

2. 账户用途

该账户用以核算企业发生的各项营业外收入的增减变动情况。营业外收入主要包括非流动资产处置利得、非货币性资产交换利得、债务重组利得、政府补助、盘盈利得、捐赠利得等。

3. 账户结构

该账户的贷方登记已实现的营业外收入，借方登记期末转入"本年利润"账户的营业外收入，期末结转后无余额。"营业外收入"账户的结构如图 4-44 所示。

借方	营业外收入	贷方
转入"本年利润"账户的营业外收入		实现的营业外收入

图 4-44　"营业外收入"账户的结构

4. 明细账户设置

为了详细地反映企业取得的各项营业外收入的具体情况，该账户应按收入项目设置明细分类账户,进行明细分类核算。

5. 对应账户

企业发生经济业务,贷记"主营业务收入"账户时,一般应借记"银行存款""库存现金""固定资产清理"等对应账户;借记"主营业务收入"账户时,一般应贷记"本年利润"等对应账户。

(八)"营业外支出"账户

1. 账户性质

"营业外支出"账户属于损益类账户。

2. 账户用途

该账户用以核算企业发生的各项营业外支出的增减变动情况。营业外支出主要包括非流动资产处置损失、非货币性资产交换损失、债务重组损失、公益性捐赠支出、非常损失、盘亏损失等。

3. 账户结构

该账户的借方登记企业发生的各项营业外支出,贷方登记期末转入"本年利润"账户的营业外支出,结转后该账户应无余额。"营业外支出"账户的结构如图4-45所示。

图4-45 "营业外支出"账户的结构

4. 明细账户设置

为了详细地反映企业发生的各项营业外支出的具体情况,该账户应按支出项目设置明细分类账户,进行明细分类核算。

5. 对应账户

企业发生经济业务,借记"营业外支出"账户时,一般应贷记"银行存款""库存现金""固定资产清理"等对应账户;贷记"营业外支出"账户时,一般应借记"本年利润"等对应账户。

(九)"盈余公积"账户

1. 账户性质

"盈余公积"账户属于所有者权益类账户。

2. 账户用途

该账户用以核算企业盈余公积的形成及其使用的增减变动情况。

3. 账户结构

该账户的贷方登记企业按规定从净利润中提取的盈余公积数,借方登记盈余公积的使用数,期末余额在贷方表示盈余公积的结余数。"盈余公积"账户的结构如图4-46所示。

借方	盈余公积	贷方
盈余公积的使用数	期初余额:盈余公积的结余数	
	提取的盈余公积数	
	期末余额:盈余公积的结余数	

图 4-46　"盈余公积"账户的结构

4. 明细账户设置

为了详细地反映盈余公积形成及使用的具体情况,该账户应按盈余公积的种类设置明细分类账户,进行明细分类核算。

5. 对应账户

企业发生经济业务,贷记"盈余公积"账户时,一般应借记"利润分配"等对应账户;借记"盈余公积"账户时,一般应贷记"实收资本"等对应账户。

(十)"应付股利"账户

1. 账户性质

"应付股利"账户属于负债类账户。

2. 账户用途

该账户用以核算企业应付给投资者利润的形成及其支付的增减变动情况。

3. 账户结构

该账户的贷方登记应支付给投资者的利润数,借方登记实际支付给投资者的利润数,期末贷方余额表示应付而尚未支付的利润数。"应付股利"账户的结构如图 4-47 所示。

借方	应付股利	贷方
实际支付给投资者的利润数	期初余额:应付而尚未支付的利润数	
	应支付给投资者的利润数	
	期末余额:应付而尚未支付的利润数	

图 4-47　"应付股利"账户的结构

4. 明细账户设置

为了详细地反映应付股利增减变动的具体情况,该账户应按投资者设置明细分类账户,进行明细分类核算。

5. 对应账户

企业发生经济业务,贷记"应付股利"账户时,一般应借记"利润分配"等对应账户;借记"应付股利"账户时,一般应贷记"银行存款""库存现金"等对应账户。

三、财务成果业务的账务处理

下面举例说明企业财务成果业务的账务处理。

清远工厂 2018 年发生的有关业务如下：

（1）1 月 1 日，以银行存款 1 000 000 元，购买南方公司发行的 3 年期，年利率 8%，到期一次还本付息的公司债券。

这项经济业务的发生，一方面使持有至到期投资增加了 1 000 000 元，另一方面使银行存款减少了 1 000 000 元。这项经济业务涉及"持有至到期投资"和"银行存款"两个账户。持有至到期投资的增加应记入"持有至到期投资"账户的借方，银行存款的减少应记入"银行存款"账户的贷方。其会计分录如下：

  借：持有至到期投资   1 000 000
    贷：银行存款   1 000 000

（2）12 月 31 日，按规定计提当年实现的公司债券利息 80 000 元。

这项经济业务的发生，一方面使持有至到期投资增加了 80 000 元，另一方面使投资收益增加了 80 000 元。这项经济业务涉及"持有至到期投资"和"投资收益"两个账户。持有至到期投资的增加应记入"持有至到期投资"账户的借方，投资收益的增加应记入"投资收益"账户的贷方。其会计分录如下：

  借：持有至到期投资   80 000
    贷：投资收益   80 000

（3）1 月 2 日，以银行存款 4 000 000 元，向北方公司进行长期股权投资，投资额占北方公司资本总额的 40%。

这项经济业务的发生，一方面使长期股权投资增加了 4 000 000 元，另一方面使银行存款减少了 4 000 000 元。这项经济业务涉及"长期股权投资"和"银行存款"两个账户。长期股权投资的增加应记入"长期股权投资"账户的借方，银行存款的减少应记入"银行存款"账户的贷方。其会计分录如下：

  借：长期股权投资   4 000 000
    贷：银行存款   4 000 000

（4）12 月 31 日，北方公司当年发生亏损 150 000 元，按规定计算当年应承担的投资损失 60 000 元。

这项经济业务的发生，一方面使长期股权投资减少了 60 000 元，另一方面使投资损失增加了 60 000 元。这项经济业务涉及"长期股权投资"和"投资收益"两个账户。投资损失的增加应记入"投资收益"账户的借方，长期股权投资的减少应记入"长期股权投资"账户的贷方。其会计分录如下：

借：投资收益　　　　　　　　　　　　　　　　　　60 000
　　贷：长期股权投资　　　　　　　　　　　　　　　　60 000

（5）12月10日,以银行存款4 000元进行公益性捐赠。

这项经济业务的发生,一方面使营业外支出增加了4 000元,另一方面使银行存款减少了4 000元。这项经济业务涉及"营业外支出"和"银行存款"两个账户。营业外支出的增加应记入"营业外支出"账户的借方,银行存款的减少应记入"银行存款"账户的贷方。其会计分录如下：

借：营业外支出　　　　　　　　　　　　　　　　　4 000
　　贷：银行存款　　　　　　　　　　　　　　　　　　4 000

（6）12月20日,收到罚款收入2 000元存入银行。

这项经济业务的发生,一方面使银行存款增加了2 000元,另一方面使营业外收入增加了2 000元。这项经济业务涉及"银行存款"和"营业外收入"两个账户。银行存款的增加应记入"银行存款"账户的借方,营业外收入的增加应记入"营业外收入"账户的贷方。其会计分录如下：

借：银行存款　　　　　　　　　　　　　　　　　　2 000
　　贷：营业外收入　　　　　　　　　　　　　　　　　2 000

（7）12月31日,结转本月主营业务收入620 000元、其他业务收入93 000元、投资收益20 000元、营业外收入2 000元。

按规定,企业应于期末将有关损益类账户的收入数额,转入"本年利润"账户,以便企业计算利润总额。这项经济业务应作如下会计分录：

借：主营业务收入　　　　　　　　　　　　　　　620 000
　　其他业务收入　　　　　　　　　　　　　　　　93 000
　　营业外收入　　　　　　　　　　　　　　　　　 2 000
　　投资收益　　　　　　　　　　　　　　　　　　20 000
　　贷：本年利润　　　　　　　　　　　　　　　　735 000

（8）12月31日,结转本月管理费用30 000元、财务费用16 000元、主营业务成本380 000元、销售费用50 000元、税金及附加80 000元、其他业务成本74 000元、营业外支出4 000元、资产减值损失1 000元。

按规定,企业应于期末将有关损益类账户的成本、费用和支出数额,转入"本年利润"账户,以便企业计算利润总额。这项经济业务应作如下会计分录：

借：本年利润　　　　　　　　　　　　　　　　　635 000
　　贷：主营业务成本　　　　　　　　　　　　　　380 000
　　　　税金及附加　　　　　　　　　　　　　　　80 000
　　　　其他业务成本　　　　　　　　　　　　　　74 000

销售费用	50 000
管理费用	30 000
财务费用	16 000
营业外支出	4 000
资产减值损失	1 000

(9) 12月31日,按25%的税率计算本月应交所得税。本月利润总额为100 000元(735 000－635 000),本月应交所得税25 000元(100 000×25%)。

这项经济业务的发生,一方面使企业的所得税费用增加了25 000元,另一方面使企业的应交税费增加了25 000元。这项经济业务涉及"所得税费用"和"应交税费"两个账户。所得税费用的增加应记入"所得税费用"账户的借方,应交税费的增加应记入"应交税费"账户的贷方。其会计分录如下:

借:所得税费用　　　　　　　　　　　　25 000
　　贷:应交税费——应交所得税　　　　　　　　25 000

(10) 12月31日,结转本月所得税费用25 000元。

按规定,企业应于期末将所得税费用转入"本年利润"账户,以便企业计算净利润。这项经济业务应作如下会计分录:

借:本年利润　　　　　　　　　　　　　25 000
　　贷:所得税费用　　　　　　　　　　　　　　25 000

(11) 12月31日,结转企业全年实现的净利润800 000元。

年度终了,企业应将全年实现的净利润转入"利润分配"账户,以供进行利润分配。这项经济业务应作如下会计分录:

借:本年利润　　　　　　　　　　　　　800 000
　　贷:利润分配　　　　　　　　　　　　　　　800 000

(12) 12月31日,按规定从净利润中提取盈余公积金120 000元。

这项经济业务的发生,一方面使利润分配增加了120 000元,另一方面使盈余公积金增加了120 000元。因此,这项经济业务涉及"利润分配"和"盈余公积"两个账户。利润分配的增加应记入"利润分配"账户的借方,盈余公积金的增加应记入"盈余公积"账户的贷方。其会计分录如下:

借:利润分配　　　　　　　　　　　　　120 000
　　贷:盈余公积　　　　　　　　　　　　　　　120 000

(13) 12月31日,按净利润的60%计算出应付投资者的利润480 000元。

这项经济业务的发生,一方面使利润分配增加了480 000元,另一方面使应付利润增加了480 000元。因此,这项经济业务涉及"利润分配"和"应付股利"两个账户。利润分配的增加应记入"利润分配"账户的借方,应付利润的增加应记入"应付股利"账户的贷方。其会计分录如下：

借：利润分配　　　　　　　　　　　　　480 000
　　贷：应付股利　　　　　　　　　　　　　　480 000

第六节　资金退出业务的核算

一、资金退出业务的确认

在生产经营期间内，企业所拥有的资金会部分退出企业的生产经营活动。资金退出企业的业务，主要是企业各种负债的偿付，包括偿还各种银行借款，交纳税金，支付应付投资者利润，偿付各种应付账款、应付票据、其他应付款等。企业所有者投入企业的资本金，除法律规定的外，一般不得以任何方式抽走。

二、资金退出业务的账户设置

为了记录资金退出业务，企业应设置"长期借款""短期借款""应付账款""应付票据""应交税费""应付股利""银行存款""库存现金"等账户。上述各有关账户的结构、用途在前面各节中均已述及，此处不再介绍。

三、资金退出业务的账务处理

下面举例说明企业资金退出业务的账务处理。
清远工厂2018年1月份发生的有关业务如下：
(1) 1月8日，用银行存款交纳应交税费25 000元。
这项经济业务的发生，一方面使银行存款减少了25 000元，另一方面使应交税费减少了25 000元。因此，这项经济业务涉及"应交税费"和"银行存款"两个账户。应交税费的减少应记入"应交税费"账户的借方，银行存款的减少应记入"银行存款"账户的贷方。其会计分录如下：

借：应交税费——应交所得税　　　　　　25 000
　　贷：银行存款　　　　　　　　　　　　　　25 000

(2) 1月10日，用银行存款向投资者支付分配的利润480 000元。
这项经济业务的发生，一方面使银行存款减少了480 000元，另一方面使应付利润减少了480 000元。因此，这项经济业务涉及"应付股利"和"银行存款"两个账户。应付股利的减少应记入"应付股利"账户的借方，银行存款的减少应记入"银行存款"账户的贷方。其会计分录如下：

　　借：应付股利　　　　　　　　　　　　　　480 000
　　　　贷：银行存款　　　　　　　　　　　　　　480 000

（3）1月15日，以库存现金归还收取购货单位借用包装物的押金100元。

这项经济业务的发生，一方面使库存现金减少了100元，另一方面使其他应付款减少了100元。因此，这项经济业务涉及"库存现金"和"其他应付款"两个账户。其他应付款的减少应记入"其他应付款"的借方，库存现金的减少应记入"库存现金"账户的贷方。其会计分录如下：

　　借：其他应付款　　　　　　　　　　　　　　100
　　　　贷：库存现金　　　　　　　　　　　　　　100

（4）1月20日，用银行存款归还银行长期借款100 000元，短期借款50 000元。

这项经济业务的发生，一方面使银行存款减少了150 000元，另一方面使长期借款减少了100 000元，短期借款减少了50 000元。因此，这项经济业务涉及"长期借款""短期借款"和"银行存款"三个账户。长期借款和短期借款的减少应记入"长期借款"和"短期借款"账户的借方，银行存款的减少应记入"银行存款"账户的贷方。其会计分录如下：

　　借：长期借款　　　　　　　　　　　　　　100 000
　　　　短期借款　　　　　　　　　　　　　　50 000
　　　　贷：银行存款　　　　　　　　　　　　　　150 000

（5）1月25日，用银行存款偿还前欠甲企业的应付账款8 000元。

这项经济业务的发生，一方面使银行存款减少了8 000元，另一方面使应付账款减少了8 000元。因此，这项经济业务涉及"应付账款"和"银行存款"两个账户。应付账款的减少应记入"应付账款"账户的借方，银行存款的减少应记入"银行存款"账户的贷方。其会计分录如下：

　　借：应付账款　　　　　　　　　　　　　　8 000
　　　　贷：银行存款　　　　　　　　　　　　　　8 000

【练习题】

一、名词解释

资本金　固定资产　无形资产　进项税额　销项税额　直接费用　间接费用
期间费用　营业利润　利润总额　净利润　营业外收入　营业外支出　所得税费用

二、单项选择题

1. "固定资产"账户反映企业固定资产的（　　）。
　　A. 磨损价值　　　　B. 累计折旧　　　　C. 原始价值　　　　D. 折余价值
2. 下列属于其他业务收入的是（　　）。
　　A. 利息收入　　　　　　　　　　　　　B. 出售材料收入

C. 出售固定资产净收益　　　　　　　D. 投资收益

3. 下列费用中,不构成产品成本的是(　　)。
A. 直接材料　　B. 直接人工　　C. 制造费用　　D. 管理费用

4. 年末结转后,"利润分配"账户的贷方余额表示(　　)。
A. 实现的利润总额　B. 净利润额　　C. 利润分配总额　D. 未分配利润额

5. "累计折旧"账户属于(　　)。
A. 收入类账户　　B. 费用类账户　　C. 资产类账户　　D. 负债类账户

6. 以库存现金支付职工工资时,应借记的账户是(　　)。
A. "库存现金"　B. "应付职工薪酬"　C. "制造费用"　D. "生产成本"

7. 企业发生的广告费用应计入(　　)。
A. 管理费用　　B. 财务费用　　C. 销售费用　　D. 制造费用

8. 下列应确认为营业外收入的是(　　)。
A. 商品销售收入　B. 材料销售收入　C. 机器出租收入　D. 罚款收入

9. 下列属于"营业外支出"账户核算内容的是(　　)。
A. 销售费用　　B. 车间人员的工资　　C. 非常损失　　D. 借款利息

10. 下列票据中,应通过"应收票据"账户核算的是(　　)。
A. 现金支票　　B. 银行本票　　C. 银行汇票　　D. 商业汇票

三、多项选择题

1. 投资者投入的资本,可以是(　　)。
A. 个人资本金　　B. 国家资本金　　C. 法人资本金　　D. 外商资本金

2. 企业接受投资,贷记"实收资本"账户时,一般可以借记的对应账户有(　　)。
A. "银行存款"　B. "固定资产"　C. "无形资产"　D. "盈余公积"

3. 企业购买材料,借记"原材料"账户时,一般可以贷记的对应账户的有(　　)。
A. "银行存款"　B. "应付账款"　C. "应付票据"　D. "预付账款"

4. 企业销售产品,贷记"主营业务收入"账户时,一般可以借记的账户的有(　　)。
A. "预收账款"　B. "预付账款"　C. "应收账款"　D. "银行存款"

5. 计提固定资产折旧时,可能涉及的账户的有(　　)。
A. "固定资产"　B. "累计折旧"　C. "制造费用"　D. "管理费用"

6. 用银行存款偿还短期借款,应(　　)。
A. 借记"银行存款"　B. 贷记"银行存款"　C. 借记"短期借款"　D. 贷记"短期借款"

7. 应记入"税金及附加"账户核算的税费包括(　　)。
A. 消费税　　B. 所得税　　C. 城建税　　D. 教育费附加

8. 下列属于利润分配内容的是(　　)。
A. 计提法定盈余公积　　　　　　　B. 计提任意盈余公积

C. 向投资者分配利润　　　　　　　D. 计提职工住房公积金

9. 下列属于期间费用的有(　　)。

A. 制造费用　　B. 管理费用　　C. 销售费用　　D. 财务费用

10. 下列账户中,有可能成为"本年利润"对应账户的是(　　)。

A. "管理费用"　　B. "制造费用"　　C. "利润分配"　　D. "应付股利"

四、判断题

1. 盈余公积是指按照国家有关规定从资本中提取的积累资金。
2. 管理费用应采用一定的分配方法计入各产品成本中。
3. "应交税费"账户属于负债类账户,因此该账户的余额一定在贷方。
4. 企业弥补亏损的业务应贷记"利润分配"账户。
5. 收到出租固定资产的租金收入,应记入"营业外收入"账户。
6. 生产车间员工的差旅费应记入"管理费用"账户。
7. 企业长期借款和短期借款的利息都应记入"财务费用"账户。
8. "本年利润"账户和"利润分配"账户年终结账后,余额都为零。
9. 期间费用包括管理费用、财务费用和销售费用。
10. 生产产品的机器设备计提的折旧费用应记入"生产成本"账户。

五、核算题

(一)练习资金投入业务的核算。

1. 资料

群星厂20××年1月份发生下列经济业务:

(1)收到国家投入资本860 000元,存入银行。

(2)收到甲企业投入资金900 000元,其中800 000元作为实收资本,100 000元作为资本公积,资金已存入银行。

(3)向银行借入短期借款60 000元、长期借款300 000元,存入银行。

(4)预提应由本月份负担的短期借款利息3 000元。

2. 要求

根据上述经济业务编制会计分录。

(二)练习供应业务的核算。

1. 资料

群星厂20××年3月份发生下列经济业务:

(1)向红光厂购入甲材料一批,材料价款50 000元,税率17%,增值税进项税额8 500元,材料已验收入库,货款已通过银行支付。

(2)向东风厂购入乙材料一批,材料价款20 000元,税率17%,增值税进项税额3 400元,材料尚未验收入库,货款尚未支付。

（3）上述向东风厂购入的乙材料经验收后入库。

（4）从天平厂购入丙材料一批，材料价款60 000元，税率17%，增值税进项税额10 200元，材料已验收入库，货款上月已预付50 000元，不足部分用银行存款补付。

（5）从梅山厂购入丁材料一批，材料价款70 000元，税率17%，增值税进项税额11 900元，材料尚未运达，货款用一张为期一个月的商业汇票抵付。

（6）购入一台不需要安装的设备，设备价款300 000元，税率17%，增值税进项税额51 000元，用银行存款支付全部款项，设备当即投入使用。

（7）购入专利权一项，专利价款5 000 000元，税率6%，增值税进项税额300 000元，用银行存款支付全部款项，专利当即投入使用。

2．要求

根据上述经济业务编制会计分录。

（三）练习生产业务的核算。

1．资料

群星厂20××年6月份发生下列经济业务：

（1）生产A产品领用甲材料40 000元，生产B产品领用乙材料26 000元，车间管理领用丙材料2 000元，厂部管理领用丙材料1 700元。

（2）以现金预付采购员差旅费500元。

（3）从银行提取现金90 000元，准备发放职工薪酬。

（4）以现金发放本月职工薪酬90 000元。

（5）根据下列工资用途，分配工资费用：

　　A产品生产工人工资　　40 000元

　　B产品生产工人工资　　30 000元

　　车间管理人员工资　　　 8 000元

　　厂部管理人员工资　　　12 000元

　　合计　　　　　　　　　90 000元

（6）采购员出差归来，报销差旅费450元，交回现金50元。

（7）以银行存款支付厂部办公费1 400元，车间办公费600元。

（8）按规定计提本月无形资产摊销费1 800元。

（9）按规定计提本月固定资产折旧5 000元，其中厂部管理部门折旧3 500元，生产车间折旧1 500元。

（10）分配结转本月发生的制造费用（假定按A、B产品生产工人工资比例分配）。

（11）结转本月完工A产品的实际生产成本（假定A产品本月全部完工）。

2．要求

根据上述经济业务编制会计分录。

(四)练习销售业务的核算。

1. 资料

群星厂20××年9月份发生下列经济业务:

(1)销售A产品一批,不含税销售额250 000元,增值税率17%,货款已存入银行。

(2)销售B产品一批,不含税销售额180 000元,增值税率17%,货款100 000收到已存入银行,其余部分对方尚欠。

(3)销售甲材料一批,不含税销售额8 000元,增值税率17%,货款尚未收到。

(4)用银行存款支付广告费3 000元。

(5)结转本月已售产品的生产成本280 000元,其中A产品成本160 000元,B产品成本120 000元。

(6)结转本月已售甲材料的实际成本7 000元。

(7)按规定计算本月已销产品的应交消费税,消费税率A产品为30%、B产品为10%。

2. 要求

根据上述经济业务编制会计分录。

(五)练习财务成果业务的核算。

1. 资料

群星厂20××年12月份发生下列经济业务。

(1)取得罚款收入4 600元,存入银行。

(2)用银行存款支付公益性捐赠8 000元。

(3)收到对外投资收益17 000元,存入银行。

(4)结转本月主营业务收入580 000元、其他业务收入36 000元、投资收益17 000元、营业外收入4 600元。

(5)结转本月主营业务成本400 000元、其他业务成本31 000元、销售费用13 000元、税金及附加40 000元、营业外支出8 000元、管理费用54 000元、财务费用9 600元、资产减值损失2 000元。

(6)根据本月实现的利润总额,按25%的税率计算应交所得税。

(7)结转本月所得税费用。

(8)结转本月实现的净利润。

(9)按本月净利润的10%提取盈余公积金。

(10)按本月净利润的50%作为应付给投资者的利润。

2. 要求

根据上述经济业务编制会计分录。

(六)练习资金退出业务的核算。

1. 资料

群星厂20××年1月份发生下列经济业务：

(1) 用银行存款20 000元上交上月应交税金。

(2) 用银行存款30 000元支付应付投资者利润。

(3) 用银行存款200 000元偿还银行长期借款。

(4) 用银行存款48 000元偿还前欠甲企业的购货款。

(5) 用库存现金归还收取购货单位借用包装物的押金300元。

2. 要求

根据上述经济业务编制会计分录。

（七）综合练习工业企业主要经济业务的核算。

1. 资料

京苏厂20××年12月初各总分类账户的余额如下：

借方余额		贷方余额	
库存现金	2 100	短期借款	100 000
银行存款	873 000	长期借款	1 000 000
原材料	934 600	应付账款	249 000
其他应收款	800	应交税费	52 500
生产成本	256 000	应付利息	2 000
库存商品	481 000	实收资本	6 229 000
固定资产	6 437 000	盈余公积	438 000
应收账款	189 000	本年利润	259 000
无形资产	400 000	累计折旧	1 210 000
长期待摊费用	30 000	累计摊销	64 000

京苏厂12月份发生下列经济业务：

(1) 收到国家投入资本740 000元，存入银行。

(2) 收到某公司投入全新机器一台，设备价款300 000元，税率17%，增值税进项税额51 000元。

(3) 向天灵厂购入甲材料一批，材料价款700 000元，增值税率17%，增值税进项税额119 000元，材料已验收入库，货款尚未支付。

(4) 开出商业汇票一张，向红星厂购入乙材料一批，材料价款50 000元，增值税率17%，增值税进项税额8 500元，材料已验收入库。

(5) 用银行存款120 000元偿还前欠华星厂购货款。

(6) 向永胜厂购入丙材料一批，材料价款9 000元，增值税率17%，增值税进项税额1 530元，材料尚未运到，货款尚未支付。

(7) 向永胜厂购入的丙材料运到，验收入库。

（8）向银行借入短期借款500 000元,存入银行。

（9）用银行存款支付本月欠天灵厂的购料款。

（10）为生产A产品领用甲材料800 000元、B产品领用乙材料300 000元,车间管理领用丙材料5 000元,厂部管理领用丙材料3 000元。

（11）从银行提取现金168 000元,并于当日发放职工工资。

（12）采购员报销差旅费960元,上月已预付800元,不足部分以现金补付。

（13）收到南方厂上月的购货款92 000元,存入银行。

（14）预提应由本月负担的短期借款利息1 000元。

（15）摊销应由本月负担的无形资产价值额为3 000元。

（16）摊销应由本月负担的长期待摊费用600元。

（17）计提固定资产折旧8 600元,其中车间折旧7 510元,厂部折旧1 090元。

（18）分配本月工资费用168 000元,其中A产品生产工人工资80 000元,B产品生产工人工资60 000元,车间管理人员工资8 000元,厂部管理人员工资20 000元。

（19）为生产A产品领用甲材料11 200元,B产品领用乙材料8 400元,车间管理领用丙材料1 120元,厂部管理领用丙材料2 800元。

（20）将本月发生的制造费用按生产工人工资比例分配计入A、B两种产品成本。

（21）A产品月初在产品成本250 000元,本月A产品全部完工,并已验收入库,按其实际生产成本转账,B产品尚未制造完工。

（22）本月销售A产品一批,不含税销售额1 000 000元,增值税率17%,货款600 000元收到,已存入银行,其余尚未收到。

（23）出售材料一批,不含税销售额为3 000元,增值税率17%,款已收到,存入银行。

（24）用银行存款支付广告费82 000元。

（25）结转已销A产品的实际生产成本743 950元。

（26）结转出售材料的实际成本2 500元。

（27）以现金支付罚款支出100元。

（28）收到罚款收入1 000元,存入银行。

（29）按规定为企业应收账款计提坏账准备2 000元。

（30）结转并计算本月的利润总额。

（31）根据企业全年实现的利润总额,按25%的税率计算应交所得税。

（32）结转本年的所得税费用。

（33）结转本年实现的净利润。

（34）按本年净利润的10%提取盈余公积金。

（35）按本年净利润的60%作为应付给投资者的利润。

2. 要求

(1) 根据12月份的月初资料,设置有关总分类账户,并登记期初余额。
(2) 根据12月份发生的经济业务,编制有关会计分录,并据以登记总账。
(3) 结出各总分类账户的本期发生额及期末余额,并编制试算平衡表。

第五章

通过本章学习，了解并掌握：
1. 成本计算的基本原理；
2. 成本计算的基本程序；
3. 成本计算的基本方法。

第一节 成本计算的基本原理

一、成本计算的意义

工业企业的生产经营过程，既是产品价值的创造过程，同时也是资金的耗费过程。企业在生产经营活动中必然要发生各种人力、物力和财力的耗费，这些耗费的货币表现称为费用。费用是指企业为销售商品、提供劳务等日常活动所发生的经济利益的流出。费用按照一定对象（如材料、产品等）进行归集和分配，即构成该对象的成本。费用和成本是两个并行使用的概念，两者之间既有联系也有区别。成本是按一定对象所归集的费用，是对象化了的费用。费用是资产的耗费，它与一定的会计期间相联系，而与生产哪一种产品无关；成本与一定种类和数量的产品相联系，而不论发生在哪一个会计期间。工业企业的生产经营过程一般可分为三个阶段，即供应过程、生产过程和销售过程。在供应过程中所支付的材料买价和采购费用按各种材料进行归集,即构成各种材料的采购成本。在生产过程中所发生的与产品有关的直接费用和间接费用,按各种产品进行归集和分配,即构成各种产品的生产成本(或称制造成本)。在销售过程中,当产品销售出去,这部分已销产品的生产成本,就形成了产品的销售成本。由此可见,成本计算作为会计核算的一种专门方法,主要是指按照一定的对象,采用一定的标准来归集和分配生产经营过程各阶段中发生的有关费用,以确定各对象的总成本和单位成本。

成本是反映企业生产经营过程的实际耗费指标,它为企业维持简单再生产提出了资金补偿的标准。按照这个标准补偿生产中资金的耗费,就能正常地维持企业简单再生产的顺利进行;倘若不能按照这个标准足额地补偿生产中资金的耗费,必然不能使企业在原有规模上进行再生产。另外,成本也是反映企业在生产、技术、经营管理等方面工作质量的一个综合性指标。

成本计算的意义在于:通过成本计算提供各种实际成本资料,不仅可以正确计算企业盈亏,还可以将实际成本与计划成本或上期实际成本进行比较,了解和分析它们的差异及其原因,以便采取措施和降低成本;通过成本计算,也可以及时地反映生产经营过程中各项费用支出,为制定费用预算和成本计划、进行成本预测和决策等提供可靠依据;通过成本计算确定的产品实际成本,还是制订产品价格的重要依据。因此,成本计算是成本会计的中心内容,它对于企业节约生产费用、降低产品成本、提高经济效益,以及全面开展成本管理工作、提高经营管理水平等具有重要意义。

二、成本计算的一般要求

成本计算是会计核算的一个重要的专门方法,也是现代成本会计学的核心内容,由于在"成本会计学"课程中还将进一步深入、详细地研究,因此本教材主要侧重阐述成本计算最基本的原理和方法。为正确计算各种成本和充分发挥成本计算的作用,在成本计算工作中应贯彻以下各项要求:

(一) 建立和健全各项原始记录

成本计算的主要依据是企业生产经营活动的原始凭证,如果凭证记录不全或不正确,都会影响成本计算的正确性。因此,企业对于材料物资的采购入库和领用、工时的消耗、产品完工入库和发出、各种费用的支出和分配,均应填制凭证作出真实的记录,以便正确、及时地为成本计算提供所需的原始资料。

(二) 加强物资的定额管理和费用的预算管理

企业必须为产品制定既合理又先进的各项消耗定额,据以控制生产耗费,降低产品成本。对于在供、产、销过程中可能发生的各种费用支出,企业都必须编制费用预算,加强对各项费用事前审核控制;对于不符合国家财经制度和企业计划预算内的各项费用开支要加以制止,以便更好地讲求经济效益,避免和减少不应有的浪费和损失。

（三）正确划分各种费用界限

为了正确计算成本，提供比较准确的实际成本资料，必须正确划分以下几个方面的费用界限：

1. 正确划分应计入和不应计入该成本计算对象的费用界限

企业的经济活动是多方面的，费用也是多种多样的，不同用途的费用应列入不同的归属。材料采购的费用应由所采购的材料成本负担，产品生产的费用应由产品生产成本负担；产品销售的费用、企业行政管理部门的管理费用、为筹集资金而发生的财务费用，以及与生产经营业务无关的营业外支出都应直接计入当期损益。国家为加强经济管理，统一规定了企业成本开支范围，哪些费用可以计入成本，哪些费用不可以计入成本，企业必须严格遵守，以保证成本计算指标的真实和计算口径的一致。

2. 正确划分应由本月和不应由本月成本负担的费用界限

在实际工作中，往往会发生一些本月已经支付，但应由本月及以后各月负担的费用，这些费用应在以后各月分配计入产品成本；还有一些是本月尚未支付、但已经发生应由本月负担的费用，这些费用应预先提取计入当月成本。正确划分各月费用界限，才能正确计算各月成本。

3. 正确划分各种成本计算对象的费用界限

对于应计入本月成本的费用，凡能分清应由哪个成本计算对象负担的，应直接计入该成本计算对象；凡无法直接分清哪个成本计算对象负担的，则要采用既合理又简便的适当分配方法，计入各成本计算对象。

4. 正确划分完工产品和在产品的费用界限

在月末计算产品成本时，如果某种产品既有完工产品，又有尚在加工中的产品（即在产品），就必须选择适当的分配方法，将产品费用在完工产品与在产品之间进行分配，分别计算出完工产品成本和在产品成本，这一内容将在"成本会计学"课程中详细研究。

上述费用界限的划分，都要贯彻受益原则，即谁受益谁负担费用，何时受益何时负担费用。划准和划清了企业各种费用的界限，成本计算的准确性便有了基本保证。

三、成本计算的基本程序

在工业企业生产经营过程中，成本计算方法的确定主要取决于企业的生产特点和管理要求。不同类型的企业、同一企业不同生产经营阶段的成本计算都有其各自的特点，但是在基本内容和操作程序方面有共同之处。成本计算的一般程序是：

（一）确定成本计算对象

成本计算对象就是指费用的承担者。确定成本计算对象是进行成本计算的前提条件，只有确定了成本计算对象，并按其归集和分配费用，才能计算出各对象的成本。如工业企业在供应过程中应当以材料的品种或类别作为成本计算对象计算材料采购成本；在生产过程中应以产品的品种为成本计算对象计算产品生产成本;在销售过程中,应以已销售的各种产品为成本计算对象,计算已出售产品的销售成本。

（二）确定成本计算期

成本计算期是指每隔多长时间计算一次成本,对于生产成本的计算从理论上讲,成本计算期应当同产品的生产周期相一致,但在实践中成本计算时间取决于生产组织的特点和分期考核经营成果的要求,除单件、小批量生产企业能按生产周期确定成本计算期外,对大量、大批生产的企业成本计算期一般都按月进行,即以"月"为成本计算期,每月末计算产品成本。

（三）确定成本项目

成本项目即成本构成内容,也是对应计入成本的费用按其用途的分类。为了便于成本的分析,计算成本要按成本项目归集费用,如工业企业产品制造成本项目一般分为直接材料、直接工资、制造费用等项目。

（四）正确归集和分配各项费用

成本计算的过程实际上是按一定的成本计算对象归集和分配费用的过程,也是正确划分上述四种费用界限的过程。对于应计入成本的费用,也不是都能直接计入各成本计算对象,有些费用同几个对象有关,就要按一定的标准在它们之间进行分配,因此选择合理的分配标准对费用进行归集和分配,是成本计算能否做到基本准确的关键。

（五）设置和登记费用成本明细账计算成本并编制成本计算表

计算成本必须按成本计算对象设置成本明细账(在实际工作中称成本计算单)。根据各种费用发生的原始凭证和各种费用分配表,登记成本明细账,月末计算各该成本计算对象的成本,最后分别成本项目计算它们的总成本和单位成本,编制成本计算表。

第二节　成本计算的基本方法

产品生产的过程也是生产费用的消耗过程。工业企业生产费用的发生、成本的形成与生产经营过程紧密联系在一起,会计核算对工业企业生产经营过程中基本经济业务进行确认和记录的过程,也是按一定成本计算对象进行成本计算的过程。成本计算的基本方法实际上是第四章的延续,经济业务确认并在设置的有关账户上如实作了记录,也就归集了各成本计算对象所应归集的费用,最终计算出各该对象的总成本和单位成本。下面以工业企业为例介绍计算材料采购成本、产品生产成本和产品销售成本的主要程序和方法。

一、材料采购成本的计算

(一) 材料采购成本计算的一般程序

企业在供应阶段用货币资金购买各种材料物资,主要是为生产做准备。材料成本在产品成本中一般占有较大比重,材料采购费用的节约或超支直接影响产品生产成本水平的高低,因此在供应阶段对材料采购业务进行核算的同时,还必须正确计算各种材料的采购成本并随时进行对比分析,这对监督材料物资采购计划的执行情况,控制、节约材料采购费用的支出,降低产品成本具有很大意义。

材料采购成本的计算就是将供应阶段购入的材料的各种费用,按品种或类别归集和分配,以计算各种采购材料的实际采购总成本和单位成本。

计算材料采购成本应以材料的品种或材料类别设置材料采购明细账即材料采购成本计算单,以便按成本项目归集费用。材料采购成本是由材料买价和采购费用组成的:材料买价即供应单位的发票价格;采购费用是指采购材料发生的运输费、装卸费、仓储费、保险费,运输途中的合理损耗,入仓库前的挑选、整理、包装等费用以及购入材料应负担的税金等。在材料采购成本明细账中一般按材料买价和采购费用设置成本项目归集费用。

在归集材料采购费用时,凡是能分清应由哪一种材料负担的,应当直接计入各种材料的采购成本;凡是不能直接计入各种材料采购成本的间接费用(如为几种材料共同发生的运杂费),应选择合理的标准分配计入各种材料的采购成本。分配标准可以分别不同情况采用按材料重量、体积或买价比例分配。材料采购费用的分配公式为:

采购费用分配率 = 应分配的采购费用总额 ÷ 材料总重量(总体积、买价总额等)

某种材料应分配的采购费用 = 该种材料的重量(体积、买价等) × 采购费用分配率

(二) 材料采购成本计算实例

现以东华工厂2018年3月份采购材料的有关资料为例,说明材料采购成本的计算程序。该工厂3月份购入甲、乙两种材料的各项支出见表5-1。

表5-1 东华工厂购入甲、乙材料支出表

日期	材料名称	重量	单价	买价	运杂费
3月8日	甲	3 600 公斤	60 元	216 000 元	7 200 元
3月12日	乙	2 000 公斤	40 元	80 000 元	2 000 元
3月26日	甲	1 400 公斤	59 元	82 600 元	3 300 元
3月26日	乙	800 公斤	40 元	32 000 元	
	合计			410 600 元	12 500 元

根据以上资料,应以甲、乙两种材料为成本计算对象设置成本计算单,分别归集上述费用,其中3月8日和3月12日购入甲、乙两种材料的买价和采购费用,可以分别直接计入各

材料成本计算单的有关成本项目;3月26日一次购入甲、乙两种材料发生的费用中,材料的买价可以直接计入甲、乙材料采购成本计算单,对于为两种材料采购共同发生的运杂费3 300元,应按材料重量比例进行分配,计算如下:

分配率 = 3 300/(1 400 + 800) = 1.5

甲种材料应负担的运杂费 = 1 400 × 1.5 = 2 100(元)

乙种材料应负担的运杂费 = 800 × 1.5 = 1 200(元)

将分配结果分别登记在甲、乙材料采购成本计算单中,月末计算甲、乙两种材料的实际采购成本,编制材料成本计算汇总表。甲、乙材料采购成本计算单和材料采购成本计算汇总表分别见表5-2、表5-3、表5-4。

表 5-2　材料采购成本计算单

材料名称:甲材料　　　　　　　　　　　　　　　　　　　　　　　　　　　单位:元

2017 年		摘要	买价		运杂费	合计
月	日		单价	金额		
3	8	购入3 600公斤买价及运费	60	216 000	7 200	223 200
3	26	购入1 400公斤买价及运费	59	82 600	2 100	84 700
3	31	实际采购成本		298 600	9 300	307 900

表 5-3　材料采购成本计算单

材料名称:乙材料　　　　　　　　　　　　　　　　　　　　　　　　　　　单位:元

2017 年		摘要	买价		运杂费	合计
月	日		单价	金额		
3	12	购入2 000公斤买价及运费	40	80 000	2 000	82 000
3	26	购入800公斤买价及运费	40	32 000	1 200	33 200
3	31	实际采购成本		112 000	3 200	115 200

表 5-4　材料采购成本计算汇总表

2018 年 3 月　　　　　　　　　　　　　　　　　　　　　　　　　　　　　单位:元

成本项目	甲材料		乙材料	
	总成本	单位成本	总成本	单位成本
买价	298 600	59.72	112 000	40
采购费用	9 300	1.86	3 200	1.14
材料采购成本	307 900	61.58	115 200	41.14

二、产品生产成本的计算

（一）产品生产成本的内容

工业企业产品生产过程的耗费主要包括劳动资料、劳动对象和活劳动三要素的耗费：劳动资料的耗费有厂房、建筑物、机器设备等固定资产折旧费，劳动对象的耗费有原材料、辅助材料、燃料等耗费，活劳动方面的费用有职工的工资、福利费用等。此外，还有为生产产品而发生的办公费、邮电费、差旅费等支出。

以上各项费用按其经济用途又可分为直接材料、直接工资、制造费用和期间费用等。直接材料是指企业生产过程中为生产产品而耗用的原材料、辅助材料、燃料动力等费用。直接工资是指企业直接从事产品生产人员的工资、奖金等以及按工资总额的一定比例提取的职工福利费。制造费用是指为生产产品而发生的各种间接费用，如生产车间、分厂管理人员工资、福利费、固定资产折旧费、修理费、保险费、办公费、水电费、机物料消耗等。期间费用是指企业在生产经营过程中发生的管理费用、财务费用和销售费用：管理费用是指企业行政管理部门为组织和管理生产经营活动而发生的各项费用，如行政管理部门人员的工资、福利费，行政管理部门固定资产折旧费、修理费、保险费、办公费、水电费等；财务费用是指企业为筹集资金而发生的各项支出，如利息支出等；销售费用是指企业在产品销售过程中发生的包装、运输、宣传广告等费用。现行制度规定产品成本计算采用制造成本法，在制造成本法下，直接材料、直接工资和制造费用三项费用构成产品的生产成本即制造成本，并从产品的销售收入中得到补偿。其中直接材料和直接工资是直接为生产产品所发生的费用，称直接费用；制造费用是为生产产品而发生但是与产品生产没有直接联系的费用，称间接费用。期间费用与产品生产没有关系而是与一定期间有关，容易划清其归属期，因此不能计入产品成本，期间费用的发生额直接从当期损益中抵减。

（二）产品成本计算的一般程序

产品成本的计算和生产过程经济业务的核算是同步进行的，生产费用的核算需要设置一系列成本费用账户，发生的费用经过这些账户的归集分配，计算出各种产品成本。生产过程的复杂性决定了产品成本的计算是一项非常复杂而细致的工作，具体的程序和方法将在"成本会计学"课程中进一步探讨，这里只阐述成本计算最基本的程序和方法。前述成本计算的一般程序在产品成本计算中体现得最为充分，在大量、大批、单步骤生产的企业中，产品成本计算的基本程序是：

1. 按产品品种为成本计算对象设置生产成本明细账（即成本计算单）和其他成本费用账户

生产成本明细账中按直接材料、直接工资、制造费用等成本项目设置专栏。

2. 归集和分配各项费用

生产费用发生时按原始凭证或原始凭证汇总表编制会计分录，分别登记各成本费用账户，进行费用的归集和分配。一般说来，在只生产一种产品的企业里，凡直接费用都能直接计入该种产品成本明细账的某个成本项目;在生产多种产品的企业里,直接费用如生产工人的计时工资为几种产品共同耗用时,也需要经分配后才能计入各产品的产品成本明细账。至于间接费用,则需要按费用发生的地点设置"制造费用"账户,归集当月发生的各项间接费用,月末采用适当的分配方法,将制造费用分配到各种产品成本明细账制造费用这一成本项目;制造费用分配有多种方法,通常采用按生产工时比例或生产工人工资比例进行分配,其计算方法如下:

$$制造费用分配率 = 间接费用总额 \div 生产工时总数或生产工人工资总额$$

$$某种产品应负担的制造费用 = 该种产品耗用的生产工时(生产工人工资)数 \times 制造费用分配率$$

3. 月末计算完工产品实际生产成本,编制各种产品成本计算汇总表

月末若该产品全部没有完工,成本明细账中归集的费用为月末在产品成本;若该种产品全部完工,成本明细账中归集的费用即是该种完工产品成本。最后根据完工产品成本资料编制各种产品成本计算汇总表,按成本项目分别计算各种完工产品的总成本和单位成本,同时按各种产品验收入库数量编制会计分录转账。

(三)产品生产成本计算实例

从上述可知,产品生产成本计算的过程就是对费用进行不断归集分配的过程,现以清远工厂某生产车间的有关资料为例说明产品成本计算中费用归集和分配的程序和方法。

该企业2018年4月份生产车间制造A产品和B产品所发生的费用见表5-5。

表5-5 清远工厂制造A、B产品费用表

产品名称	投产数量	完工数量	直接材料	直接工资	制造费用	费用合计
A产品	1 000 台	1 000 台	160 000	80 000	12 700	
B产品	200 台		50 000	20 000		
合计			210 000	100 000	12 700	322 700

根据以上资料,应以A、B产品为成本计算对象设置生产成本明细账,分别登记各项费用。从上列资料可看出,直接材料费和直接工资都能分清各该成本计算对象,应直接计入A、B产品成本明细账的有关成本项目;制造费用12 700元是该车间为制造A、B两种产品发生的间接费用,月末要按一定的标准进行分配后,再据以计入各该产品的生产成本。现假设按生产工人工资比例作为分配标准,具体分配计算如下:

制造费用分配率 = 12 700/(80 000 + 20 000) = 0.127

A产品应负担的制造费用 = 80 000 × 0.127 = 10 160(元)

B产品应负担的制造费用 = 12 700 − 10 160 = 2 540(元)

在成本计算对象较多的情况下,制造费用的分配一般通过编制制造费用分配表来进行,其格式如表5-6所示。

表 5-6 制造费用分配表

2018 年 4 月   单位:元

产品名称	分配标准:生产工人工资	制造费用	
		分配率	分配金额
A 产品	80 000		10 160
B 产品	20 000		2 540
合计	100 000	0.127	12 700

根据制造费用分配表,应作如下会计分录:

借:生产成本　　　　　　　　　　　　　12 700
　　——A 产品　　　　　　　　　　　　10 160
　　——B 产品　　　　　　　　　　　　 2 540
　贷:制造费用　　　　　　　　　　　　 12 700

根据会计分录,分别登记 A、B 产品成本明细账中制造费用成本项目。经过制造费用的分配,生产成本明细账已经归集了应由本月产品负担的全部生产费用。据提供资料得知,在本月投产的 B 产品 200 件全部没有完工尚在制造中,B 产品成本明细账中归集的 72 540 元为 B 产品的在产品成本,即为 B 产品生产成本明细账户月末余额;A 产品 1 000 件本月全部完工,A 产品成本明细账中归集的 284 840 元即为该月完工 A 产品成本。据以编制如下会计分录:

借:库存商品——A 产品　　　　　　　 284 840
　贷:生产成本——A 产品　　　　　　　284 840

根据会计分录转账后,A 产品生产成本明细账月末无余额。A、B 产品成本明细账如表 5-7、表 5-8 所示。最后根据完工产品成本资料编制"产品成本计算汇总表",计算 A 产品的总成本和单位成本,见表 5-9。

表 5-7 生产成本明细账

产品名称:A 产品   产量:1 000 台

2018 年		凭证号数	摘要	借方				贷方	余额
月	日			直接材料	直接工资	制造费用	合计		
4	1		期初余额	27 700	6 000	980	34 680		34 680
	6		生产领用材料	160 000			160 000		194 680
	30		生产工人工资		80 000		80 000		274 680
	30		分配制造费用			10 160	10 160		284 840
	30		结转完工成本					284 840	0
	30		本月发生额及月末余额	160 000	80 000	10 160	250 160	284 840	0

表 5-8 生产成本明细账

产品名称:B产品　　　　　　　　　　　　　　　　　　　　　　　　　　　　产量:200 台

2018年		凭证号数	摘要	借方				贷方	余额
月	日			直接材料	直接工资	制造费用	合计		
4	6		生产领用材料	50 000			50 000		50 000
	30		生产工人工资		20 000		20 000		70 000
	30		分配制造费用			2 540	2 540		72 540
	30		本月发生额及月末余额	50 000	20 000	2 540	72 540	0	72 540

表 5-9 产品成本计算汇总表

2018 年 4 月份　　　　　　　　　　　　　　　　　　　　　　　　　　　　单位:元

项目	A 产品	
	总成本(1 000 台)	单位成本
直接材料	187 700	187.70
直接工资	86 000	86.00
制造费用	11 140	11.14
产品生产成本	284 840	284.84

三、产品销售成本的计算

在产品销售过程中,企业为了销售产品要发生各种销售费用,如包装费、运输费、广告费以及专设销售机构所发生的费用等。这些费用属于期间费用,直接计入当期损益而不计入产品销售成本,因此,产品销售成本即已出售产品的实际成本仅包括已售产品在生产阶段发生的生产费用。从这个意义上讲,已出售产品的制造成本即为各该已出售产品的销售成本。

产品销售成本 = 产品销售数量 × 产品单位制造成本

产品单位制造成本可以根据具体情况选择使用先进先出法、加权平均法等方法计算。结转已售产品销售成本的会计分录为:

借:主营业务成本
　　贷:库存商品

【练习题】

一、名词解释

成本计算　成本项目　采购费用　材料采购成本　产品生产成本

二、单项选择题

1. 下列不属于材料采购费用的是(　　)。

A. 运输费 B. 装卸费
C. 途中合理损耗 D. 入库后的整理费

2. 下列不能计入产品生产成本的是（　　）。
A. 直接材料 B. 直接工资 C. 财务费用 D. 制造费用

3. 下列不属于期间费用的是（　　）。
A. 管理费用 B. 制造费用 C. 财务费用 D. 销售费用

4. 下列不可以作为材料采购费用分配标准的是（　　）。
A. 材料重量 B. 材料质量 C. 材料买价 D. 材料体积

5. 下列能够计入产品生产成本的是（　　）。
A. 管理费用 B. 所得税费用 C. 财务费用 D. 制造费用

6. 下列属于材料采购费用的是（　　）。
A. 运输费 B. 广告费
C. 途中不合理损耗 D. 入库后的整理费

7. 下列能够计入产品生产成本的是（　　）。
A. 销售费用 B. 管理费用 C. 财务费用 D. 制造费用

8. 下列成本计算期一般是按（　　）进行的。
A. 日 B. 月 C. 季 D. 年

9. 下列不属于材料采购成本的是（　　）。
A. 运输费 B. 材料买价 C. 途中合理损耗 D. 入库后的整理

10. 下列可以作为制造费用分配标准的是（　　）。
A. 产品质量 B. 产品重量
C. 产品等级 D. 产品生产工时比例

三、多项选择题

1. 下列可以作为材料采购费用分配标准的是（　　）。
A. 材料重量 B. 材料质量 C. 材料买价 D. 材料体积

2. 下列属于期间费用的是（　　）。
A. 管理费用 B. 直接费用 C. 间接费用 D. 销售费用

3. 下列属于材料采购费用的是（　　）。
A. 运输费 B. 装卸费 C. 途中合理损耗 D. 入库前的整理费

4. 下列属于成本计算程序的是（　　）。
A. 确定成本计算对象 B. 确定成本计算期
C. 确定成本计算项目 D. 确定成本计算过程

5. 下列可以作为制造费用分配标准的是（　　）。
A. 产品质量 B. 产品重量

C. 生产工人工资比例　　　　　　　　D. 生产工时比例

6. 下列不可以作为材料采购费用分配标准的是(　　)。

A. 材料重量　　　B. 材料质量　　　C. 材料买价　　　D. 材料卖价

7. 下列属于产品成本项目的是(　　)。

A. 直接材料　　　B. 直接工资　　　C. 间接费用　　　D. 销售费用

8. 下列属于产品销售费用的是(　　)。

A. 运输费　　　B. 包装费　　　C. 广告费　　　D. 利息支出

9. 下列属于制造费用的是(　　)。

A. 车间管理人员工资　　　　　　　　B. 车间生产工人工资
C. 厂部管理人员工资　　　　　　　　D. 车间设备折旧费用

10. 下列属于管理费用的是(　　)。

A. 车间管理人员工资　　　　　　　　B. 厂部管理人员工资
C. 车间设备折旧费用　　　　　　　　D. 厂部设备折旧费用

四、判断题

1. 费用是按一定对象所归集的成本,是对象化了的成本。

2. 成本计算期从理论上讲,应当同产品的生产周期相一致,但在实践中则取决于生产组织的特点和分期考核经营成果的要求。

3. 在归集材料采购费用时,凡是属于采购材料的费用,都应当直接计入各种材料的采购成本。

4. 制造费用是指企业行政管理部门为组织和管理生产经营活动而发生的各项费用,如行政管理部门人员的工资、福利费,折旧费、修理费、保险费,办公费,水电费等。

5. 期间费用与产品生产没有关系而是与一定期间有关,因此不能计入产品成本,期间费用的发生额直接从当期损益中抵减。

6. 成本计算期必须要同产品的生产周期相一致。

7. 企业销售产品的广告费用,既可以计入销售费用,也可以计入管理费用。

8. 企业无形资产摊销费用应计入制造费用。

9. 生产车间设备的折旧费用,应直接计入产品生产成本。

10. 企业所有人员的工资费用都应该计入管理费用。

五、核算题

(一) 练习材料采购成本的计算。

1. 资料

某企业购入甲材料30吨,每吨500元;乙材料40吨,每吨300元。购入两种材料共发生装卸费2 100元,按购入材料的重量比例分配。

2. 要求

计算甲、乙两种材料采购总成本和单位成本。

（二）练习产品生产成本的计算。

1. 资料

某工业企业2018年5月份发生以下经济业务：

（1）生产A产品领用甲材料150公斤、乙材料100公斤，生产B产品领用甲材料120公斤、乙材料80公斤；甲材料每公斤10.50元，乙材料每公斤16.56元。

（2）结算本月份应付职工工资，按用途归集如下：A产品生产工人工资5 000元，B产品生产工人工资4 000元，车间管理人员工资2 000元，厂部管理人员工资3 000元。

（3）计提本月份固定资产折旧，计提车间使用的固定资产折旧600元、管理部门使用固定资产折旧300元。

（4）用现金支付由本月份车间负担的修理费200元。

（5）车间报销办公费及其他零星开支400元，以现金支付。

（6）车间管理人员出差报销差旅费237元，原预支300元，余额归还现金。

（7）将制造费用总额如数转入"生产成本"账户，并按生产工人工资比例分配计入A、B两种产品成本。

（8）结算本月份A、B两种产品的生产成本。已知本月份A产品100件全部完工，B产品80件尚未完工，结转完工产品成本。

2. 要求

（1）根据上列产品生产经济业务编制会计分录。

（2）登记"生产成本""制造费用"总账和"生产成本"明细账。

（3）编制"产品生产成本计算表"。

（三）练习产品生产成本的计算。

1. 资料

某企业本月生产A、B两种产品有关资料如下：

产品	月初在产品成本（元）	本月生产费用			月末在产品成本（元）	本月完工产品数量（件）
		直接材料（元）	直接工资（元）	制造费用（元）		
A产品	14 000	230 000	30 000	84 000	12 300	2 000
B产品	—	740 000	70 000		24 000	500
合计	14 000	970 000	100 000	84 000	36 300	—

2. 要求

制造费用按直接工资费用比例分配，计算本月完工产品生产成本，并编制"产品生产成本计算表"。

第六章 会计凭证

通过本章学习,了解并掌握:
1. 会计凭证的含义,会计凭证的重要性;
2. 会计凭证的种类,各类凭证之间的关系;
3. 原始凭证的填制和审核要点;
4. 记账凭证的填制和审核要点;
5. 会计凭证的传递和保管要求。

第一节 会计凭证概述

为了保证会计信息的客观真实和可验证性,会计主体所发生或完成的每一项经济业务都必须要有书面资料来记录该经济业务的内容、涉及的数量和金额等,并要有相关方的签名或盖章以明确对该经济业务的真实性和完整性负责,而且所有的这些书面资料还要经由会计人员审核无误后,才能作为登记账簿的依据。这些书面资料就是本章所要学习的会计凭证。

一、会计凭证的意义

会计凭证是用来记录经济业务,明确经济责任,并作为登记账簿依据的书面证明。

作为会计核算的基本方法之一,填制和审核会计凭证是会计核算的基础工作,是保证会计信息客观、真实的基础环节,因此客观、准确填制和严格审核会计凭证,对于提高会计信息质量、充分发挥会计职能具有重要的意义。

(1) 通过会计凭证的填制和审核,可以全面、准确而及时地反映会计主体日常发生的各项经济业务,为记账提供真实、可靠的数据资料,也为日后的会计分析和会计检查,甚至法律诉讼提供具有法律效力的依据。这就如同消费者购买商品时所取得的购货发票的作用一样,不仅可以说明消费者和商家所进行的买卖行为,而且为日后可能出现的纠纷提供具有法律效力的书面依据。

(2) 通过会计凭证的填制和审核,可以检查和监督会计主体经济活动的合法性和合理性,充分发挥会计的监督职能,从而可以规范会计主体的经济活动,保证国家财经法纪的贯彻执行,保护会计主体财产的安全和合理有效的使用,提高经营活动的合理性和效益性。

(3) 通过会计凭证的填制和审核,可以加强会计主体内部的经济责任制,明确有关人员在办理经济业务过程中的各自责任,从而可以促使他们严格按照有关财经法纪、制度、计划和预算等办理经济业务。同时,如果出现违法乱纪的行为或其他问题,也便于查清有关人员的责任,落实经济责任制。

需要注意的是,根据我国 2016 年 1 月 1 日起开始施行的《会计档案管理办法》规定,只要能同时满足该办法第八条规定的条件,单位内部形成的属于归档范围的电子会计资料可仅以电子形式保存,同时单位从外部接收的电子会计资料附有符合国家规定的电子签名的,也可仅以电子形式归档保存。这意味着会计凭证可以是纸质形式,也可以是电子形式。但无论是纸质形式还是电子形式,目前会计凭证的基本分类、内容和作用没有改变。

二、会计凭证的种类

会计凭证按其填制程序和用途不同,可分为原始凭证和记账凭证两大类。

(一) 原始凭证

原始凭证也称单据,是在经济业务发生或完成时取得或填制的,用来载明经济业务的具体内容,明确经济责任,具有法律效力的书面证明。

原始凭证是进行会计核算工作的原始资料和重要依据,因此正确填制原始凭证是保证账簿记录能够如实反映会计主体经济活动的关键。

原始凭证可按不同的标志进行分类。

1. 按其取得的来源不同,可以分为外来原始凭证和自制原始凭证

(1) 外来原始凭证是本主体在经济业务发生或完成时,直接取得的由外单位填制的原始凭证,如购买材料从供货企业取得的增值税普通发票或增值税专用发票、对外支付款项时取得的收款收据、托运货物从运输部门取得的运单、银行转来的结算凭证等。

表 6-1、表 6-2 和表 6-3 分别列示了收据、增值税普通发票和增值税专用发票的一般格式。

表 6-1　收　据

20××年 03 月 10 日　　　　　　　　　　　　　　　　　　　　　　No 125789

付款单位：××公司	收款方式：现金
收款事由：赈灾捐款	
金额（大写）人民币壹万元整	￥10 000.00
备注：	

第二联　交对方

收款单位（盖章）　　　经手：夏天　　出纳：冬天　　审核：春天　　记账：秋天

表 6-2　××增值税电子普通发票

发票代码：03200××00111

发票号码：0310××57

开票日期：20××年 03 月 05 日

机器编号：234×××890　　　　　　　　校验码：42125 78520 12980 1×243

购买方	名　　称：××公司 纳税人识别号：11010××××××××× 地址、电话：××市×路3号×××× 开户行及账号：×银行×支行1100×××	密码区	34>7-80+3>523×××××089->4 ×××-×××3311000××××× ×××××××23×××123××× ××××××××××××××8/4

货物或应税劳务、服务名称	规格型号	单位	数量	单价	金额	税率	税额
餐饮服务					3 200.00	6%	192.00
合计					￥3 200.00		￥3 392.00
价税合计（大写）	⊗叁仟叁佰玖拾贰元整				（小写）		￥3 392.00

销售方	名　　称：××××公司 纳税人识别号：11110××××××××× 地址、电话：×市×路10号×××× 开户行及账号：建设银行××分行06×××	备注	

收款人：赵钱　　　复核：孙李　　　开票人：周武　　　销售方：（章）

表 6-3　××增值税专用发票

抵 扣 联　　　　　　　　　　　　　　　　　　　No 06738812

42××××

×××××243

234××××890　　　　　　　　　　　开票日期:20××年01月05日

购买方	名　　　称:××公司 纳税人识别号:11010××××××× 地　址、电　话:××市×路3号×××× 开户行及账号:×银行×支行1100×××	密码区	34×××××23×××××××089 - * ××××××3311000×××××× ××××××23××××123××× ××××××456

货物或应税劳务、服务名称	规格型号	单位	数量	单价	金额	税率	税额
刻录机	TW-1	只	10	320.00	3 200.00	17%	544.00
合计					¥3 200.00		¥544.00
价税合计(大写)	⊗叁仟柒佰肆拾肆元整				(小写)	¥3 744.00	

销售方	名　　　称:××××公司 纳税人识别号:11010××××××× 地　址、电　话:×市×路10号×××× 开户行及账号:中行×路分理处06×××	备注	

收款人:王二　　　　　复核:张三　　　　　开票人:李四　　　　　销售方:(章)

第二联:抵扣联　购买方扣税凭证

(2) 自制原始凭证是本单位经办业务的人员,在执行和完成某项经济业务时填制的原始凭证。如企业仓库保管人员在材料验收入库时填制的收料单、领用材料时由领料人员填制的领料单、企业对外销售商品或劳务开具给其他单位或个人的发票、产品完工入库时填制的产品入库单、结算职工工资时填制的工资结算单等。表 6-4 和表 6-5 列示了收料单、领料单的一般格式。

表 6-4　×××公司

收 料 单

供货单位:东升公司　　　　　20××年03月20日　　　　　凭证编号:330

发票号码:15322001　　　　　　　　　　　　　　　　　收料仓库:2 号库

材料编号	材料规格及名称	计量单位	数量		价格	
			应收	实收	单价	金额
T12	电子配件	件	2	2	200	400
备注					合计	¥400

仓库负责人:　　　　　记账:　　　　　仓库保管:　　　　　收料:赵六

第一联　仓库

表 6-5　×××公司

<u>领 料 单</u>

领料部门：装配车间　　　　　20××年03月25日　　　　　凭证编号：230

用　　途：DH 产品　　　　　　　　　　　　　　　　　　发料仓库：2号库

材料编号	材料规格及名称	计量单位	数量		价格	
			请领	实领	单价	金额
T12	电子配件	件	3	3	200	600
备注					合计	￥400

第二联　仓库

记账：　　　　　　发料：　　　　　　审批：　　　　　　领料：张五

2. 按其填制的手续及内容不同，可以分为一次凭证、累计凭证和汇总凭证

（1）一次凭证是指在经济业务发生或完成后，一次性填写完毕，只记录一笔经济业务的原始凭证。绝大多数的原始凭证是一次凭证，特别是外来原始凭证都是一次凭证。在上文列示的表6-1至表6-5都是一次凭证。

（2）累计凭证是指经多次填制手续完成的原始凭证，用于反映在一定时期内重复发生的若干同类经济业务。累计凭证属于自制原始凭证，使用这种凭证对于经常重复发生的某类经济业务，可以简化核算手续，减少凭证数量，同时把在一定期间内发生的同类经济业务反映在同一张凭证上，也便于汇总，并与有关指标和数据作比较，有利于对该类经济业务的管理和控制。最典型的累计凭证是限额领料单，其一般格式如表6-6所示。

表 6-6　××公司

<u>限额领料单</u>

领料部门：一车间　　　　　　　　　　　　　　　　　　凭证编号：025

用　　途：甲产品　　　　　20××年05月　　　　　　发料仓库：1号仓库

材料类别	材料编号	材料名称及规格	计量单位	领用限额	实际领用	单价	金额	备注
原材料	323	角钢40×4mm	公斤	2 100		3.80		

供应部门负责人：张三　　　　　　　　　　生产计划部门负责人：李四

日期	请领		实发			限额结余	退库	
	数量	领料单位盖章	数量	发料人	领料人		数量	退库单编号
08	300		300			1 800		
12	800		800			1 000		
17	400		400			600		
…	…		…			…		
合计								

仓库负责人签章：钱三

（3）汇总凭证是根据若干反映同类经济业务的原始凭证定期编制而成的，其作用是简化编制记账凭证和登账的手续，提高会计核算的工作效率，使核算资料更为系统化、条理化。

常用的汇总原始凭证主要有发出材料汇总表、工资结算汇总表和差旅费报销单等。如企业在月末可根据当月的若干张领料单进行汇总，编制如表6-7格式的当月发出材料汇总表。

表6-7　××公司
发出材料汇总表

20××年06月

单位：元

会计科目	领料部门	原材料	燃料	辅助材料	合计
基本生产成本	一车间	40 000	15 000	1 000	56 000
	二车间	50 000	20 000		70 000
	小计	90 000	35 000	1 000	126 000
辅助生产成本	机铸车间	20 000	1 000		21 000
	机钳车间	25 000	1 500		26 500
	小计	45 000	2 500		47 500
制造费用	一车间	2 000		1 000	3 000
	二车间	2 500		1 500	4 000
	小计	4 500		2 500	7 000
合计		￥139 500	￥37 500	￥3 500	￥180 500

会计主管：　　　　　　　　复核：　　　　　　　　制表：孙小二

3. 按其格式不同，可以分为通用凭证和专用凭证

（1）通用凭证是由有关部门统一印制、在一定范围内使用的具有统一格式和使用方法的凭证。这里的一定范围，可以是全国范围，也可以是某省、某市、某地区或某系统，如银行统一制定的支票、税务部门统一制定的增值税发票等，如表6-2、表6-3就是通用凭证。

（2）专用凭证是指一些单位自行印制，仅在本单位内部使用的原始凭证，如差旅费报销单、领料单、入库单、折旧计算表，等等。

原始凭证除了以上分类外，还可以按其反映的经济业务类别进行分类，比如记录货币资金收付业务的，记录材料、产成品出入库的，记录产品生产费用的发生和分配情况的，等等。

要注意的是，尽管按不同的标志可以把原始凭证分为若干类，但它们相互之间是交叉的，如同一张原始凭证"收料单"，它既是自制原始凭证，又是一次凭证和专用凭证，还是出入库业务凭证，因此原始凭证的分类是相对的。

还要注意的是，在实际工作中，有一些单证、合同也反映会计主体的经济活动，比如销售合同、材料申购单、车间派工单等，但它们只反映预期的尚未完成的经济业务，而作为原始凭证反映的是会计主体已经完成或已经执行的经济业务，因此这些单证、合同都不是原始凭证,不能作为会计记账的依据。此外银行对账单、银行存款余额调节表也不能作为原始凭证处理。

（二）记账凭证

记账凭证,又称记账凭单,是会计人员根据审核无误的原始凭证或原始凭证汇总表确定会计分录,并据以填制的书面凭证。

记账凭证可按不同标志进行分类。

1. 按其反映和记载的经济内容不同,可分为收款凭证、付款凭证和转账凭证

（1）收款凭证是用于记载库存现金和银行存款收款业务的记账凭证。它还可以进一步细分为库存现金收款凭证和银行存款收款凭证,以分别反映库存现金收款业务和银行存款收款业务,更便于汇总和管理。收款凭证的一般格式如表6-8所示。

表6-8　收款凭证

借方科目：银行存款　　　　　　　20××年10月14日　　　　　　　编号：收字 第3号

摘要	贷方科目		记账符号	金额	附件×张
	总分类科目	明细科目			
收回货款	应收账款	西沙公司	√	5 000	
合计				￥5 000	

会计主管（签章）　　记账（签章）　　出纳（签章）　　审核（签章）　　制单（签章）

（2）付款凭证是用于记载库存现金和银行存款付出业务的记账凭证。它也可以进一步细分为库存现金付款凭证和银行存款付款凭证,以分别反映库存现金付出业务和银行存款付出业务。付款凭证的一般格式如表6-9所示。

表6-9　付款凭证

贷方科目：库存现金　　　　　　　20××年10月20日　　　　　　　编号：付字 第4号

摘要	借方科目		记账符号	金额	附件×张
	总分类科目	明细科目			
购买办公用品	管理费用	办公用品	√	150	
合计				￥150	

会计主管（签章）　　记账（签章）　　出纳（签章）　　审核（签章）　　制单（签章）

（3）转账凭证是用于记载与库存现金或银行存款收付无关的经济业务的凭证,也就是在该类经济业务发生时不需要收付库存现金或银行存款。其一般格式如表6-10所示。

表 6-10　转账凭证

20××年10月3日　　　　　　　　　　　　　　　　　　编号：转字 第 1 号

摘要	会计科目		记账符号	借方金额	贷方金额	
	总分类科目	明细科目				
领用材料	生产成本	甲产品	√	2 000		附件×张
		乙产品	√	3 000		
	原材料	A 材料	√		5 000	
	合计			￥5 000	￥5 000	

会计主管（签章）　　　记账（签章）　　　出纳（签章）　　　审核（签章）　　　制单（签章）

在规模较小的单位,为了减少记账凭证的种类,也可以采用统一的格式,称为通用记账凭证,其一般格式与上述转账凭证的格式相同。

2. 按其填制方式不同,可分为复式记账凭证、单式记账凭证和汇总记账凭证

（1）复式记账凭证是将一项经济业务所涉及的账户,集中填列在一张记账凭证上,即在一张记账凭证上反映一项经济业务完整的会计分录。上述收款凭证、付款凭证和转账凭证的格式均属于复式记账凭证。其优点是在一张凭证上就可以完整反映该项经济业务所涉及的全部账户及其对应关系,便于凭证的分析和审核,且填写方便,附件集中。其缺点是不便于分工记账和科目汇总。一般会计主体都采用复式记账凭证。

（2）单式记账凭证是将一项经济业务所涉及的账户,分别填制记账凭证,一张记账凭证只填一个科目。而凭证中的对应科目仅作参考,不据以记账。填列借方科目的称为借项记账凭证,填列贷方科目的称为贷项记账凭证。

采用单式记账凭证,优点是凭证中的内容单一,便于分工记账,也便于按科目汇总编制记账凭证汇总表。但缺点是凭证张数多,内容分散,不能在一张凭证中完整反映一项经济业务的全貌以及账户的对应关系。单式记账凭证的一般格式参见表 6-11 和表 6-12。

表 6-11　借项记账凭证

20××年10月14日　　　　　　　　　　　　　　　　　　编号：借字 8 号

摘要	总分类科目	明细科目	记账符号	金额	
收回货款	银行存款	××银行	√	5 000	附件×张
对应科目：应收账款		合计		￥5 000	

会计主管（签章）　　　记账（签章）　　　出纳（签章）　　　审核（签章）　　　制单（签章）

表 6-12　贷项记账凭证

20××年10月14日　　　　　　　　　　　编号：贷字 8 号

摘要	总分类科目	明细科目	记账符号	金额	
收回货款	应收账款	西沙公司	√	5 000	附件 × 张
对应科目：银行存款	合计			￥5 000	

会计主管（签章）　　记账（签章）　　出纳（签章）　　审核（签章）　　制单（签章）

（3）汇总记账凭证是将许多同类记账凭证逐日或定期（3天、5天、10天等）加以汇总后填制的凭证。如将收款凭证、付款凭证或转账凭证按一定的时间间隔分别汇总，编制汇总收款凭证、汇总付款凭证或汇总转账凭证。有关汇总记账凭证的编制见第十章第四节。

通过以上对原始凭证和记账凭证的学习，可以发现记账凭证与原始凭证有着本质区别。原始凭证直接反映了会计主体所进行的经济业务活动，但所提供的资料尚未进行复式记账的加工；而记账凭证是会计人员对原始凭证中的资料进行分析并根据复式记账的原理编制会计分录而形成的，其核心是要在记账凭证上确定会计分录，因而记账凭证中所提供的是已经进行了复式记账加工后的信息，因此它是登记账簿的直接依据。

第二节　原始凭证的填制和审核

经济业务的内容是多种多样的，因此记录经济业务的各种原始凭证所包括的具体内容也就不可能完全相同，并且具有不同的格式和特点。比如，收料单记录的是某种材料收入仓库的数量和成本，而领料单记录的则是因某种需要领用某种材料的数量和成本，两者所反映的内容及格式显然是有差异的，但是它们在基本内容要素、书写的格式和审核方面的要求上是一样的。

一、原始凭证的填制

（一）原始凭证的基本内容

无论什么样的原始凭证，它们都必须具备说明经济业务完成情况和明确有关人员经济责任的若干要素，一般应具备下列基本内容：

（1）原始凭证的名称。如收据、增值税专用发票、领料单等，这些名称能基本反映该凭证所代表的经济业务的类型。

（2）原始凭证填制的日期。一般情况下它应该是经济业务发生时的日期，对少数不能及时填制凭证的经济业务,也应在经济业务发生后尽快填制完毕。

(3) 接受原始凭证的单位名称。

(4) 填制原始凭证的单位名称及签章。

(5) 经济业务内容。原始凭证必须填列经济业务所涉及的数量、单价和金额等信息,这是全面完整反映经济业务所必须的,特别是金额,如果单证上缺少这一项,该单位就不能作为原始凭证用以记账。

(6) 经办人员的签名或者盖章。可以是外单位也可以是本单位内部有关经办人员的签章,这也是明确经办人员责任所必须的。

实际工作中,根据经营管理和特殊业务的需要,除上述基本内容外,还可以增加必要的内容。

(二) 原始凭证的填制要求

原始凭证是用以记录和反映会计主体经济活动的最直接的载体,因此填制原始凭证就是按照经济业务发生或完成的实际情况,在规定的凭证格式中进行记录。

在填制原始凭证时,必须符合下列要求:

(1) 真实准确、填制及时。原始凭证中所反映的经济业务,必须与实际情况完全相符,不允许弄虚作假、歪曲事实,不允许涂改、挖补,凭证中有关数字的计算也必须准确无误。同时要根据经济业务的执行和完成情况,及时填制原始凭证并按规定程序及时送交会计部门。

(2) 内容完整、手续齐备。经济业务的完成情况要按照规定的凭证格式和内容,逐项填写齐全,不得遗漏或省略。并且凭证传递的手续必须齐备,有关人员的签章也必须齐全。

(3) 书写规范、连续编号。原始凭证中的书写要字迹端正、易于辨认,数字书写要符合会计上的技术要求,复写的凭证也要字迹清楚。原始凭证要分类按顺序编号,填写时应依次使用,如有跳号,应加盖"作废"戳记,不得撕毁。

具体在填制原始凭证时,还要注意以下要求:

(1) 从外单位取得的原始凭证,必须盖有填制单位的公章;从个人取得的原始凭证,必须有填制人员的签名或者盖章;自制原始凭证必须有经办单位领导人或者其指定的人员签名或者盖章;对外开出的原始凭证,必须加盖本单位公章。所谓公章,是指具有法律效力和规定用途,能够证明单位身份和性质的印鉴,如财务专用章、发票专用章、业务公章、收款专用章或结算专用章等。

(2) 购买实物的原始凭证,必须有验收证明;支付款项的原始凭证,必须有收款单位和收款人的收款证明。实物购入以后,要按照规定办理验收手续,这有利于明确经济责任,保证账实相符,避免物资短缺和流失。实物验证工作应由有关人员负责办理,会计人员通过有关的原始凭证进行监督检查。对于需要入库的实物,必须填写入库验收单,由仓库保管员按照采购计划或购货合同验证后,在入库验收单上如实填写实收数额,并签章。对于不需要入库的实物,由经办人员在凭证上签章以后,必须交由实物的保管人员或使用人员进行验收并在凭证上签章。经过购买人员以外的第三者查实核对后,会计人员才能据以作进一步的会计处理。

(3) 发生销货退回的,除填制退货发票外,还必须有退货验收证明;退款时,必须取得对方的收款收据或者汇款银行的凭证,不得以退货发票代替收据。在实际工作中,有的单位发生销售退回时,对收到的退货没有验收证明,造成退货流失;办理退款时仅以所开出的红字发票的副本作为本单位退款的原始凭证,既不经过对方单位盖章收讫,也不附对方单位的收款收据,这样处理的漏洞很大,容易发生舞弊行为,应予以关注。

(4) 职工公出借款的凭据,必须附在记账凭证之后。职工公出借款时,应由本人按照规定填制借款单,由所在单位负责人或授权的人员审核并签章,然后办理借款。由此形成的借款收据是办理有关会计手续、进行相应会计核算的依据。收回借款时,应当另开收据或者退还借据副本,不得退还原借款收据,这样可以保证会计资料的完整性。

(5) 经上级有关部门批准的经济业务,应当将批准文件作为原始凭证附件;如果批准文件需要单独归档的,应当在凭证上注明批准机关名称、日期和文件字号。

(6) 凡填有大写和小写金额的原始凭证,大写与小写金额必须相符。一式几联的原始凭证,应当注明各联的用途,只能以一联作为报销凭证。一式几联的发票和收据,必须用双面复写纸(发票和收据本身具备复写纸功能的除外)套写,并连续编号。作废时应当加盖"作废"戳记,连同存根一起保存,不得撕毁。

(7) 原始凭证不得涂改、挖补。发现原始凭证有错误的,应当由开出单位重开或者更正,更正处应当加盖开出单位的公章。原始凭证金额有错误的,应当由出具单位重开,不得在原始凭证上更正。

(8) 凭证中的阿拉伯数字应当一个一个地写,不得连笔写。阿拉伯数字金额前面应当书写货币币种符号或者货币名称简写和币种符号。币种符号与阿拉伯数字金额之间不得留有空白。凡阿拉伯数字前写有币种符号的,数字后面不再写货币单位。所有以元为单位(或其他货币种类为货币基本单位,下同)的阿拉伯数字,除表示单价等情况外,一律填写到角分;无角分的,角位和分位可写"00",或者符号"—";有角无分的,分位应当写"0",不得用符号"—"代替。

汉字大写数字金额如零、壹、贰、叁、肆、伍、陆、柒、捌、玖、拾、佰、仟、万、亿等,一律用正楷或者行书体书写,不能用0、一、二、三、四、五、六、七、八、九、十等简化字代替,不得任意自造简化字。大写金额数字到元或者角为止的,在"元"或者"角"字之后应当写"整"或者"正"字;大写金额数字有分的,分字后面不写"整"或者"正"字。大写金额数字前未印有货币名称的,应当加填货币名称,货币名称与金额数字之间不得留有空白。阿拉伯数字金额中间有"0"时,汉字大写金额要写"零"字;阿拉伯数字金额中间连续有几个"0"时,汉字大写金额中可以只写一个"零"字;阿拉伯数字金额元位是"0",或者数字中间连续有几个"0"、元位也是"0"但角位不是"0"时,汉字大写金额可以只写一个"零"字,也可以不写"零"字。

(9) 原始凭证遗失处理。按照规定,从外单位取得的原始凭证如有遗失,应当取得原开出单位盖有公章的证明,并注明原来凭证的号码、金额和内容等,或者根据原始凭证的存根复印一份,由经办单位会计机构负责人、会计主管人员和单位领导人批准后,才能代作原始凭证。如果确实无法取得证明的,如火车、轮船、飞机票等凭证,由当事人写出详细情况,由经办单位会计机构负责人、会计主管人员和单位领导人批准后,代作原始凭证。

二、原始凭证的审核

为了保证原始凭证的合法性、合理性和真实性,更有效地发挥会计工作的监督作用,维护财经纪律,对原始凭证必须要严格审核。只有审核合格的原始凭证才能作为进一步记账的依据。

对原始凭证的审核,主要包括以下三方面的内容:

(一) 审核原始凭证的完整性、真实性

这主要审核原始凭证的填制是否符合规定的要求,如有关内容是否真实,手续是否齐备,凭证中应填写的内容是否填写齐全,数据是否真实,相关人员及单位是否都已签章,文字是否清楚及有无涂改现象,等等。这是审核原始凭证的第一步。

(二) 审核原始凭证的合法性、合理性

这主要审核原始凭证所反映的经济业务是否符合有关政策、法令、制度、合同、预算和计划等;是否真实,有无虚构捏造的行为;是否符合规定的审批权限和手续;是否符合提高经济效益的要求,有无扩大成本费用开支范围的情况;等等。

(三) 审核原始凭证的正确性、及时性

这是审核原始凭证各项金额的计算及填写是否正确,凭证中有书写错误的,应采用正确的方法更正,不能采用涂改、刮擦、挖补等不正确方法。原始凭证的及时性是保证会计信息及时性的基础,因此在经济业务发生或完成时应该及时填制有关原始凭证,及时进行凭证的传递。

在审核原始凭证后,会计人员对于符合规定的凭证,应当及时办理随后各项必要的手续;对不真实、不合法的原始凭证有权不予接受,并向单位负责人报告;对记载不准确、不完整的原始凭证予以退回,并要求按照有关规定更正、补充。

原始凭证的审核,是一项十分细致严肃的工作,经济工作中的许多问题往往也会通过原始凭证的审核被发现出来。而要做好原始凭证的审核工作,就要求会计人员必须熟悉有关国家财经法纪、本单位的规章制度、合同、预算、计划等的规定,全面了解本单位业务经营状况,才能及时确定原始凭证的内容是否准确、完整、真实、合法、合理,从而更好发挥会计监督的作用。

第三节　记账凭证的填制和审核

记账凭证也各有不同,但在填制和审核上的要求是一致的,这些要求可以保证对经济业务进行核算的真实可靠、准确完整和可验证。

一、记账凭证的填制

(一) 记账凭证的基本内容

为了便于系统地登记账簿,保证账簿记录的正确性,记账凭证无论反映何类经济业务,都必须具备以下内容:

(1) 记账凭证的名称。记账凭证的名称随会计主体所采用的凭证类型不同而不同,如采用通用记账凭证,则名称为记账凭证,如采用三种格式的,则名称分别为收款凭证、付款凭证和转账凭证。

(2) 填制凭证的日期及凭证编号。日期是指填写记账凭证的具体日期。凭证编号是指凭证的字号。字指凭证的类型,一般有现收字、现付字、银收字、银付字、转字;号指凭证的流水顺序编号,如银付字034号,表示本月第34张银行存款付款凭证,一般每月要换一次顺序号。

(3) 经济业务内容摘要。一般只需简明、扼要说明经济业务的内容即可。

(4) 会计科目(包括一级科目和明细科目)、记账方向及金额。

(5) 所附原始凭证张数。

(6) 填制凭证人员、稽核人员、记账人员、会计机构负责人、会计主管人员签名或者盖章。收款凭证和付款凭证还应当由出纳人员签名或者盖章。

(7) 记账标记。说明是否已经登记入账。

(二) 记账凭证的填制方法及要求

记账凭证的填制也应做到真实可靠、内容完整、填写及时和书写清楚,此外在填制记账凭证时还要遵守以下要求:

(1) 记账凭证可以根据每一张原始凭证填制,或者根据若干张同类原始凭证汇总填制,也可以根据原始凭证汇总表填制。但不得将不同内容和类别的原始凭证汇总填制在一张记账凭证上。还要注意的是在会计主体采用三种格式的记账凭证即收款凭证、付款凭证和转账凭证的情况下,不得把不同类型的经济业务填制在一张记账凭证上,即如果某一笔经济业务既涉及收款(或付款)又涉及转账业务时,则必须分别填制收款凭证(付款凭证)和转账凭证。

(2) 必须根据有关经济业务的内容,正确填写应借、应贷的一级科目和明细科目,不得任意改变科目名称和核算内容。使用的记账凭证格式应相对稳定,特别是在同一会计年度内,不宜随意更换,以免引起编号、装订、保管方面的不便与混乱。

(3) 记账凭证上的日期就是填制凭证的当天日期,也可根据管理需要填写经济业务发生的日期或月末日期。例如,报销差旅费的记账凭证,填写报销当日的日期;库存现金收付款记账凭证,填写办理收付库存现金的日期;银行存款收款凭证,一般按会计部门收到银行进账单或银行回执的戳记日期填写;当实际收到的日期与银行进账单上的日期相隔较远时或当日收到上月的银行进账单,则按会计部门实际办理该业务的日期填写;银行存款付款凭证,一般以会计部门开出的银行付款单据日期或承付日期填写;属于计提和分配费用、结转收入成本利润等的转账业务,应以月末日期填写,尽管需要到下月才能进行填制。

(4) 填制记账凭证时,应当对记账凭证进行连续编号。凭证的编号根据会计主体采用的凭证格式而有不同的编号方法,如果采用通用记账凭证,则采用按月按顺序统一连续编号。如果采用收款、付款、转账格式的记账凭证,则将不同类型的记账凭证用字号加以区别,分别为收字号、付字号、转字号。不论采用哪种编号方法,每月都要从第一号编起,按顺序一直编到月末,不允许出现漏号、重号和错号,并应在每月最后一张记账凭证的编号旁加注"全"字,以便检查凭证有无散失。

另外一笔经济业务需要填制两张以上记账凭证的,可以采用分数编号法编号。比如,当月发生的第六笔经济业务,需要填制三张记账凭证,那么这三张记账凭证可以分别编号为 $6\frac{1}{3}$ 号,$6\frac{2}{3}$ 号,$6\frac{3}{3}$ 号,这样通过分数编号法将这三张凭证联系在一起。分数编号法对于单式和复式记账凭证都适用。

(5) 除结账和更正错误的记账凭证可以不附原始凭证外,其他记账凭证必须附有原始凭证。如果一张原始凭证涉及几张记账凭证,可以把原始凭证附在一张主要的记账凭证后面,并在其他记账凭证上注明附有该原始凭证的记账凭证的编号或者附原始凭证复印件。

一张原始凭证所列支出需要几个单位共同负担的,应当将其他单位负担的部分,开给对方原始凭证分割单,进行结算。原始凭证分割单必须具备原始凭证的基本内容:凭证名称、填制凭证日期、填制凭证单位名称或者填制人姓名、经办人的签名或者盖章、接受凭证单位名称、经济业务内容、数量、单价、金额和费用分摊情况等。

(6) 如果在填制记账凭证时发生错误,应当重新填制。已经登记入账的记账凭证,在当年内发现填写错误时,可以用红字填写一张与原内容相同的记账凭证,在摘要栏注明"注销某月某日某号凭证"字样,同时再用蓝字重新填制一张正确的记账凭证,注明"订正某月某日某号凭证"字样。如果会计科目没有错误,只是金额错误,也可以将正确数字与错误数字之间的差额,另编一张调整的记账凭证,调增金额用蓝字,调减金额用红字。发现以前年度记账凭证有错误的,这属于以前年度差错更正,应当用蓝字填制更正的记账凭证。

(7) 记账凭证填制完成后,如有空行,应当自金额栏最后一笔金额数字下的空行处至合计数上的空行处划线注销,可以划斜线或"S"形线注销。

(8) 填制记账凭证,字迹必须清晰、工整,数据填写要规范,其要求同原始凭证。

下面主要介绍有关收款凭证、付款凭证和转账凭证的填制方法。

收款凭证是根据有关库存现金和银行存款收款业务的原始凭证填制的,因此借方账户要么是库存现金,要么就是银行存款,在填制时,要将借方账户写在凭证的左上方。与之相对应的贷方账户填写在贷方科目栏内,有明细科目的要填写明细科目。在摘要栏中填写经济业务的简要说明,在账页栏填写该记账凭证记入总账的页次,也可以注上"√"标记,表示该记账凭证已登记入账。金额栏应填写该笔库存现金或银行存款的收入金额。附件张数填写记账凭证后所附的原始凭证张数。

付款凭证是根据有关库存现金和银行存款付款业务的原始凭证填制的,因此贷方账户要么是库存现金,要么就是银行存款,在填制时,要将贷方账户写在凭证的左上方。其他的填制方法与收款凭证相同。

要注意的是对于库存现金和银行存款之间相互划转的业务,为避免在登记账簿时出现重复登账,就只要填制一张记账凭证,一般的惯例是按减少方填制付款凭证,而不填收款凭证。例如,将库存现金存入银行,就按贷方账户"库存现金"填制付款凭证;同样,从银行提取现金,就按贷方账户"银行存款"填制付款凭证。

转账凭证,是根据不涉及现金和银行存款的转账业务的原始凭证填制的。其会计科目栏分别填写借方账户和贷方账户,并且借方账户填写在上。借、贷方应记的金额分别填在借、贷方金额栏内,并且借方金额栏合计数与贷方金额栏合计数应相等。

通用记账凭证的填制方法与转账凭证的填制方法相同。

二、记账凭证的审核

记账凭证是登记账簿的依据,为了保证账簿记录的正确性,在记账前必须对已编制的记账凭证进行认真严格的审核,没有经过和通过审核的记账凭证,不能登记入账。记账凭证的审核内容主要包括以下几方面。

(一) 内容是否真实

记账凭证是否附有合法的原始凭证,记账凭证的内容、金额与所附的原始凭证是否相符。

(二) 科目和金额是否正确

记账凭证中的应借应贷账户名称和对应关系及相关金额计算是否正确。

(三) 项目是否齐全,书写是否正确

记账凭证中应填写的各项内容是否填写齐全,有关人员是否都已签章。记录是否文字工整、数字清晰,是否按规定进行更正等。

在审核过程中,如果发现记账凭证有错误,会计人员应及时更正。只有经审核无误后的记账凭证才据以登记账簿。

第四节　会计凭证的传递和保管

一、会计凭证的传递

(一) 会计凭证传递的意义

会计凭证的传递,是指在会计凭证从取得或填制开始,经过审核、记账、整理装订到归档保管为止的过程中,在会计主体内部各有关部门和有关人员之间按规定路线办理各业务手续的程序。

科学、合理地组织会计凭证的传递,对有关部门利用会计凭证及时掌握各项经济业务的情况,加快对经济业务的处理,合理组织经济活动,加强经济责任,实行会计监督,具有重要的意义:

(1) 通过会计凭证的传递,能够把反映在会计凭证上的有关经济业务完成情况的资料,及时地传递给会计主体内部各个有关环节(最后集中到会计部门),有利于各部门了解经济活动的进展情况。例如,对于材料收入业务的凭证传递,应该明确规定:材料运到企业后需要多少时间验收入库,由谁负责填制收料单,在何时将收料单送到会计部门和其他有关部门;会计部门收到收料单后谁负责审核,由谁在何时编制记账凭证并据以登记入账;等等。这样明确规定了会计凭证的传递程序,就能及时地反映和监督各项经济业务的完成情况。

(2) 通过会计凭证的传递,能够正确地组织经济活动,实行会计监督。任何会计主体在经济活动中发生的各项经济业务,以及本会计主体与其他各方面的经济联系,都要借助会计凭证加以记录和说明。因此,按规定程序组织会计凭证的传递,就能把会计主体各有关部门和人员的活动紧密联系起来,组织起来,从而协调各方面的经济关系,搞好分工协作,使各项经济活动得以顺利进行。而且,凭证的传递还会起到各相关部门和人员互相牵制和监督的作用,可以督促经办业务的有关部门和人员及时、准确地完成各项经济业务并按规定办理好凭证手续,有利于加强岗位责任制和会计监督,改善经营管理。

(二) 会计凭证传递应遵循的原则

各会计主体的会计凭证传递程序应当科学、合理,具体办法由各会计主体根据会计业务需要自行规定,但在确定凭证传递程序时应遵循以下原则:

(1) 应结合本单位主要经济业务的特点、内部机构的设置和人员分工情况以及经营管理上的需要,会同有关部门共同研究、协商,具体规定各种会计凭证的格式、联数、填制手续和传递程序,确定合理、科学的凭证处理流程,既要保证会计凭证经过必要的环节进行处理和审核,又要避免会计凭证在不必要的环节停留,以便提高工作效率。

(2)应根据各有关部门和人员的工作内容、工作量以及在正常情况下完成工作的时间,来确定各个环节上会计凭证的传递时间。要明确规定各种记账凭证在各个环节上停留的最长时间,不允许出现拖延和积压会计凭证的现象,以保证会计工作的正常进行。一切会计凭证的传递和处理,都应在报告期内完成,不允许跨期,以免影响会计核算的准确性和及时性。

(3)对于会计凭证传递过程中的衔接手续,应该既完备严密,又简便易行,凭证的收发、交接都应按规定的手续办理,以保证会计凭证的安全和完整。

在确定好会计凭证的传递程序、传递时间和手续后,可分别绘制各主要业务会计凭证流程图或流程表,以供有关部门和人员遵照执行。如果在执行中遇到有不协调或不合理的地方,可随时根据实际情况进行修改。

二、会计凭证的保管

会计凭证的保管是指会计凭证记账后的整理、装订、归档和存查工作。会计凭证作为记账的依据,是重要的会计档案和经济资料。各种会计凭证在办理好各项业务手续,并据以记账后,会计机构、会计人员应加以整理、归类、编号并妥善保管会计凭证,防止丢失。会计凭证保管的要求如下:

(1)会计凭证应当及时传递,不得积压。

(2)会计凭证登记完毕后,应当按照分类和编号顺序保管,不得散乱丢失。

(3)记账凭证应当连同所附的原始凭证或者原始凭证汇总表,按照编号顺序,折叠整齐,定期装订成册,并加具封面,注明单位名称、年度、月份和起讫日期、凭证种类、起讫号码,由装订人在装订线封签外签名或者盖章。

(4)对于数量过多的原始凭证,可以单独装订保管,在封面上注明记账凭证日期、编号、种类,同时在所属的记账凭证上注明"附件另订"和原始凭证名称及编号。各种经济合同、存出保证金收据以及涉外文件等重要原始凭证,应当另编目录,单独登记保管,并在有关的记账凭证和原始凭证上相互注明日期和编号。

(5)会计凭证一般不得外借,其他单位确因工作需要且根据国家有关规定必须借出的,应当严格按照规定办理相关手续。本单位应当严格按照相关制度利用会计凭证,在进行会计凭证查阅、复制、借出时履行登记手续,严禁篡改和损坏。

(6)从外单位取得的原始凭证如有遗失,应当取得原开出单位盖有公章的证明,并注明原来凭证的号码、金额和内容等,由经办单位会计机构负责人、会计主管人员和单位负责人批准后,才能代作原始凭证。如果确实无法取得证明的,如火车、轮船、飞机票等凭证,由当事人写出详细情况,由经办单位会计机构负责人、会计主管人员和单位负责人批准后,代作原始凭证。

（7）会计凭证装订成册后，应有专人负责分类保管，年终应登记归档。当年形成的会计凭证，在会计年度终了可暂由会计机构保管一年，期满之后，应当由会计机构编制移交清册，移交本单位档案机构统一保管；因工作需要确需推迟移交的，应当经本单位档案管理机构同意，由会计机构临时保管但最长不超过三年。出纳人员不得兼管会计档案。

（8）会计凭证的保管期限，应严格遵守《会计档案管理办法》中最低保管期限的规定，企业会计凭证应保存30年。

（9）要严格执行会计凭证的销毁规定，未到规定保管期限的会计凭证，任何人都不得随意销毁。对保管期满需要销毁的会计凭证，必须由本单位档案机构提出意见，会同会计机构共同鉴定并开列清单，经本单位负责人审核，报经上级主管部门批准后才能销毁。

以上装订的要求针对的是纸质会计凭证，移交时应当保持其原卷的封装。而对于以电子形式存在的会计凭证移交时应当将该电子会计凭证及其元数据一并移交，且文件格式应当符合国家档案管理的有关规定。特殊格式的电子会计档案还应当与其读取平台一并移交。本单位档案管理机构接收电子会计档案时，应当对电子会计档案的准确性、完整性、可用性、安全性进行检测，符合要求的才能接收。

【练习题】

一、名词解释

会计凭证　原始凭证　记账凭证　累计凭证　自制原始凭证　外来原始凭证　转账凭证　收款凭证　复式凭证

二、单项选择题

1. 将会计凭证划分为原始凭证和记账凭证两大类的主要依据是(　　)。

A. 凭证填制的时间　　　　　　B. 凭证填制的人员
C. 凭证填制的程序和用途　　　D. 凭证反映的经济内容

2. 下列属于累计原始凭证的是(　　)。

A. 购货发票　　B. 材料入库单　　C. 工资结算单　　D. 限额领料单

3. 将原始凭证划分为一次凭证和累计凭证的依据是(　　)。

A. 凭证填制手续次数　　　　　B. 凭证来源
C. 凭证填制程序和用途　　　　D. 凭证格式

4. 根据完工产品成本计算表，结转完工入库产品成本，企业应编制(　　)。

A. 收款凭证　　B. 付款凭证　　C. 转账凭证　　D. 原始凭证

5. 某企业购入一台机器，价税合计90万元，用银行存款支付了50万元，另40万元则签发了商业汇票，企业应编制(　　)。

A. 编制一张转账凭证　　　　　B. 编制一张收款凭证
C. 编制一张付款凭证　　　　　D. 编制一张转账凭证和一张付款凭证

6. 某企业出纳小李将企业现金交存开户银行，应编制（　　）。

　　A. 现金收款凭证　　　　　　　　B. 现金付款凭证

　　C. 银行存款收款凭证　　　　　　D. 银行存款付款凭证

7. 下列内容不属于原始凭证审核的是（　　）。

　　A. 凭证是否有填制单位的公章和填制人员签章

　　B. 凭证的内容是否正确

　　C. 凭证是否符合有关计划和预算

　　D. 会计科目使用是否正确

8. 会计人员在审核原始凭证时发现有一张外来原始凭证金额出现错误，其正确的更正方法是（　　）。

　　A. 由经办人员更正、并报单位负责人批准

　　B. 由出具单位更正、并在更正处加盖公章

　　C. 由审核人员更正、并报会计机构负责人审批

　　D. 由出具单位重新开具

9. 下列不是记账凭证的基本要素的是（　　）。

　　A. 记账凭证的名称、日期、编号及经济业务摘要

　　B. 交易或事项涉及的会计科目、记账方向及金额

　　C. 记账标记及原始凭证附件

　　D. 单位负责人签章

10. 下列关于记账凭证填制的基本要求，不正确的是（　　）。

　　A. 记账凭证各项内容必须完整，并且应当连续编号

　　B. 填制记账凭证时若发生错误，应当重新填制

　　C. 记账凭证填制完经济业务事项后，如有空行，应当自金额栏最后一笔金额数字下的空行处至合计数上的空行处划线注销

　　D. 所有的记账凭证都必须附原始凭证

三、多项选择题

1. 下列属于自制原始凭证的有（　　）。

　　A. 购货发票　　　　　B. 销货发票　　　　　C. 发料单

　　D. 银行付款通知　　　E. 工资结算单

2. 记账凭证根据其记录的业务与现金和银行存款的收付关系可分为（　　）。

　　A. 累计凭证　　　　　B. 付款凭证　　　　　C. 收款凭证

　　D. 转账凭证　　　　　E. 一次凭证

3. 下列属于原始凭证的有（　　）。

　　A. 收料单　　　　　　B. 供货单位的发票　　C. 经济合同

D. 折旧计算表　　　　　　E. 预算单

4. 下列属于外来原始凭证的有(　　)。

　A. 购货发票　　　　B. 销货发票　　　　C. 领料单

　D. 银行付款通知　　E. 产品交库单

5. 各种原始凭证必须具备的基本内容包括(　　)。

　A. 凭证名称、填制日期　　B. 接受原始凭证的单位名称

　C. 经济业务内容　　　　　D. 填制单位签章

6. 原始凭证的填制,除了记录真实、内容完整、手续完备等外,还要求做到(　　)。

　A. 书写清楚规范　　　　B. 填制及时　　　　C. 编号连续

　D. 不得涂改、刮擦、挖补

7. 下列各项中,对原始凭证的处理正确的是(　　)。

　A. 对于完全符合要求的原始凭证,应当及时编制记账凭证入账

　B. 对于不真实、不合法的原始凭证,会计机构和会计人员有权不予接受,但不一定要向单位负责人报告

　C. 对于真实、合法、合理,但内容不够完整、填写有错误的原始凭证,应退回给有关经办人员

　D. 对于不真实、不合法的原始凭证,会计机构和会计人员有权不予接受,并向单位负责人报告

8. 对原始凭证审核的内容包括(　　)。

　A. 审核真实性　　　　B. 审核合理性　　　　C. 审核及时性

　D. 审核完整性

9. 记账凭证可以根据(　　)编制。

　A. 同一日期的所有原始凭证汇总　　　B. 原始凭证汇总表

　C. 若干张同一类别的原始凭证汇总　　D. 每一张原始凭证

10. 可以不附原始凭证的记账凭证有(　　)。

　A. 一张原始凭证涉及几张记账凭证时　　B. 更正错误的记账凭证

　C. 一张原始凭证需要有多个单位共同使用时　　D. 期末结账的记账凭证

四、判断题

1. 原始凭证是由会计部门填制的,是登记账簿的直接依据。

2. 将现金送存银行,应同时编制现金付款凭证和银行存款收款凭证。

3. 收款、付款和转账凭证都是复式记账凭证。

4. 各种记账凭证是由会计人员填制的,因而是自制原始凭证。

5. 原始凭证的内容中应包括会计分录。

6. 填制和审核会计凭证是会计核算的基本方法之一,也是会计核算工作的起点。

7. 会计人员对不真实、不合法的原始凭证,应予退回,要求更正、补充。

8. 原始凭证记载的各项内容不得涂改。对于填制有误的原始凭证,原始凭证开具单位要负责更正或重新开具,不得拒绝。

9. 收款凭证的左上角的会计科目为贷方科目。

10. 领料单既是自制原始凭证,也是累计原始凭证。

五、核算题

1. 目的

练习记账凭证的编制。

2. 资料

(1) 东方公司为一般纳税人企业,其20××年有关总分类账户12月的月初余额如下:

账户名称	借方金额	账户名称	贷方金额
库存现金	1 800	短期借款	30 000
银行存款	517 400	应付账款	125 000
应收票据	79 800	其他应付款	500
应收账款	30 000	应交税费	22 245
其他应收款	2 000	应付利息	1500
原材料	254 000	长期借款	150 000
生产成本	86 000	累计折旧	150 000
库存商品	250 000	实收资本	1 020 900
长期待摊费用	1 545	盈余公积	305 000
长期股权投资	100 000	本年利润	517 400
固定资产	1 100 000	利润分配	100 000
合计	2 422 545	合计	2 422 545

(2) 在该年12月发生以下经济业务:

① 1日,购入不需安装即可使用的新机器一台,价款100 000元,增值税额17 000元,已以银行存款支付。

② 1日,向华东厂购入甲材料500公斤,货款40 000元,增值税额为6 800元,款项以银行存款支付,材料已入库。

③ 2日,为生产A产品领用甲材料1 200公斤,计96 000元;生产B产品领用乙材料700公斤,计35 000元;生产车间领用丙材料200元用于设备维修。

④ 3日,车间技术员张化出差预支现金500元。

⑤ 4日,以银行存款支付应交税费22 245元。

⑥ 5日,以银行存款支付法律咨询费400元。

⑦ 6日,以银行存款支付广告费2 600元、产品展览费2 000元。

⑧ 7日,售给兴达厂B产品300件,每件售价300元,货款计90 000元,增值税额为15 300元,款项尚未收到。

⑨ 9日,向四明公司购入乙材料800公斤,货款40 000元,增值税额6 800元,款未付,材料已入库。

⑩ 10日,发放本月员工工资92 800元,已通过银行转到员工工资卡上。

⑪ 10日,行政管理部门购买办公用品,已用现金120元支付。

⑫ 11日,售给华夏公司A产品200件,每件售价500元,货款计100 000元,增值税额为17 000元,合计117 000元,收到为期三个月商业汇票一张。

⑬ 12日,车间技术员张化出差回公司报销差旅费480元,归还余额20元。

⑭ 13日,行政管理部门领用丙材料800元,供维修设备用。

⑮ 14日,向友谊公司出售A产品100件,货款为50 000元,增值税额为8 500元,款已收讫。

⑯ 15日,向银行借入短期借款10 000元,存入公司银行户头。

⑰ 16日,以银行存款支付生产车间办公用品购置费480元。

⑱ 19日,以库存现金200元支付违章罚款。

⑲ 20日,库存现金收回1 000元,系职工王影因出差取消退回预借的差旅费。

⑳ 20日,将现金1 000元送存银行。

㉑ 21日,以银行存款支付当月行政管理部门水费1 000元。

㉒ 22日,收到被投资方分来的投资利润20 000元,已转入银行。

㉓ 25日,用银行存款归还已到期的短期借款8 000元。

㉔ 27日,以银行存款80 000元偿还上月所欠光明厂货款50 000元和光大厂货款30 000元。

㉕ 28日,以银行存款支付电费8 600元,其中A产品耗电3 500元,B产品耗电2 800元,车间照明用电800元,公司管理部门耗电1 500元。

㉖ 31日,分配本月职工工资92 800元,其中A产品职工工资42 000元,B产品职工工资20 000元,车间管理人员工资10 800元,公司管理人员工资20 000元。

㉗ 31日,计提本月生产部门固定资产折旧费4 800元,行政管理部门固定资产折旧费1 400元。

㉘ 31日,生产车间发生设备修理费800元,已用现金支付。

㉙ 31日,以银行存款支付本季短期借款利息1 200元,前两月已预提800元。

㉚ 31日,将本月发生的制造费用按照A产品和B产品职工工资比例分配计入产品生产成本。

㉛ 31日,结转本月完工入库产品成本:A产品月初在产品成本为30 000元,本月全部完工验收入库,按完工实际成本结转;B产品当月全部尚未完工。

㉜ 31 日,假设本月应交城市维护建设税 1 904 元、教育费附加税 816 元。

㉝ 31 日,结转本月已销产品成本:A 产品 400 件,单位成本 307 元,计 122 800 元;B 产品 300 件,单位成本 200 元,计 60 000 元。

㉞ 31 日,将本月主营业务收入、主营业务成本、税金及附加、销售费用、管理费用、财务费用、营业外支出、投资收益等,转入"本年利润"账户。

㉟ 计算 20××年全年实现利润总额,并假设不存在纳税调整事项,按 25% 的税率计算应交所得税。

㊱ 结转 20××年该年所得税费用。

㊲ 结转 20××年该年实现的净利润。

㊳ 按 20××年该年的净利润的 10% 提取法定盈余公积金。

㊴ 按公司相关权力机构最终决定向公司投资者分配利润 100 000 元,但尚未支付。

要求:根据以上资料填制收款凭证、付款凭证和转账凭证。

第七章 会计账簿

通过本章学习,了解并掌握:
1. 了解会计账簿的概念、种类、基本内容;
2. 了解会计账簿的登记、启用、更换和保管规则;
3. 掌握日记账和分类账的格式和登记方法;
4. 掌握对账、结账以及错账更正的方法。

第一节 会计账簿概述

一、会计账簿的意义

会计账簿是以经过审核的会计凭证为依据,由具有一定格式并相互联系的账页所组成的,用来全面、系统、连续地记录和反映会计主体各项经济业务的会计簿籍。

在会计核算中,对会计主体所发生的每一项经济业务首先必须取得或填制会计凭证,用来反映和监督各项经济业务的发生和完成情况。但是,由于会计凭证数量繁多,这些记录在会计凭证上的信息还是分散的、缺乏系统的,不能全面提供经济管理所需的诸多会计信息。为了把分散在会计凭证中的大量信息加以集中和归类,全面、系统、连续地反映和监督会计主体在一定时期的经济活动和财务收支情况,并为编制财务会计报告提供依据,这就需要在填制和审核会计凭证的基础上,设置和登记会计账簿。

我国《会计法》明确规定,任何单位必须依法设置会计账簿,并保证其真实、完整。设置和登记会计账簿,是会计核算的一种专门方法,也是连接会计凭证与会计报表的中间环节,在会计核算中具有重要意义。

（一）为经营管理提供全面系统的会计信息

通过设置和登记会计账簿,可以把大量分散记载于会计凭证上的核算资料,按照账户加以归类、汇总、整理,及时、全面反映会计主体在一定时期内所发生的资金运动,为加强企业经营管理,合理使用资金提供各项会计核算信息资料。

（二）为考核财务状况和经营成果提供资料

通过会计账簿提供的既总括、又明细的核算资料,便于分析财务状况和经营成果,了解有关方针、政策、制度的执行情况,考核各项计划的完成情况。另外,可据此对资金使用是否合理,费用开支是否符合标准,经济效益有无提高,利润的形成与分配是否符合规定等作出分析、评价,从而能找出差距,挖掘潜力。

（三）为编制财务会计报告提供主要依据

会计账簿对连接会计凭证与财务会计报告起着十分重要、不可缺少的作用。投资者、债权人、银行、税务机关以及有关利害关系的各方,都需要从财务会计报告中得到他们所关心的各类会计信息,以便做出正确的财务决策。因此,财务会计报告中所反映的会计信息是否可靠,编制和报送是否及时,都同会计账簿登记的合理、正确与否,有着极为密切的联系,直接关系着上述利害关系的各方。

（四）有利于保证财产物资的安全完整

通过设置和登记会计账簿,可以具体反映各项财产物资的增减变动及结存情况,并通过财产清查,将账面记录与有关的财产物资进行核对,以查明账实是否相符,有利于保证财产物资的安全与完整;也有利于保存会计资料,也便于日后查阅使用。

二、会计账簿的种类

为了满足不同的经营管理和经济业务活动的需要,在会计工作中所使用的账簿是多种多样的。这些会计账簿可以按不同的标准进行分类,常见的分类标准有三种。

（一）按照用途分类

会计账簿按用途不同,可以分为序时账簿、分类账簿和备查账簿三类。

1. 序时账簿

序时账簿是指按照各项经济业务发生和完成时间的先后顺序,逐日逐笔连续登记的账簿,简称序时账,也称日记账。

序时账按照所记载的内容不同,又可以分为两种:一种是普通日记账,是用来序时登记全部经济业务的日记账,即把每天所发生的所有经济业务,按照其发生的时间先后顺序,编成会计分录,全部登记入账簿。这种日记账登记的工作量大,查阅也不太方便;另一种是特种日记账,是用来序时登记某一类经济业务的日记账,即把某一类比较重要的经济业务,按照其发生和完成的先后顺序记入账簿中,如库存现金日记账、银行存款日记账等,用以登记与库存现金、银行存款收付有关的经济业务。在我国会计实务中,普通日记账目前已很少设置,大多数企业一般只设库存现金日记账和银行存款日记账。

2. 分类账簿

分类账簿是指对全部经济业务事项按照总分类账户和明细分类账户进行分类登记的账簿,简称分类账。

分类账按照其提供指标的详细程度,又可以分为总分类账和明细分类账,简称总账和明细账。

(1) 总账是按照总分类账户开设,用于分类地登记全部经济业务,提供各种资产、负债、所有者权益、收入、费用和利润的总括会计核算资料的账簿。总账对明细账具有统驭和控制的作用。

(2) 明细账是按照总分类账户所属的明细账户开设,用于详细地登记某一类经济业务,提供某一项资产、负债、所有者权益、收入、费用和利润的明细会计核算资料的账簿。明细账对总账具有辅助和补充的作用。

从分类账的各个账户中,可以得到各个会计要素及其构成内容增减变动的资料。分类账簿提供的核算信息是编制会计报表的主要依据。

3. 备查账簿

备查账簿是指对某些在序时账和分类账中不能记录和反映的经济业务事项或者记录不全面的经济业务进行补充登记的账簿,简称备查账。例如,以经营租赁方式租入固定资产的登记簿、受托加工材料登记簿、应收应付票据登记簿等。

备查账属于辅助性账簿,与其他账簿之间不存在严密的关系,但它可以为某些经济业务的内容提供必要的参考资料。备查账簿并非每个企业都要设置,而是由企业根据实际需要进行设置。

(二) 按照外表形式分类

会计账簿按其外表形式不同,可以分为订本式账簿、活页式账簿和卡片式账簿三类。

1. 订本式账簿

订本式账簿是指在账簿启用之前,就将若干具有专门格式的、按顺序编号的账页固定装订成册的账簿,简称订本账。

采用订本式账簿,由于每张账页上都有按顺序排列的账页号码,使用时可以避免账页散失,并可防止抽换账页。但是,由于账页的序号和总数固定,无法根据实际需要进行增减,因而开设账户时必须为每一账户预留账页,若预留账页不足,将影响账簿记录的连续性,若预留过多,又会造成不必要的浪费;此外,在同一时间内,只能由一人记账,不利于分工记账。一般情况下,一些重要的、具有统驭作用的账簿,如库存现金日记账、银行存款日记账和总分类账都采用订本账。

2. 活页式账簿

活页式账簿是指账页不固定地装订成册,而是将零散的账页,根据经济业务的需要集中后,放置在活页账夹内的账簿,简称活页账。

采用活页式账簿,账页可以根据实际需要进行增减或重新排列,使用比较灵活,便于组织记账人员同时分工记账。但是,账页容易散失或被抽换,因此,平时应按账页顺序编号,并于会计期末装订成册,并妥善保管。这种账簿一般适用于大部分的明细分类账。

3. 卡片式账簿

卡片式账簿是指由一定数量具有专门格式的、分散的硬卡片作为账页组成的账簿,简称卡片账。

采用卡片式账簿,可以跨年度长期使用而无需更换,且可按不同要求进行归类。但是,其账页也容易散失或被抽换,所以使用时要顺序编号,置于卡片箱内以保证其安全,并由专人保管,使用完毕应封扎归档保管,并重新编写页码列出目录,以备日后查阅。严格说,卡片账也是一种活页账,只不过它不是装在活页账夹中,而是装在卡片箱内。这种账簿一般适用于小部分的明细分类账,如固定资产明细账。

(三)按照账页格式分类

会计账簿按账页格式的不同,主要有三栏式、多栏式和数量金额式三种。

1. 三栏式账簿

三栏式账簿是指设有借方、贷方和余额三个金额栏的账簿。这种格式适用于只需要提供价值核算信息,不需要提供数量核算信息的账簿,如总分类账和债权、债务明细账等都可采用三栏式账簿。

2. 多栏式账簿

多栏式账簿是指在借方和贷方两个基本栏目下按需要分设若干专栏,用以反映经济业务不同内容的账簿。这种格式适用于核算项目较多,且管理上要求提供各核算项目详细信息的账簿,如收入、成本、费用、利润等明细账。

3. 数量金额式账簿

数量金额式账簿是指在借方、贷方和余额三个栏目内,又分设数量、单价和金额三小栏,借以反映财产物资的实物数量和价值量的账簿,如原材料、库存商品等明细账。

三、会计账簿的基本内容

各种会计账簿记载的经济业务内容不同,格式也多种多样,但各种会计账簿一般应包括以下基本内容:

(1) 封面:载明记账单位名称、账簿名称和所属年度。

(2) 扉页:载明账簿的启用日期和截止日期、页数、册次;账簿启用及经管人员一览表(其格式如表7-1所示)和签章;会计主管人员签章;账户目录(其格式如表7-2所示)等。

(3) 账页:主要包括账户名称、日期栏、记账凭证的种类和号数栏、摘要栏、金额栏、总页次和分页次等。

表7-1 账簿启用及经管人员一览表

单位名称							印鉴	
账簿名称		（第　　册）						
账簿编号								
账簿页数		自第　　页起至第　　页止 共　　页						
启用日期		年　　月　　日						
经管人员	负责人		主办会计		复核		记账	
	姓名	盖章	姓名	盖章	姓名	盖章	姓名	盖章
交接记录	经管人员			接管			交出	
	职别		姓名	年 月 日		盖章	年 月 日	盖章
备注								

表7-2 账户目录

科目代号	科目名称	账页（起页-止页）	科目代号	科目名称	账页（起页-止页）

第二节　会计账簿的设置和登记方法

一、会计账簿的设置原则

《会计法》规定：各单位必须依法设置会计账簿，并保证其真实、完整。各单位发生的各项经济业务事项应当在依法设置的会计账簿上统一登记、核算，不得违反本法和国家统一的会计制度的规定私设会计账簿登记、核算。

各单位应根据国家统一会计制度的规定，并结合本单位、本部门经济业务的特点及经营管理的要求，科学、合理地设置一定种类和数量的账簿，这是会计账簿设置的总原则。会计账簿的设置，包括确定账簿的种类、账页的格式、内容以及规定账簿登记的方法等。设置会计账簿时，应遵循下列基本原则：

1. 满足需要

会计账簿的设置应以国家统一会计制度为依据，保证全面、系统、真实地反映和监督企业经济活动。在账簿中所提供的信息应符合国家宏观经济管理的要求，满足有关各方了解财务状况和经营成果的需要，满足企业内部经营管理的需要。

2. 符合实际

会计账簿的设置应从本企业实际出发，利于会计人员分工和加强岗位责任制，并应综合考虑本单位经济活动的特点和经营规模、业务量的大小、会计机构设置以及会计人员配备的情况等。

3. 组织严密

会计账簿的设置应当严密，避免重复或遗漏。各账簿之间既要分工明确，又要相互联系，互相补充、制约，能清晰反映账户间的对应关系；既有总括反映，又有详细说明，以便能提供完整、系统的会计核算资料；既要防止账簿重叠复杂，又要防止过于简化，以至不能提供日常管理所需的资料和编制财务会计报告所需的数据。

4. 简便实用

会计账簿的设置应在完整、严密以及满足信息使用者需要的前提下，力求简便易行，便于操作，以节省人力、物力、财力，提高会计工作效率。账页格式要简单实用，不宜过繁，账本册数不宜过多，这样不仅便于日常使用，也便于保存。

二、序时账簿的设置和登记方法

序时账也称日记账。这里我们主要介绍库存现金日记账和银行存款日记账的设置和登记。

（一）库存现金日记账的设置和登记

库存现金日记账是专门用来逐日逐笔登记库存现金收入、支出和结存情况的账簿。一般应由出纳人员根据审核无误的现金收、付款凭证，按时间顺序逐日逐笔登记。另外，因为对于从银行提取现金的业务，为避免重复登账，只编制银行存款付款凭证，而不编制现金收款凭证，因此，此时的现金收入金额应根据银行存款付款凭证登记。

库存现金日记账必须采用订本式账簿，其账页格式一般有三栏式和多栏式两种。

三栏式库存现金日记账设有"借方、贷方、余额"三个金额栏，有的还设有"对方科目"栏，其格式如表7-3所示。

表7-3 库存现金日记账　　　　　第×页

20××年		凭证		摘要	对方科目	借方（收入）	贷方（付出）	余额
月	日	字	号					
3	1			月初余额				400.50
	5	银付	8	从银行提现	银行存款	1 000.00		1 400.50
	5	现付	18	购买办公用品	管理费用		341.20	1 059.30
	5	现付	27	采购员张×借款	其他应收款		600.00	459.30
	5			本日合计		1 000.00	941.20	459.30
	…			…				
3	31			本月合计		4 256.00	2 100.00	2 556.50

三栏式库存现金日记账的具体登记方法如下：

（1）"日期"栏，填写记账凭证的日期，应与现金实际收付日期一致；

（2）"凭证"栏，登记收、付款凭证的种类和编号，以便日后查对，如库存现金付款凭证，可简写为"现付"；

（3）"摘要"栏，简要说明经济业务的内容，一般根据记账凭证的"摘要"填写；

（4）"对方科目"栏，根据记账凭证所列的对方科目登记，以便清楚反映账户间的对应关系，了解每笔现金款项收入的来源和支出的用途；

（5）"借方"栏，登记库存现金的增加金额，根据库存现金收款凭证和银行存款付款凭证填写；

（6）"贷方"栏，登记库存现金的减少金额，根据库存现金付款凭证填写；

（7）"余额"栏，登记库存现金的余额。需要在每日终了，计算出当日现金收入和支出的合计数及当日账面现金余额，并与实际库存现金进行核对，借以检查每日现金收、付、存情况及库存现金限额的执行情况。如发现账实不符，应及时查明原因，予以更正。月终，应计算本月库存现金收入、支出的合计数，并结出本月月末余额。做到日清月结。

库存现金日记账除了采用三栏式外，当企业规模较大，收、付款凭证数量较多时，还可采用多栏式账页格式，如表7-4所示。

表 7-4 库存现金日记账   第×页

20××年		凭证号数		摘要	收入			支出				结余
月	日	字	号		应贷科目		收入合计	应借科目			支出合计	
					银行存款	主营业务收入		银行存款	其他应收款	管理费用		
3	1			承前页								400.50
	5	银付	8	从银行提现	1 000.00		1 000.00					1 400.50
	5	现付	18	购买办公用品						341.20	341.20	1 059.30
	5	现付	27	采购员张×借款					600.00		600.00	459.30
	5			本日合计			1 000.00				941.20	459.30

采用这种账页格式,将账页划分为收入、支出和结余三大栏,然后将收入栏和支出栏进一步按其对应科目划分为若干栏目,月末再汇总各栏目发生额,并将其登记入总账。这种多栏式日记账可以将所有的现金收付业务集中在一张账页上,能反映科目对应关系,便于集中查阅和对现金收支的合理性、合法性进行审核分析。但是,如果在收入栏或支出栏对应科目较多时,则账页篇幅必然过长,容易发生错栏串行,反而不便于记账、查账。因此,在采用多栏式库存现金日记账时往往同时设置库存现金收入日记账(其格式如表 7-5 所示)和库存现金支出日记账(其格式如表 7-6 所示)两本账。

表 7-5 库存现金收入日记账   第 页

20××年		凭证		摘要	贷方科目			支出合计	结余
月	日	字	号				收入合计		

表 7-6 库存现金支出日记账   第 页

20××年		凭证		摘要	借方科目			收入合计	结余
月	日	字	号				支出合计		

多栏式库存现金收入日记账由出纳员根据审核无误的现金收款凭证以及银行存款付款

凭证逐日逐笔顺序登记收入栏；支出合计栏按现金支出日记账中每日算出的支出合计数登记。多栏式库存现金支出日记账由出纳员根据审核无误的现金付款凭证逐日逐笔顺序登记支出栏，收入栏合计数按现金收入日记账每天算出的收入合计数登记。多栏式库存现金收入日记账和多栏式库存现金支出日记账每天应结出余额，二者核对相符后与实际库存现金数核对。

（二）银行存款日记账的设置和登记

银行存款日记账是专门用于逐日逐笔登记银行存款增加、减少和结存情况的账簿，应按不同币种存款和开户行分别设置。银行存款日记账一般应由出纳人员根据审核后的银行存款收、付款凭证，按时间顺序逐日逐笔登记。应注意的是，对于将现金存入银行的业务，由于只编制现金付款凭证，因而此时的银行存款收入金额应根据库存现金付款凭证登记。因银行存款结算凭证种类较多，为了便于与银行查对账项，加强对支票等结算凭证的管理，在银行存款日记账中专设一个"结算凭证"栏。所以登记银行存款日记账时要注意把银行结算凭证的种类、号码填写清楚，以便和银行对账单核对。每日登记完毕，也应结算出银行存款收入和支出发生额合计数和当日银行存款的余额，并定期将银行存款日记账与银行的对账单核对。

银行存款日记账必须采用订本式账簿，其账页格式与库存现金日记账相似，通常也采用三栏式，如表7-7所示。银行存款日记账除了采用三栏式外，也可采用多栏式账页格式。

表7-7 银行存款日记账   第×页

20××年		凭证		摘要	结算凭证		对方科目	借方（收入）	贷方（付出）	余额
月	日	字	号		种类	号数				
5	1			月初余额						79 300
	3	银收	2	甲公司归还欠款			应收账款	4 000		83 300
	3	银收	4	销售A产品			主营业务收入	13 800		97 100
	3	银付	18	承付进货款			在途物资		34 843	62 257
	3	银付	19	提取现金			库存现金		4 000	58 257
	3			本日合计				17 800	38 843	58 257
	…			…						
5	31			本月合计				83 700	61 200	101 800

三栏式银行存款日记账的登记方法与三栏式库存现金日记账相同。由出纳员根据与银行存款收付业务有关的记账凭证，按时间先后顺序逐日逐笔进行登记。具体不再赘述。

三、分类账簿的设置和登记方法

分类账有总分类账和明细分类账两类。

（一）总分类账的设置和登记

总分类账简称总账,是按照总分类账户开设,用以全面、总括地反映全部经济业务情况的账簿。每个企业都必须设置总分类账。

总分类账应采用订本式账簿,按会计科目的编号顺序设置账户,并为每个账户预留账页。总分类账的账页格式一般有三栏式和多栏式两种。

1. 三栏式总分类账

三栏式总账是按每一个会计科目设置一个账户,单独使用一张账页,在账页中设有借方、贷方和余额三个金额栏,以反映该账户的总括变动情况。其格式如表7-8所示。

表7-8　总分类账

账户名称:应付账款　　　　　　　　　　　　　　　　　　　　　　　　　　第×页

20××年		凭证		摘要	借方	贷方	借或贷	余额
月	日	字	号					
5	1			月初余额			贷	428 761
	1	付	1	归还货款	80 000		贷	348 761
	12	转	1	购进材料		4 800	贷	353 561
	25	转	2	购进材料		67 800	贷	421 361
	30	付	2	归还货款	200 000		贷	221 361
	31			本月发生额及余额	280 000	72 600	贷	221 361

三栏式账簿又分为设对方科目和不设对方科目两种。区别是在摘要栏和借方科目之间是否有一栏"对方科目"。设有"对方科目"栏的,称为设对方科目的三栏式账簿;不设"对方科目"栏的,称为不设对方科目的三栏式账簿。

2. 多栏式总分类账

多栏式总账将全部会计科目合设在一张账页上,以集中反映企业资金运动的增减变动情况。其格式如表7-9所示。

表7-9　总分类账

20××年×月　　　　　　　　　　　　　　　　　　　　　　　　　　　　　第×页

会计科目	上月余额	1-10日发生额		本期余额	11-20日发生额		本期余额	21-31日发生额		本月余额
		借方	贷方		借方	贷方		借方	贷方	
合计数										

总分类账的登记方法,由于各企业所采用的账务处理程序不同,因此登记依据和程序也不一样。可以直接根据记账凭证逐笔进行登记,也可以根据科目汇总表或汇总记账凭证登记。关于各种不同的账务处理程序,我们将在本书第十章中详细说明。

（二）明细分类账的设置和登记

明细分类账简称明细账,是按照总分类账户所属的明细账户开设,用于分类、连续地反映某一类经济业务详细情况的账簿。企业应根据实际需要,在设置总账的基础上,设置若干必要的明细账,提供详细、具体的核算资料,作为对总账的明细反映和必要补充。

明细分类账一般采用活页式账簿,也可以采用卡片式账簿。其账页格式,应根据各类经济业务内容的特点以及经营管理要求的不同,分别采用三栏式、数量金额式、多栏式等多种格式。

1. 三栏式明细账

三栏式明细账的格式与三栏式总账基本相同,即账页上设有"借方、贷方、余额"三个金额栏,不设数量栏,只记金额,不记数量。因此,这种格式主要适用于反映债权、债务结算情况和资本增减变动情况等只需要进行金额核算而不需要进行数量核算的明细分类核算,如"应收账款""应付账款""实收资本""短期借款"等账户的明细账。其格式如表 7-10 所示。

表 7-10 应收账款明细账

明细科目：××单位　　　　　　　　　　　　　　　　　　　　　　　　　　第×页

20××年		凭证		摘要	借方	贷方	借或贷	余额
月	日	字	号					
5	1			月初余额			借	38 450
	1	转	1	销售 A 产品	25 000		借	63 450
	12	收	1	收回货款		9 000	借	54 450
	25	收	1	收回货款		54 450	平	0

2. 数量金额式明细账

数量金额式明细账的格式设有收入、发出（或付出）及结余（或结存）三大栏,每栏下面又分设数量、单价、金额三小栏。此外,还可以根据需要在账页上方增设一些必要的项目,如材料的类别、品种、规格、计量单位、存放地点等。这种格式主要适用于既需要提供金额指标,又要提供实物数量指标的各种财产物资的明细分类核算。如"原材料""库存商品"等账户的明细账。其格式如表 7-11 所示。

表7-11 原材料明细账   第×页

类别:原料及主要材料 编号:1002
品名或规格:A 存放地点:1号库
储备定额:2 000 计量单位:公斤

20××年		凭证		摘要	收入			发出			结存		
月	日	字	号		数量	单价	金额	数量	单价	金额	数量	单价	金额
6	1			月初余额							250	10	2 500
	5	付	10	购进	100	8	800				350		3 300
	10	转	6	生产领用				40	10	400	310		2 900
	15	转	12	生产领用				70	10	700	240		2 200
	28	转	17	购进	200	7	1 400				440		3 600

注:此表按先进先出计价法登记。

3. 多栏式明细账

多栏式明细账的账页格式不是按照每一个明细科目单设一张账页来登记,而是在一张账页中将属于同一总账科目的所有相关明细科目或项目集中起来,分设若干专栏。这种格式主要适用于费用成本、收入利润账户的明细分类核算。如"生产成本""管理费用""制造费用""本年利润"等账户的明细账。其常用格式有三种:(1)借方多栏,其格式如表7-12所示:生产成本明细账。只按借方设置若干专栏,不设贷方栏,在借方栏,用蓝字登记借方发生额,用红字登记贷方发生额。(2)贷方多栏,其格式如表7-13所示:主营业务收入明细账。只按贷方设置若干专栏,用蓝字登记,借方发生额则用红字登记。(3)借贷方多栏,其格式如表7-14所示:本年利润明细账。按借方和贷方分设两个专栏,每栏再分别设置若干小栏。

表7-12 生产成本明细账

产品名称:A产品   第×页

20××年		凭证		摘要	借方(成本项目)			合计
月	日	字	号		直接材料	直接工资	制造费用	
5	7	转	45	领料	86 000			86 000
	8	转	46	分配工资		34 770		34 770
	31	转	56	分配制造费用			12 250	12 250
	31			本月合计	86 000	34 770	12 250	133 020
	31	转	60	结转完工产品成本	|85 100| |32 170| |11 280| |128 550|
	31			月末在产品成本	900	2 600	970	4 470

注:| |表示红字。

表 7-13 主营业务收入明细账

20××年		凭证		摘要	贷方(项目)			余额
月	日	字	号		A产品	B产品	C产品	
5	1	转	1	销售A商品	23 000			23 000
	3	银收	5	销售B商品		30 000		53 000
	…	…	…	…				

表 7-14 本年利润明细账

20××年		凭证		摘要	借方						贷方						借或贷	余额
月	日	字	号		主营业务成本	其他业务成本	销售费用	管理费用	营业外支出	合计	主营业务收入	其他业务收入	投资收益	营业外收入	合计			

明细账除了上述三种常见的格式外,还可根据不同的管理要求采用不同的格式。如固定资产的核算,由于其价值较大,使用期限较长,而采用卡片式明细账。

明细账的登记一般以记账凭证为依据,也可以从原始凭证或原始凭证汇总表为依据,根据经营管理的实际需要分别采用逐日、逐笔登记或者定期汇总登记等方法。通常情况下,财产物资和债权债务结算的明细账应逐笔登记;种类多、收发频繁的原材料等存货明细账可以按月汇总登记;收入、费用、成本等明细账既可以逐日汇总登记也可以定期汇总登记,对于只设有借方或贷方的多栏式明细账,若出现贷方或借方发生额,应用红字记入表示冲减。无论是总分类账还是明细分类账,都应于会计期末结算出当期发生额及期末余额。

至于备查账簿,由于它仅仅是对企业日记账、分类账的补充,因此其种类、格式及登记方法均无特殊规定,一般可根据具体需要确定,在此就不做介绍。

第三节 会计账簿的使用规则

登记会计账簿是会计核算工作的基础工作和中心环节,为了正确、及时、全面地反映和监督经济活动情况,为成本的计算、经营成果的考核及财务会计报告的编制提供真实、可靠的数据资料,每个企业都必须认真做好账簿登记工作。为此,应当严格遵守会计账簿登记的一般规则。

一、会计账簿的启用规则

会计账簿是重要的会计档案资料和会计信息的主要储存工具,为了保证账簿记录的合法性和资料的完整性,明确记账责任,会计账簿应由专人负责登记。

在新的会计年度开始时,除固定资产明细账等少数账簿因变动不大,可继续使用外,其余账簿一般均应结束旧账,启用新账,切忌跨年度使用,以免造成归档保管困难和查阅困难。启用新账时,应在账簿的扉页上填写账簿启用及经管人员一览表(参见表7-1),内容包括:单位名称,账簿名称,启用日期,账簿页数,记账人员和会计机构负责人、会计主管人员姓名,并加盖名章和单位公章。记账人员或会计机构负责人、会计主管人员调动工作时,应办理交接和监交手续,并在表内注明交接日期、接办人员或者监交人员姓名,并由交接双方人员签名或盖章,以明确经济责任。在一个账簿中设置多个账户时,还应填写账户目录表(参见表7-2),注明账户名称及所在页数,以便于登记和查找。

二、会计账簿的登记规则

会计账簿登记工作必须切实做到登记正确及时、内容完整、数字准确、责任明确,同时还要做到不错记、不漏记、不重记,并便于日后查阅。因此,记账人员必须分工明确,严格遵守各项会计账簿的登记规则。

(一)准确完整

记账必须以审核无误的会计凭证为依据,将会计凭证中的日期、凭证号数、业务内容摘要、金额及其他有关资料逐项记入账簿内。做到数字准确、摘要清楚、登记及时、字迹工整。每一项会计事项,一方面记入有关的总账,另一方面要记入该项总账所属明细账。账簿记录中的日期,应填写记账凭证上的日期;以自制原始凭证(如收料单、领料单等)作为记账依据的,账簿记录中的日期应按有关自制凭证上的日期填列。

(二)注明记账符号

账簿登记完毕后,要在记账凭证上签名或者盖章,并在记账凭证的"过账"栏内注明账簿页数或画"√",注明已经登账的符号,表示已经记账完毕,避免重记、漏记。

(三)顺序连续登记

在登记各种账簿时,应按页次顺序连续登记,不得隔页、跳行。如发生隔页、跳行现象,应在空页、空行处用红色墨水划对角线注销,或者注明"此页空白"或"此行空白"字样,并由记账人员签名或者签章。对订本式账簿,不得任意撕毁账页,对活页式账簿也不得任意抽换账页。

(四)结出余额

凡需要结出余额的账户,结出余额后,应在"借或贷"栏目内注明"借"或"贷"字样,以示余额的方向;对于没有余额的账户,应在"借或贷"栏内写"平"字,并在"余额"栏用"0"表示。库存现金日记账和银行存款日记账必须逐日结出余额。

（五）过次承前

每一账页登记完毕结转下页时，应当结出本页合计数及余额，写在本页最后一行和下页第一行有关栏内，并在摘要栏内注明"过次页"和"承前页"字样；也可以将本页合计数及余额只写在下页第一行有关栏内，并在摘要栏内注明"承前页"字样，以保持账簿记录的连续性，便于对账和结账。

对需要结计本月发生额的账户，结计"过次页"的本页合计数应当为自本月初起至本页末止的发生额合计数，如库存现金日记账和银行存款日记账；对需要结计本年累计发生额的账户，结计"过次页"的本页合计数应当为自年初起至本页末止的累计数，如主营业务收入、管理费用等；对既不需要结计本月发生额也不需要结计本年累计发生额的账户，可以只将每页末的余额结转次页。

（六）书写留空

账簿中书写的文字和数字上面要留有适当的空格，不要写满格，一般应占格距的二分之一，以便在发生错账时在空白的位置填写正确的文字或金额。

（七）正常记账要用蓝黑墨水，特殊记账使用红墨水

为了保持账簿记录的持久性，防止涂改，登记账簿必须使用蓝黑墨水或碳素墨水或用钢笔书写，不得使用圆珠笔（银行的复写账簿除外）或者铅笔书写。在账簿登记中，红色数字表示负数，或者是对蓝色数字的冲减、冲销。除规定可以使用红字外，一般不能随便使用。下列特殊情况，可以用红色墨水记账：按照红字冲账的记账凭证，冲销错误记账；在不设借方（或贷方）栏的多栏式账页中，登记减少数；在三栏式账簿的余额栏前，如未印明"借或贷"方向的，在余额栏内登记负数余额；根据国家统一会计制度的规定可以用红字登记的其他会计记录。

（八）不得涂改、刮擦、挖补

账簿记录发生错误时，不准刮、擦、挖、补或随意涂改，不准用褪色药水、"消字灵"等更改字迹，也不准重新抄写。应根据具体情况，按规定的方法进行更正。

三、错账更正的规则

登记会计账簿难免会发生差错，发生错账的情况是多种多样的，有的是填制凭证和记账时发生的单纯笔误；有的是用错应借应贷的会计科目，或错记摘要、金额等；有的是过账错误，有的是合计时计算错误等。账簿记录的错误，一经发现后，应立即分析发生错误的情况并按规定的方法进行更正，不允许用挖补、涂改、刮擦、药水消除字迹等方法进行更正，也不允许撕毁重抄。在手工记账的情况下，常用的错账更正方法有划线更正法、红字更正法和补充登记法三种。

（一）划线更正法

这种方法适用于在记账以后，结账之前，如果发现账簿记录中，文字或数字有笔误，或者计算有误，而记账凭证并没有错误的情况。

更正时，先在错误的文字或数字上划一红线，表示注销，然后在红线上方空白处用蓝黑或碳素墨水填写正确的文字或数字，并由更正人员在更正处盖章，以明确责任。必须注意，在划线时，如果是文字错误，可只划销个别错字；如果是数字错误，不能只划去其中个别写错的数字，而应将整个数字全部划销。划销时，还必须注意使原来的错误字迹仍可辨认。

[例7-1] 记账人员在根据记账凭证登记账簿时，将 65 380 元误记为 63 580 元，更正时，应将 63 580 全部用红线划去（而不能只划去 35），然后将正确数字 65 380 写在错误数字上方，并盖上印章。更正如下：

65 380（印章）
~~63 580~~

（二）红字更正法

这种方法适用于由于记账凭证所列会计科目或金额发生错误，继而引起账簿记录错误的情况。具体适用于以下两种情形：

第一种情形：记账以后，如果发现据以记账的记账凭证中，所记的会计科目名称错误或者科目名称及金额均有错误，而引起账簿记录有误的，可用红字更正法更正。

更正时，先用红字金额填制一张与原错误记账凭证完全相同的记账凭证，在摘要栏中注明"注销×年×月×号凭证"，并据以用红字登记入账。冲销原有的错误记录；然后再用蓝字填制一张正确的记账凭证，在摘要栏中注明"订正×年×月×号凭证"，并据以登记入账。

[例7-2] 以银行存款 6 000 元偿还前欠 A 单位货款。

(1) 在填制记账凭证时，借方科目误记为"应收账款"，且已登记入账。记账凭证的分录如下：

借：应收账款　　　　　　　　　　　　　　6 000
　　贷：银行存款　　　　　　　　　　　　　　6 000

(2) 更正时，先用红字金额填制一张与原错误分录相同的记账凭证，并据以用红字金额登记入账，以冲销账簿中原有错误记录。记账凭证的分录如下：

借：应收账款　　　　　　　　　　　　　　6 000
　　贷：银行存款　　　　　　　　　　　　　　6 000

(3) 再用蓝字金额重新填制一张正确的记账凭证，并据以用蓝字登记入账。这样，账簿中原有的错误记录就被更正过来了。记账凭证的分录如下：

借：应付账款　　　　　　　　　　　　　　6 000
　　贷：银行存款　　　　　　　　　　　　　　6 000

第二种情形：记账以后，发现记账凭证中会计科目运用正确，但所记金额大于应记金额的，也可以采用红字更正法进行更正，但只需采用部分冲销的方法。

更正时，先计算出正确金额与错误金额之间的差额，然后以此差额编制一张与原记账凭证相同科目的红字金额凭证，在摘要栏注明"冲销×年×月×号凭证多记金额"，并据以用红字登记入账，就可将多记金额冲销。

[例 7-3] 企业基本生产车间生产产品，领用原材料 900 元。

（1）在填制记账凭证时，误将金额记为 9 000 元，且已登记入账。记账凭证的分录如下：

　　借：生产成本　　　　　　　　　　　　　9 000
　　　贷：原材料　　　　　　　　　　　　　　9 000

（2）更正时，应将多记金额 8 100 元（9 000 - 900），用红字填制一张与原错误记账凭证科目相同的记账凭证，并据以用红字登记入账，这样就可以冲销多记金额。记账凭证的分录如下：

　　借：生产成本　　　　　　　　　　　　　 8 100
　　　贷：原材料　　　　　　　　　　　　　　 8 100

（三）补充登记法

这种方法适用于在记账以后，发现记账凭证的会计科目运用正确，但所记金额小于应记金额的情况。

更正时，只需将原记金额小于应记金额的差额，即少记金额，用蓝字填制一张原应借应贷科目的记账凭证，并在摘要栏注明"补充×年×月×号凭证少记金额"，并登记入账，这样就可将少记金额补记入账。

[例 7-4] 企业基本生产车间生产产品，领用原材料 900 元。

（1）在填制记账凭证时，误将金额记为 90 元，且已登记入账。记账凭证的分录如下：

　　借：生产成本　　　　　　　　　　　　　　90
　　　贷：原材料　　　　　　　　　　　　　　　90

（2）更正时，应将少记金额 810 元（900 - 90），用蓝字填制一张与原错误记账凭证科目相同的记账凭证，并据以用蓝字登记入账，这样就可以补记少记金额了。记账凭证的分录如下：

　　借：生产成本　　　　　　　　　　　　　　810
　　　贷：原材料　　　　　　　　　　　　　　　810

第四节　对账和结账

登记会计账簿作为会计核算的专门方法之一,包括记账、对账和结账三个相互联系不可分割的工作环节。前面我们讲述了各种会计账簿的登记方法,本节介绍对账和结账的内容和方法。

一、对账

所谓对账,即核对账目,是指在结账前,将会计账簿记录中有关数字与库存实物、货币资金、往来结算款项等进行相互核对的工作。定期进行对账工作,目的是为了保证会计账簿记录的准确、可靠,并应力求做到账证相符、账账相符和账实相符。对账工作主要包括三方面内容。

（一）账证核对

为了做到账证相符,必须进行账证核对。账证核对是指各种会计账簿记录与记账凭证及其所附的原始凭证之间的核对,核对其时间、凭证字号、内容、会计科目、金额等是否一致,记账方向是否相符。这种核对,主要是在日常记账工作中进行。

（二）账账核对

为了做到账账相符,必须进行账账核对。

账账核对是指各种账簿之间有关记录、有关指标之间的互相核对,主要包括：

1. 总分类账簿记录的核对

总分类账各账户的本期借方发生额合计数与贷方发生额合计数应核对相等;总分类账各账户的期末借方余额合计数与贷方余额合计数应核对相等。

2. 总分类账簿与所属明细分类账簿的核对

总分类账各账户的期末余额与其所属的各明细分类账户的期末余额之和应核对相等。

3. 总分类账簿与序时账簿的核对

库存现金总账、银行存款总账的期末余额与库存现金日记账、银行存款日记账的期末余额应核对相等。

4. 会计部门与财产物资保管部门、使用部门的核对

会计部门的各种财产物资明细分类账的期末余额与财产物资保管部门、使用部门的有关财产物资明细分类账的期末余额应核对相等。

（三）账实核对

为了做到账实相符,必须进行账实核对。

账实核对是指各种财产物资、债权债务等的账面余额与其实存数额之间进行的核对。一般是通过财产清查的方法进行的。具体内容包括：

（1）库存现金日记账的账面余额，应每日与现金实际库存金额核对相符。

（2）银行存款日记账的账面余额，应定期与银行存款对账单余额核对相符，至少每月核对一次。

（3）各种财产物资明细账的账面余额，应定期与财产物资的实存数核对相符。

（4）各种债权债务明细账的账面余额，应定期与对方单位或个人的账面记录核对相符。

二、结账

每个会计主体的经营活动是一个持续不断的过程，为了能及时了解该主体某一会计期间的经营状况和财务成果，必须在每一会计期间终了时进行结账。

结账，就是把一定时期（月份、季度或年度）内所发生的全部经济业务登记入账后，于会计期末结算出各账户的本期发生额和期末余额，结束本期账簿记录，并结转下期账簿。

（一）结账的程序

1. 将本期发生的经济业务事项全部登记入账

若发现漏记、错记，应采用适当的方法及时补记更正。不得提前入账，也不能延至下期入账。

2. 按权责发生制原则，调整有关账项，合理确定本期应计的收入和应计的费用

（1）应计收入和应计费用的调整。

应计收入是指那些已在本期实现、因款项未收而未登记入账的收入。企业发生的应计收入主要是本期已经发生且符合收入确认标准，但尚未收到相应款项的商品或劳务。对于这类调整事项，应确认为本期收入，借记"应收账款"等账户，贷记"主营业务收入"等账户；待以后收妥款项时，借记"库存现金""银行存款"等账户，贷记"应收账款"等账户。

应计费用是指那些已在本期发生、因款项未付而未登记入账的费用。企业发生的应计费用，本期已经受益，如应付未付的借款利息等。由于这些费用已经发生，应当在本期确认为费用，借记"财务费用"等账户，贷记"应付利息"等账户；待以后支付款项时，借记"应付利息"等账户，贷记"银行存款""库存现金"等账户。

（2）收入分摊和成本分摊的调整。

收入分摊是指企业已经收取有关款项，但未全部完成销售商品或提供劳务，需在期末按本期已完成的比例，分摊确认本期已实现收入的金额，并调整以前预收款项时形成的负债。如企业销售商品预收定金、提供劳务预收佣金，在收到预收款项时，应借记"银行存款"等账户，贷记"预收账款"等账户；在以后根据销售商品或提供劳务确认当期收入时，进行期末账项调整，借记"预收账款"等账户，贷记"主营业务收入"等账户。

成本分摊是指将这些支出在其收益的会计期间进行分配。如企业已经支出，但应由本期和以后各期期末进行账项调整时,借记"制造费用"等账户,贷记"预付账款"等账户。

3. 将损益类账户结转至"本年利润"账户,结平所有损益类账户

4. 结算出资产、负债、所有者权益账户的日记账、总账和明细账各账户的本期发生额和期末余额,并结转下期

上述工作完成后,就可以根据总分类账和明细分类账的本期发生额和期末余额的记录,分别进行试算平衡。

(二)结账的方法

结账工作通常分为月结、季结和年结三种。结账的时间不一,所要达到的目的各异,结账的方法也有所不同。

1. 月结

月结在每月末进行。对于库存现金、银行存款日记账和需要按月结出发生额的收入、费用等明细账户,在各账户本月最后一笔记录下面划一条通栏单红线,表示本月记录到此为止。在这条红线下行的摘要栏注明"本月合计"或"本月发生额及余额"字样,在"借方""贷方""余额"栏分别填入本月合计数和月末余额,同时在"借或贷"栏内注明借贷方向。如无余额,在"余额"栏内写上"0"符号,在"借或贷"栏内写上"平"。然后,再在这一行下面划一条通栏单红线,以便和下月的记录相区分。之后,将本月计算出来的余额结转至下月该账户的第一行,即形成下月的月初余额。在月初余额的下一行即可连续登记下月新发生的业务。

对于不需要结计月度发生额的账户,如各项应收、应付款明细账和各项财产物资明细账等,每次记账后都要随时结出余额,每月最后一笔余额即为月末余额。月末结账时,只需在最后一笔记录下面划一条通栏单红线,不需要再结计一次余额。

对于本月未发生金额变化的账户不进行月结。

对于需要结出本年累计发生额的账户,在"本月合计"行结出本月发生额和月末余额后,应在下一行增加"本年累计",计算出自年初起至本月末止该账户的累计发生额(每年的第一个月末,不需要结计本年累计发生额合计数),并在下面划通栏单红线。如表7-15所示。12月末的"本年累计"就是全年累计发生额,全年累计发生额下面划通栏双红线。

表7-15 明细分类账　　　　　　　　　　　　　第　页

总分类科目:主营业务收入

明细分类科目:A产品销售收入

20××年		凭证		摘要	借方	贷方	借或贷	余额
月	日	字	号					
7	15	转	3	销售产品		1 000	贷	1 000
	25	转	6	销售产品		2 000	贷	3 000
	31	转	21	结转	3 000		平	0
	31			本月合计	3 000	3 000	平	0
	31			本年累计	9 000	9 000	平	0

2. 季结

每个季末需进行季结。通常在季度终了,结算出本季度三个月发生额的合计数及余额,写在最后一个月月结的下一行内,在"摘要"栏内注明"第×季度合计"或"本季合计"字样,同时结出借方、贷方发生总额及季末余额,并在这一行下面再划一条通栏单红线,表示季结的结束。

3. 年结

年终,需要进行年度结账。年度终了结账时,所有总账账户都应当结出全年发生额和年末余额。在本年12月月结或有季结的第四季度季结的下一行,结算出全年12个月的发生额累计数和年末余额,在"摘要"栏注明"本年合计"或"本年发生额及余额"字样,并在下面划双红线,表示本年度记录的结束。最后,将本年余额结转下一会计年度,在摘要栏注明"结转下年"字样,表示本年度记账工作结束。在下一年度新建有关会计账簿的第一行余额栏内,填写上年结转的余额,并在摘要栏注明"上年结转"或"年初余额"字样,使年末有余额的账户余额如实地在账户中加以反映,以免混淆有余额的账户和无余额的账户。

结账方法举例见表7-16。

表7-16 总分类账

账户名称:原材料   第×页

20××年		凭证		摘要	借方	贷方	借或贷	余额
月	日	字	号					
1	1			上年结转			借	15 000
	…			…	…	…	…	…
	31			本月合计	184 000	100 000	借	99 000
2	1			月初余额			借	99 000
	…			…	…	…	…	…
	28			本月合计	176 000	152 000	借	123 000
3	1			月初余额			借	123 000
	…			…	…	…	…	…
	31			本月合计	245 000	28 000	借	340 000
	31			第一季度季结	605 000	280 000	借	340 000
	…			…	…	…	…	…
	…			…	…	…	…	…
12	31			本月合计	…	…	…	…
12	31			第四季度季结	198 000	82 000	借	228 000
	31			本年合计	1 607 000	1 394 000	借	228 000
	31			结转下年			借	228 000

第五节　会计账簿的更换和保管

一、会计账簿的更换

会计账簿的更换,是指在会计年度开始时启用新账簿,并将上年度的会计账簿归档保管。为了便于账簿的使用和管理,一般情况下,总账、日记账和绝大多数明细账应每年更换一次。对于年度内业务发生量较少,变动不大的部分明细账,如固定资产明细账或固定资产卡片账及备查账簿可以连续跨年使用,则不必每年更换新账。

会计账簿更换时,除了要遵守账簿启用规则外,其具体做法如下:需要更换的各种账簿在进行年终结账时,首先检查本年度的账簿记录是否全部结清,然后在新账中有关账户的第一行"日期"栏内注明"1月1日","摘要"栏内注明"上年结转"或"年初余额"字样,将上年的年末余额以同方向记入新账中的"余额"栏内,并在"借或贷"栏内注明余额的方向。新旧账簿有关账户之间的结转余额,无须编制记账凭证,因此凭证号栏、借方栏和贷方栏无须填制。

二、会计账簿的保管

会计账簿是各单位重要的会计档案资料,每个单位必须有健全的账簿管理制度,妥善保管各种账簿,以确保账簿的安全与完整。对于会计账簿的管理包括日常管理和归档保管两个方面。

（一）会计账簿的日常管理

（1）各种会计账簿要分工明确,指定专人管理,账簿经管人员既要负责记账、对账、结账等工作,又要负责保证账簿的安全和完整。

（2）会计账簿未经本单位领导或会计部门负责人批准,非经管人员不能随意翻阅查看、摘抄和复制等。

（3）会计账簿除需要与外单位核对外,一般不能携带外出,对需要携带外出的账簿,必须经本单位领导和会计部门负责人批准,并指定专人负责,不准交给其他人员管理,以防止任意涂改和毁坏账簿等问题的发生。

（二）会计账簿的归档保管

年度终了,各种账户在结转下年、建立新账后,一般都要把旧账送交总账会计集中统一管理。会计账簿暂由本单位财务会计部门保管一年,期满之后,由财务会计部门编造清册移交本单位的档案部门保管。各种账簿应当按年度分类归档,编造目录,妥善保管。既保证在需要时迅速查阅,又保证各种账簿的安全和完整。

具体工作内容如下:

1. 整理

归档前应对更换下来的旧账簿进行整理。首先检查旧账簿是否收集齐全,然后检查各种账簿应办的会计手续是否完备,对于手续不充分的应补办手续,如注销空行空页、加盖印章、结转余额等。

2. 装订成册

账簿经过整理后要装订成册。装订前首先应检查账簿的扉页内容是否填写齐全,手续是否完备;其次检查订本式账页从第一页到最后一页是否顺序编写页数,有无缺页或跳页;活页账簿或卡片式账簿是否按账页顺序编号,是否加具封面。装订时根据实际情况,一个账户可装订成一册或数册,也可以将几个账户合并装订成一册。装订后应由经管人员、装订人员和会计主管人员在封口处签名或盖章。

3. 办理交接手续,归档保管

账簿装订成册后,应编制目录,填写移交清单,办理交接手续,归档定期保管。保管人员应按照《会计档案管理办法》的要求,编制索引,妥善保管,以便于日后查阅,要注意防火防盗、通风良好、以防账簿毁损、霉烂等。保管期满后,应按规定的审批程序报经批准后才能销毁,不得任意销毁。

会计账簿的查阅、保管期限、销毁等具体要求,可详见教材第十一章。

【练习题】

一、名词解释

会计账簿　序时账簿　分类账簿　备查账簿　订本式账簿　活页式账簿　卡片式账簿　结账　对账

二、单项选择题

1. 库存商品明细账一般都采用(　　)。

　　A. 订本账簿　　　B. 三栏式账簿　　　C. 分类账簿　　　D. 数量金额式账簿

2. 下列各账簿,必须逐日逐笔登记的是(　　)。

　　A. 库存现金总账　B. 库存现金日记账　C. 应收账款总账　D. 应付票据登记簿

3. "经营租入固定资产登记簿"属于(　　)。

　　A. 分类账簿　　　B. 序时账簿　　　　C. 备查账簿　　　D. 卡片账簿

4. 下列做法,不符合会计账簿的记账规则的是(　　)。

　　A. 使用圆珠笔登账

　　B. 按账簿页次顺序连续登记,不得跳行隔页

C. 登记后在记账凭证上注明已经登账的符号

D. 账簿中书写的文字和数字一般应占格距的二分之一

5. 下列明细分类账,一般不宜采用三栏式账页格式的是( )。

　　A. 应收账款明细账　　　　　　　　B. 应付账款明细账

　　C. 实收资本明细账　　　　　　　　D. 原材料明细账

6. 填制记账凭证时无误,根据记账凭证登记账簿时,将 10 000 元误记为 1 000 元,已登记入账,更正时应采用( )。

　　A. 划线更正法　　B. 红字更正法　　C. 补充登记法　　D. 更换账页法

7. 下列必须采用订本式账簿的是( )。

　　A. 原材料明细账　　　　　　　　　B. 库存商品明细账

　　C. 银行存款日记账　　　　　　　　D. 固定资产登记簿

8. 企业生产车间因生产产品领用材料 90 000 元,在填制记账凭证时,将借方科目记为"管理费用"并已登记入账,应采用的错账更正方法是( )。

　　A. 划线更正法　　B. 红字更正法　　C. 补充登记法　　D. 重填记账凭证法

9. "生产成本"明细账应采用( )。

　　A. 三栏式　　　　B. 多栏式　　　　C. 数量金额式　　D. 横线登记式

10. 下列明细账户,应采用贷方多栏式账页格式的是( )。

　　A. 管理费用　　　　　　　　　　　B. 主营业务收入

　　C. 本年利润　　　　　　　　　　　D. 应交税费——应交增值税

11. 账簿按( )不同,可分为三栏式账簿、多栏式账簿和数量金额式账簿。

　　A. 用途　　　　　B. 作用　　　　　C. 账页格式　　　D. 外形特征

12. 对全部经济业务事项按照会计要素的具体类别而设置的分类账户进行登记的账簿,称为( )。

　　A. 备查账簿　　　B. 序时账簿　　　C. 分类账簿　　　D. 三栏式账簿

13. 将账簿划分为序时账簿、分类账簿和备查账簿的依据是( )。

　　A. 账簿的用途　　B. 账页的格式　　C. 账簿的外形特征　D. 账簿的性质

14. 卡片账一般在( )时采用。

　　A. 固定资产总分类核算　　　　　　B. 固定资产明细分类核算

　　C. 原材料总分类核算　　　　　　　D. 原材料明细分类核算

15. 登记会计账簿的依据是( )。

　　A. 经济业务　　　B. 会计凭证　　　C. 会计分录　　　D. 会计科目

三、多项选择题

1. 下列说法正确的有( )。

　　A. 应收账款明细账应采用订本式账簿

B. 短期借款明细账应采用三栏式账页格式

C. 对账的内容包括账证核对、账账核对、账实核对

D. 多栏式明细账一般适用于成本费用、收入和利润类的明细账

2. 以下账簿需要在每年初更换新账的是(　　)。

　A. 总账　　　　　　　　　　　　B. 库存现金日记账

　C. 银行存款日记账　　　　　　　D. 固定资产卡片账

3. 下列表述正确的有(　　)。

　A. 多栏式明细账一般适用于资产类账户

　B. 在会计核算中,一般应通过财产清查进行账实核对

　C. 各种日记账、总账及资本、债权债务明细账都可采用三栏式账簿

　D. 因记账凭证错误而造成的账簿记录错误,一定采用红字更正法进行更正

4. 库存现金日记账应根据(　　)登记。

　A. 库存现金收款凭证　　　　　　B. 库存现金付款凭证

　C. 部分银行存款收款凭证　　　　D. 部分银行存款付款凭证

5. 下列账簿,一般采用数量金额式的有(　　)。

　A. 原材料明细账　B. 库存商品明细账　C. 应收账款明细账　D. 资本明细账

6. 以下凭证可以作为库存现金日记账的收入栏登记依据的有(　　)。

　A. 库存现金收款凭证　　　　　　B. 库存现金付款凭证

　C. 银行存款收款凭证　　　　　　D. 银行存款付款凭证

7. 下列各账户,只需反映金额指标的有(　　)。

　A. "实收资本"账户　　　　　　　B. "原材料"账户

　C. "库存商品"账户　　　　　　　D. "短期借款"账户

8. 下列账簿,一般采用多栏式的有(　　)。

　A. 收入明细账　B. 债权明细账　C. 费用明细账　D. 债务明细账

9. 下列观点正确的有(　　)。

　A. 总账必须采用订本式账簿

　B. 总分类账户提供总括核算指标

　C. 不是所有账户都需要开设明细分类账户

　D. 明细分类账户提供详细、具体的核算指标

10. 以下内容,属于对账范围的有(　　)。

　A. 账簿记录与有关会计凭证的核对

　B. 库存商品明细账余额与库存商品的核对

　C. 日记账余额与有关总分类账户余额的核对

　D. 账簿记录与报表记录的核对

11. 账簿按外形特征可以分为（　　）。
A. 订本式账簿　　　B. 多栏式账簿　　　C. 活页式账簿　　　D. 卡片式账簿
12. 账簿按用途不同,可分为（　　）。
A. 序时账簿　　　B. 分类账簿　　　C. 备查账簿　　　D. 订本账簿
13. 订本账簿一般适用于（　　）。
A. 总分类账　　　B. 库存现金日记账　　　C. 明细分类账　　　D. 银行存款日记账
14. 下列明细账,一般采用多栏式明细分类账的有（　　）。
A. 应收账款明细账　　B. 库存商品明细账　　C. 生产成本明细账　　D. 本年利润明细账
15. 数量金额式账簿的收入、发出和结存三大栏内,都分设（　　）三个小栏。
A. 种类　　　B. 数量　　　C. 单价　　　D. 金额

四、判断题

1. 登记账簿要用蓝黑墨水或碳素墨水写,因此账簿记录中不能出现红字。
2. 如果在结账前发现账簿记录有文字或数字错误,而记账凭证没有错误,则可采用划线更正法,也可采用红字更正法。
3. 序时账和分类账所提供的核算信息是编制会计报表的主要依据。
4. 由于记账凭证错误而造成的账簿记录错误,应采用划线更正法进行更正。
5. 凡是只进行金额核算的明细分类账户都应采用三栏式的账页格式。
6. 从银行提取现金的业务应同时根据银行存款付款凭证登记库存现金日记账和银行存款日记账。
7. 明细分类账的登记依据可能是记账凭证,也有可能是原始凭证。
8. 账簿记录正确表明账实相符。
9. 所有账簿,每年必须更换新账。
10. 各类账簿都必须直接根据记账凭证登记。
11. 多栏式明细账一般适用于资产类账户。
12. 设置和登记账簿是编制会计报表的基础,是连接会计凭证与会计报表的中心环节。
13. 应收账款明细账可以采用三栏式账页的活页账。
14. 原材料明细账应采用数量金额式的活页账。
15. 总分类账一般采用订本账;明细分类账一般采用活页账。

五、核算题

（一）练习三栏式日记账的登记方法。

1. 资料

（1）红光工厂20××年9月15日银行存款余额为21 000元,库存现金余额为1 000元。

（2）9月16－30日有关经济业务如下：

① 16日,开出现金支票,从银行提取现金100元。

② 16 日，厂部管理人员市内参加业务会议，报销交通费 27 元。

③ 17 日，销售产品 2 只，每只售价 200 元，增值税税率 17%，价税合计 468 元，收到现金，当日存入银行。

④ 19 日，开出转账支票，付给大兴厂修理用材料价款 600 元，增值税 102 元，合计 702 元，材料已验收入库。

⑤ 19 日，向五金商店购入辅助材料一批共计 260 元，取得普通发票一张，以转账支票付款，材料已验收入库。

⑥ 20 日，总务科报销购买办公用品 25 元，付现金。

⑦ 22 日，银行转来委托收款结算收款通知，收到山东某厂承付货款 23 400 元。

⑧ 23 日，销售产品一批，计价款 6 000 元，增值税 1 020 元，价税合计 7 020 元，款项已收存银行。

⑨ 29 日，企业以银行存款支付电话费 80 元。

⑩ 30 日，开出转账支票购置机器一台，计 2 000 元，增值税 340 元，机器已交付车间。

2．要求

（1）根据上列经济业务编制会计分录。

（2）登记三栏式库存现金日记账和银行存款日记账。

（二）练习错账的更正方法。

1．资料

白云工厂在会计核算中发生如下错误：

（1）购进原材料一批，计价款 500 元，增值税 85 元，货已验收入库，货款以银行存款支付。编制如下记账凭证，并已记入账簿：

借：固定资产　　　　　　　　　　　　　　500
　　应交税费——应交增值税（进项税额）　85
　　贷：银行存款　　　　　　　　　　　　　　585

（2）购进机器一台 8 700 元，货款以银行存款支付。编制如下记账凭证，并已记入账簿：

借：固定资产　　　　　　　　　　　　　　7 800
　　贷：银行存款　　　　　　　　　　　　　　7 800

（3）生产车间生产产品领用材料 6 800 元。编制如下记账凭证，并已记入账簿：

借：生产成本　　　　　　　　　　　　　　8 600
　　贷：原材料　　　　　　　　　　　　　　　8 600

（4）计提本月应负担的借款利息 1 000 元。编制如下记账凭证，并已记入账簿：

借：财务费用　　　　　　　　　　　　　　10 000
　　贷：应付利息　　　　　　　　　　　　　　10 000

（5）以现金暂付采购人员差旅费 2 000 元。编制如下记账凭证，并已记入账簿：

借：其他应付款 2 000
　　贷：库存现金 2 000

(6) 计提本月管理部门固定资产折旧费 4 000 元。编制如下记账凭证，并已记入账簿：

借：制造费用 4 000
　　贷：累计折旧 4 000

(7) 假定月底结账前发现 4 月 20 日记账凭证汇总表中"应付账款"科目的贷方发生额为 4 800 元，而登记总账时误记为 48 000 元。

总　账

会计科目：应付账款

20××年		凭证号数	摘要	借方	贷方	借或贷	余额
月	日						
			承前页			贷	49750
4	10	汇4-1		90 000	167 000	贷	126 750
4	20	汇4-2		55 000	48 000	贷	119 750
4	30	汇4-3		60 000	20 000	贷	79 750

2. 要求

分析以上错误，说明应采用哪一种改错方法，并编制必要的会计分录。

(三) 练习三栏式总账和明细账的登记。

1. 资料

创高厂 20××年 8 月 1 日"应付账款"总分类账的期初余额为贷方 80 000 元，其中华胜厂 70 000 元，中翔厂 10 000 元。该厂 8 月份发生下列有关应付账款的结算业务。

(1) 2 日，购买东吴厂甲材料 10 000 千克，货款 50 000 元，增值税 8 500 元，尚未支付。

(2) 3 日，以银行存款归还上月欠华胜厂的货款 70 000 元。

(3) 6 日，以银行存款归还上月欠中翔厂的货款 10 000 元。

(4) 11 日，购买华胜厂乙材料 20 000 千克，货款 40 000 元，增值税 6 800 元，尚未支付。

(5) 12 日，以银行存款归还所欠东吴厂 8 月 2 日的货款 58 500 元。

(6) 18 日，购买东吴厂丙材料 60 000 千克，货款 60 000 元，增值税 10 200 元，尚未支付。

(7) 20 日，购买中翔厂乙材料 10 000 千克，货款 20 000 元，增值税 3 400 元，尚未支付。

(8) 22 日，以银行存款归还所欠华胜厂 8 月 11 日的货款 46 800 元。

(9) 26 日，以银行存款归还所欠中翔厂 8 月 20 日的货款 23 400 元。

(10) 30 日，以银行存款预付华胜厂货款 20 000 元。

2. 要求

(1) 根据上述经济业务编制有关记账凭证。

(2) 根据有关记账凭证登记三栏式的"应付账款"总账及明细账。

职业能力目标

通过本章学习，了解并掌握：
1. 了解财产清查的意义和种类；
2. 掌握实地盘存制和永续盘存制；
3. 掌握各项财产物资的清查方法；
4. 掌握银行存款余额调节表的编制；
5. 掌握财产清查结果的账务处理。

第一节 财产清查概述

一、财产清查的概念、原因及作用

（一）财产清查的概念

财产清查是会计核算的方法之一。财产清查也称"盘存"，是指通过对货币资金、实物资产和往来款项的盘点或核对，确定其实存数，并与账存数核对，查明账实是否相符的一种会计核算方法。

（二）财产清查的原因

会计核算经过及时填制和审核会计凭证、并根据审核无误的会计凭证登记账簿，按理说账簿记录能够随时反映企业财产物资的变化情况及实有数,账实应该是相符的。但是,在会计实际工作中,账簿记录的资料往往与各项财产物资实有数不一致,即出现通常所谓的"账实不符"现象。造成账实不符的原因是多方面的,有客观原因,也有主观原因。概括起来,主要包括以下几个方面:

(1) 在财产物资收发时,由于计量、计算和检验不准确而造成的品种、规格、数量、质量、记录上的差错。

(2) 在财产物资保管中,由于自然条件变化或其他因素造成的发生自然损耗或升溢。

(3) 在财产物资发生增减变化时,由于没有及时填制凭证、登记入账,或者在填制凭证、登记入账时发生重记、漏记、错记、错算等情况。

(4) 因管理不善或工作人员失误造成的财产物资损坏、变质或缺少。

(5) 发生自然灾害或意外损失。

(6) 不法分子贪污盗窃、营私舞弊造成的财产损失。

(7) 结账日账单未达或拒付等原因导致企业与其他单位之间结算款项不符。

上述造成账实不符的原因,少数是受自然因素影响造成的,不能完全避免,而大部分是人为因素造成的,是可以避免的。但无论是何种原因造成的账实不符,都会影响到企业会计核算的质量,也会给企业带来不应有的损失。

因此,为了维护企业会计核算的客观性、相关性原则,保证会计资料的真实和完整,这就要求企业运用财产清查这一会计核算方法,一方面对清查所发现的账实不符的情况,按规定进行处理,调整账簿记录,保证账实相符,正确反映企业各项财产物资的真实情况;另一方面,针对财产清查中发现的问题,及时查明原因和责任,采取有效措施,加强管理。

(三) 财产清查的作用

1. 保证会计核算资料的真实和完整

通过财产清查,可以查明各项财产物资的实有数,发现实存数和账存数的差异,分析差异的原因,判断差异的性质,采取正确的方法,调整账面记录,保证账实相符,确保会计核算资料的真实、完整。

2. 保护财产物资的安全与完整

通过财产清查,可以查明财产物资的保管、使用和收发情况,查明有无因管理不善造成损失浪费、霉烂变质、损坏丢失或非法挪用、贪污盗窃等情况,以便采取有效措施,加强财产物资的管理,保证企业财产的安全与完整。

3. 保证财经纪律和结算制度的贯彻执行

通过财产清查,可以查明有关财产验收、保管、收发、调拨、报废、账款结算等环节手续制度的贯彻执行情况,查明各项资金使用是否合理、合法,各种往来款项有无逾期拖欠情况,以便企业建立和完善各项管理和核算制度,从而促使企业严格遵守各项财经制度和纪律,按财务制度和财经纪律进行正常的经济活动。

4. 挖掘财产物资的潜力，提高物资使用效率

通过财产清查，可以查明财产物资的储备和利用情况，如有无超储积压或者储备不足，有无财产物资大幅度贬值，有无长期拖欠、拒付往来款项及未达账项等情况，以便及时为经营管理提供信息资料，充分挖掘资金使用潜力，减少资金占用，加速资金周转，提高经济效益。

二、财产清查的种类

（一）按清查的范围，可以分为全面清查和局部清查

1. 全面清查

全面清查，即对企业所有的财产物资进行全面的盘点和核对。全面清查内容多、范围广、工作量大，所需要的时间、人力、物力也比较多，一般只在以下情况下进行：

（1）年终决算以前；

（2）单位撤销、分立、合并或改变隶属关系；

（3）中外合资、国内联营；

（4）进行清产核资、资产评估、资本验证；

（5）单位主要负责人调离工作等。

2. 局部清查

局部清查，即根据管理需要对某一部分财产物资进行盘点和核对。其清查的主要对象是流动性较大的财产，如库存现金、材料、在产品和产成品等。局部清查内容少、范围小，需要投入的人力少，花费的时间也较短，但专业性较强。一般在以下情况下进行：

（1）对于原材料、在产品、产成品等，除年度清查外，应有计划地每月重点抽查；

（2）对于各种贵重物资，每月应盘点清查一次；

（3）对于库存现金，每日终了应由出纳人员清查实存数，并与库存现金日记账结存数核对，做到日清月结；

（4）对于银行存款和银行借款，应由出纳员每月与银行核对一次；

（5）对于各种往来款项，应在年度内至少同有关单位核对一至两次。在有关人员调动时，也需要进行专题清查。

（二）按清查的时间，可以分为定期清查和不定期清查

1. 定期清查

定期清查，是指根据管理制度的规定或预先计划安排的时间对财产物资进行的清查。一般是在年终、季末、月末、每日结账时进行。其清查对象和范围视实际需要而定，可以全面清查也可以局部清查。

2. 不定期清查

不定期清查，是指事先并未规定时间，而是根据实际需要进行的临时清查。

一般在以下情况下进行：

（1）更换财产物资和库存现金出纳人员时，要对其所保管的财产物资或现金进行清查，以明确经济责任；

（2）发生自然灾害或意外损失时，为查明受损情况，应对受灾的有关财产物资进行清查；

（3）上级主管部门和财政、税务、银行等有关部门对企业进行检查时，应根据检查的要求和范围进行清查；

（4）企业撤销、合并或改变隶属关系时，应进行及时清查，以摸清家底。

（三）按清查的组织情况，可以分为内部清查和外部清查

1. 内部清查

内部清查，即企业自行组织的清查，一般在月末、年末结账时，或者更换保管人员或现金出纳时进行。

2. 外部清查

外部清查，即由上级主管部门、财税机关、审计机关、会计师事务所、保险公司、检察院等组织的财产清查。企业应协助有关部门对其进行清查。

三、财产清查的准备

财产清查是一项复杂细致的工作，涉及面广、政策性强、工作量大，是财会部门、管理部门、财产物资保管部门和使用部门以及清查人员的应有职责。为了保证清查工作顺利进行，在实施财产清查以前，应有领导、有组织、有计划地做好各项准备工作。

（一）组织准备

首先，进行全面清查时，应成立包括单位负责人、会计人员、财产保管人员等组成的清查小组；进行局部清查时，则由专人负责，具体负责清查工作。

其次，应根据上级或有关部门的要求，按照单位规模的大小和财产的多少订出清查计划，明确规定清查的对象和范围，安排清查工作的进度，确定清查的方法，配备必要的工作人员。

再次，在清查过程中，清查小组应负责指导清查工作的进行，检查清查进度和质量。

最后，清查结束，应负责编制清查报告并提出清查结果的处理意见。

（二）业务准备

为了做好财产清查工作，各业务部门，尤其是财产物资管理部门和财会部门应主动配合做好各项准备工作，主要包括：

（1）财会部门和会计人员应于财产清查前，将截止清查日的有关账目结算、核对清楚，做到账证、账账相符，为清查工作提供核对依据。

（2）财产物资管理部门和保管人员，应将截止清查日的所有财产物资的收发凭证登记入账，并结出余额。同时，将各项财产物资整理有序，详细标明编号、品种、规格及数量等，注明结存数，以便实地盘点顺利进行。

（3）在清查地点，清查人员应校验好各种必要的计量器具和准备好有关的清查登记用的清单、报表和账册等。

在完成以上各项准备工作后，清查人员就应该根据清查对象的特点及清查目的，采用合适的清查方法实施财产清查了。

第二节　财产清查的盘存制度

财产清查的盘存制度是指在日常会计核算中以什么方法确定各项财产物资的期末账存数。企业财产物资的盘存制度有两种：实地盘存制和永续盘存制。

一、实地盘存制

（一）实地盘存制概念

实地盘存制，也称"定期盘存制""以存计销制"，是指通过对期末财产物资进行实地盘点来确定其期末账存数的一种方法。在该方法下，对各种财产物资平时只在账簿中登记增加数，不登记其减少数；月末根据财产物资实地盘点得到的实存数作为账存数，来倒算出财产物资的减少数，并据以登记有关账簿。

这种盘存制度可以用公式表示如下：

$$本期减少数 = 期初结存数 + 本期增加数 - 期末盘点数$$

[例8-1]　天雅公司对甲材料采用实地盘存制核算。20××年8月关于甲材料的核算资料如下：

（1）月初结存200千克，计400元。

（2）本月2日购进入库80千克，实际成本160元。

（3）本月5日生产领用180千克，实际成本360元。

（4）本月8日购进入库100千克，实际成本200元。

（5）本月15日生产领用50千克，实际成本100元。

（6）月末实地盘点甲材料实存130千克，实际成本260元。

该公司按实地盘存制登记甲材料明细账，如表8-1所示。

表 8-1　甲材料明细账(实地盘存制)

20××年		凭证		摘要	收入			发出			结存		
月	日	字	号		数量	单价	金额	数量	单价	金额	数量	单价	金额
8	1			月初结存							200	2	400
	2	付	10	入库	80	2	160				280	2	560
	8	转	6	入库	100	2	200				380	2	760
	31			本月合计及期末余额	180	2	360	250	2	500	130	2	260

本期发出数量 250 千克 = 期初结存数量 200 千克 + 本期收入数量 180 千克 − 期末盘点数量 130 千克

（二）实地盘存制优缺点及适用情况

实地盘存制的主要优点是：记账简单。平时只记财产物资的增加数，不记减少数和结存数，月末汇总计算减少数，一次登记总账，从而大大简化日常核算工作量。

实地盘存制的主要缺点：一是不能随时反映财产物资的收入、发出、结存动态信息；二是"以存计耗"或"以存计销"掩盖了如非正常、贪污盗窃等引起的损失，影响经营成果的核算，进而影响会计核算的真实性，手续不严密，不利于企业加强对财产物资的管理和控制；三是不能随时结转销售或耗用财产物资的成本，影响成本结转的及时性，而月末定期一次结转，加大了期末会计核算工作量。

由于实地盘存制存在上述缺点，因此，企业一般不采用这种盘存制度。实地盘存制一般只适用于一些价值低、品种杂、进出频繁的商品或材料物资。

二、永续盘存制

（一）永续盘存制概念

永续盘存制，也称"账面盘存制"，是指对各种财产物资的增加或减少，都必须在有关账簿中进行连续登记，并随时结算出其账面余额的一种方法。

这种盘存制度可以用公式表示如下：

本期账面结存数 = 期初账面结存数 + 本期账面增加数 − 本期账面减少数

[例 8-2]　天雅公司对甲材料采用永续盘存制核算。20××年 8 月关于甲材料的核算资料如下：

（1）月初结存 200 千克，计 400 元。

（2）本月 2 日购进入库 80 千克，实际成本 160 元。

（3）本月 5 日生产领用 180 千克，实际成本 360 元。

（4）本月 8 日购进入库 100 千克，实际成本 200 元。

(5) 本月15日生产领用50千克,实际成本100元。

(6) 月末实地盘点甲材料实存130千克,实际成本260元。

该公司按永续盘存制登记甲材料明细账,如表8-2所示。

表8-2 甲材料明细账(永续盘存制)

20××年		凭证		摘要	收入			发出			结存		
月	日	字	号		数量	单价	金额	数量	单价	金额	数量	单价	金额
8	1			月初结存							200	2	400
	2	付	10	入库	80	2	160				280	2	560
	5	转	3	领用				180	2	360	100	2	200
	8	转	6	入库	100	2	200				200	2	400
	15	转	9	领用				50	2	100	150	2	200
	31			本月合计及期末余额	180	2	360	230	2	460	150	2	300

月末账面结存数量150千克=期初账面结存数量200千克+本期账面增加数量180千克-本期账面减少数量230千克

(二)永续盘存制优缺点及适用情况

永续盘存制的主要优点:一是能随时提供财产物资的收入、发出、结存动态信息,有利于加强日常监督与管理;二是可以通过盘点,及时发现账实不符等情况;三是可以随时将账存数与实存数相比较,有利于购销决策,降低库存,加速资金周转。

永续盘存制的主要缺点是:在财产品种复杂、繁多的企业,平时明细账的核算工作量大,耗费较多的人力和物力。

和实地盘存制相比较,永续盘存制在核算的准确性、对财产物资的管理方面,具有明显的优越性。因此,在实际工作中,除少数特殊情况外,企业均应采用永续盘存制。

需要指出的是,无论实地盘存制还是永续盘存制均需要进行实地盘点,但两者盘点的目的不同,前者是为了倒算出减少数,后者是为了达到账实一致。

第三节 财产清查的方法

财产清查的内容主要包括货币资金、实物资产以及往来款项等。由于各类财产物资的特点不同,在实际进行财产清查时,应分别不同形态的财产物资,采用相应的清查方法。

一、货币资金的清查方法

货币资金的清查具体包括库存现金的清查和银行存款的清查。

(一)库存现金的清查方法

库存现金的清查,应采用实地盘点的方法。即先实地盘点库存现金的实存数,然后与库存现金日记账的账面余额相核对,以查明账实是否相符。

在进行库存现金清查时,为了明确经济责任,出纳人员必须在场,并且不允许有违反现金管理规定的情况,如白条抵库、超限额留存现金等情况。盘点结束后,应根据盘点的结果及与库存现金日记账核对的情况,填制"库存现金盘点报告表"(其格式如表8-3所示)。该表是重要的原始凭证,既起确定库存现金实存数的作用,又起对比实存数和账存数的作用,应由盘点人和出纳员共同签章方能生效。对清查中发现的库存现金盘盈(长款)、盘亏(短款)的情况要认真查明原因,财会部门应将清查结果及时报告给企业有关部门负责人,等待对清查结果的批准意见,并按规定进行相应的账务处理。

表8-3 库存现金盘点报告表

单位名称:　　　　　　　　20××年　×月　×日　　　　　　　　单位:元

实存金额	账存金额	对比结果		备注
		盘盈	盘亏	

盘点人(签章):　　　　　　　出纳员(签章):

(二)银行存款的清查方法

银行存款的清查,不是采用实地盘点法,而是对账单法。即企业将开户行送来的银行存款对账单与本企业的银行存款日记账进行逐笔核对,查明有无未达账项及其具体情况的财产清查的方法。

核对前,应检查截止清查日的所有涉及银行存款收、付业务是否已全部登记入账,余额计算是否正确,并检查本单位银行存款日记账的正确性和完整性。然后,与银行送来的对账单逐笔核对。

通过核对,往往发现银行存款对账单上的余额与本单位银行存款日记账上的余额不一致。其主要原因:一是双方在记账中可能发生错账、漏账等;二是由于未达账项的存在。如果是错账、漏账,应及时更正。如果是未达账项,则应于查明后,编制"银行存款余额调节表"。

1. 未达账项

所谓未达账项,是指企业和银行之间对于同一项业务,由于取得结算凭证的时间不一致,而发生的一方已取得凭证登记入账,另一方由于尚未取得凭证而尚未入账的款项。未达账项一般有以下四种情况：

一是企业已经收款记账，而银行尚未收款记账。例如企业收到其他单位的转账支票。

二是企业已经付款记账，而银行尚未付款记账。例如企业开出转账支票，而对方尚未到银行办理转账手续。

三是银行已收款记账，而企业尚未收款记账。例如托收货款和银行支付给企业的存款利息等。

四是银行已付款记账，而企业尚未付款记账。例如银行代企业支付公用事业费用和向企业收取的借款利息等。

当出现第一和第四种情况时，企业银行存款日记账账面余额会大于银行对账单的余额；当出现第二和第三种情况时，企业银行存款日记账账面余额会小于银行对账单的余额。

上述任何一种情况的发生，都会使双方的账面余额不相一致。为了查明银行存款的实有数，检查账簿记录是否正确，企业应将银行存款日记账的发生额与银行对账单的发生额逐笔核对，找出未达账项，并据此编制"银行存款余额调节表"，使双方的余额取得一致。

2. 银行存款余额调节表的编制

银行存款余额调节表的编制是在企业银行存款日记账和银行对账单余额的基础上，各自加上对方已收、本单位未收的款项，减去对方已付、本单位未付的款项。消除未达账项的影响后，企业银行存款日记账的余额和银行对账单的余额应该相等。

"银行存款余额调节表"的编制原理可用公式表示如下：

企业银行存款日记账余额 + 银行已收而企业未收的款项 - 银行已付而企业未付的款项
= 银行对账单余额 + 企业已收而银行未收的款项 - 企业已付而银行未付的款项

[例8-3] 某企业20××年9月底银行存款日记账账面余额为107 800元，银行对账单上的余额为108 300元，经查对账目，发现下列未达账项：

(1) 银行已于9月29日代该厂支付电费1 800元，尚未通知该厂。

(2) 该厂在9月30日收到外单位为偿还欠款交来转账支票一张，票面金额为4 200元，已送存银行，但银行尚未入账。

(3) 该厂于9月30日签发转账支票一张购买材料，金额为4 000元，持票人未到银行办理转账结算。

(4) 该厂本季度存款利息计2 500元，银行结算后已入账，但该厂尚未收到存款结息通知。

根据上述未达账项，编制"银行存款余额调节表"，如表8-4所示。

表 8-4 银行存款余额调节表

20××年9月30日　　　　　　　　　　　　　　　　　单位:元

项目	金额	项目	金额
企业银行存款日记账余额	107 800	银行对账单余额	108 300
加:银行已结算存款利息	2 500	加:企业已送存银行转账支票	4 200
减:银行已代付电费	1 800	减:企业已签发转账支票	4 000
调节后日记账余额	108 500	调节后对账单余额	108 500

通过编制"银行存款余额调节表"进行调整后,如果双方余额相等,则说明双方记账基本正确,而这个相等的金额表示企业可以实际动用的银行存款实有数;若不符,则表示本企业及开户银行的一方或双方存在记账差错,应进一步查明原因,采用正确的方法进行更正。

必须指出,"银行存款余额调节表"只是一种清查工具,不能作为账务处理的原始凭证,不能据此更改账簿记录。对于银行已入账,企业未入账的未达账项,企业应在收到有关结算凭证后,才能据以编制记账凭证登记入账。

二、实物资产的清查方法

各种实物资产,如存货、固定资产的实物形态、重量、体积、堆放的方式不尽相同,清查时应选择不同的清查方法。常见的清查方法有以下两种:

(一) 实地盘点法

实地盘点法是指在实物资产存放现场,通过逐一清点,或用计量仪器确定其实存数的一种方法。如以件或台为计量单位的产成品或机器设备,可以通过点数的方法确定其实有数;又如以千克、吨为计量单位的材料,可以通过过秤来确定其实有数。

这种方法适用范围较广,大多数实物资产的清查都使用该种方法,但工作量较大。

(二) 技术推算法

技术推算法是指通过技术方法推算实物资产实存数的一种方法。这种方法适用于大量成堆、廉价笨重且难以逐一清点、不便于用计量器具计量的实物资产等,如露天堆放的煤、砂石、焦炭等。但使用这种方法时,必须做到测定标准重量比较准确,整理后的形状符合规定要求,只有这样计算出的数额才能接近实际数额。

为了明确经济责任,各项实物资产进行盘点时,实物保管人员必须在场并参加盘点。对盘点的结果,应如实地记入"盘存单"(其格式如表8-5所示)。盘点员与实物保管员应同时在"盘存单"上签章。

表 8-5　盘存单

单位名称:东方厂　　　　　　　　　　　　　　　　　　　　　　　　　　财产类别:原材料
盘点时间:20××年×月×日　　　　　　　　　　　　　　　　　　　　存放地点:仓库 A 室

编号	名称	规格	计量单位	数量	单价	金额	备注

盘点人(签章):　　　　　　　　　　保管人(签章):

为了进一步查明实存数与账存数是否一致,财会部门应根据盘存单所列各项实物资产的盘点数量与账面余额相核对,并填制"实存账存对比表",也称"盘盈、盘亏报告表"(其格式如表8-6所示)。该表是调整账簿记录的重要原始凭证,也是分析账存与实存差异的原因,查明经济责任的依据。

表 8-6　实存账存对比表

单位名称:东方厂　　　　　　　　　　　　　　　　　　　　　　　　　　存放地点:仓库 A 室
财产类别:原材料　　　　　　　　　　　　　　　　　　　　　　　　　　清查时间:20××年×月×日

编号	名称与类别	计量单位	单价	实存		账存		对比结果				备注
				数量	金额	数量	金额	盘盈		盘亏		
								数量	金额	数量	金额	

三、往来款项的清查方法

往来款项清查是指单位与其他单位或个人之间的各种应收账款、应付账款、预收账款、预付账款及其他应收、应付款项。为了保证往来款项账目的正确性,并促使及时清算,防止长期拖欠,应对往来款项及时清查。

往来款项的清查,一般采取函证核对法,即派人或以通讯的方式,向往来结算单位核实账目。清查单位应将截止清查日的有关结算款项全部登记入账,并保证账簿记录完整、正确的基础上,按每一往来单位编制"往来款项对账单",派人或发函送达对方。对账单一般一式两联,一联作为回单,对方核对相符,应在回单上加盖公章后退回本单位;如果核对不符,应在回单上注明不符情况,或另抄账单退回,以便进一步核对。在清查过程中,如果发现未达账项,清查单位也应编制未达账项余额调节表予以调整。

往来款项清查结束后,应将清查结果编制"往来款项清查结果报告表"。对其中有财务纠纷的款项,以及无法收回或无法清偿的款项,应详细说明情况,报请财产清查小组或上级处理,以便尽快了结这些逾期的债权、债务。

往来款项清查结果经研究后,应按规定和批准意见处理。积极催收该收回的账款,及时偿还该偿付的账款;共同协商有争议的款项,不能协商解决的,可以通过法律途径进行调节或裁决;确实无法收回或无法支付的款项应进行核销处理,并在备查簿中进行记录。

第四节　财产清查结果的处理

一、财产清查结果的业务处理

企业通过财产清查,必然会发现财产管理和会计核算工作等方面存在的问题,妥善处理好这些问题,是财产清查的重要环节。对财产清查的结果,必须以国家的有关政策、法令和制度为依据,严肃认真地深入分析,查明原因,对不同性质的问题,应提出不同的处理意见。为此,应切实做好以下几个方面的工作。

（一）查明账实不符原因,按照规定程序报批

财产清查所发现的账实不符现象,先应核定其相差数额,然后分析产生差异的原因,明确经济责任,提出处理意见。处理方案应按规定的程序报请上级领导审批。

（二）积极处理积压物资和长期拖欠的款项

通过财产清查,发现企业多余积压的物资,应积极组织销售或加工改制利用。查明拖欠账款、未了的暂收暂付款项、发出商品被拒付货款等情况,应根据合同或有关经济法规,积极催收,或提请有关部门仲裁决定。

（三）针对管理中的薄弱环节,建立健全财产管理制度

针对财产清查中发现的问题和管理制度上的薄弱环节,应总结经验教训,由各基层单位和管理部门提出改进措施,经有关人员和领导的研究决定,改进和完善管理制度,加强对财产物资管理的责任制。

（四）做好财产清查的账务处理工作

对于财产清查中发现的盘盈、盘亏和毁损,报经有关部门审批后,会计部门应及时入账以便调整账簿记录,做到账实相符。

二、财产清查结果的账务处理

在财产清查后若发现账实不符,进行账务处理时一般分两个步骤进行：

第一,审批前,应根据已查明属实的财产盘盈、盘亏和毁损情况,及时编制记账凭证,调整有关财产的账面记录,并转入"待处理财产损益"账户,以使账实相符;同时应根据企业的管理权限,将处理建议报股东大会或董事会,或经理（厂长）会议或类似机构批准。

第二,审批后,应根据发生差异的原因以及批准处理的意见,编制记账凭证,转销"待处

理财产损益"账户,同时记入其他有关账户。

（一）"待处理财产损益"的账户设置

为了核算和监督企业在财产清查中出现的某些财产盘盈、盘亏和毁损及其处理情况,应设置"待处理财产损益"账户。下设"待处理流动资产损益"和"待处理固定资产损益"两个明细账户。该账户属于双重性质账户,借方登记发生的财产盘亏、毁损数以及经批准转销的财产盘盈数;贷方登记发生的财产盘盈数以及经批准转销的财产盘亏、毁损数。按规定,对于企业的待处理财产损益应及时查明原因,在期末结账前处理完毕,处理后该账户应无余额。

（二）财产清查结果的账务处理方法

由于清查对象不同,因而对清查结果的账务处理也不相同。这里仅就库存现金、存货、固定资产清查结果的账务处理做一介绍。

1. 库存现金盘盈、盘亏的账务处理

企业应于每日终了对库存现金进行清查,如发现现金短缺或溢余,应通过"待处理财产损益"账户核算。

（1）库存现金盘盈。

库存现金清查中发现现金溢余的,按实际溢余的金额,借记"库存现金"账户,贷记"待处理财产损益"账户。查明原因若应支付给有关人员或单位的,借记"待处理财产损益"账户,贷记"其他应付款"账户;若无法查明原因的,经批准后,借记"待处理财产损益"账户,贷记"营业外收入"账户。

[例8-4] A公司在财产清查中发现库存现金溢余50元。

审批前,根据"库存现金盘点报告表"确定的库存现金盘盈数,调整账面记录,编制会计分录如下：

　　借：库存现金　　　　　　　　　　　　　50
　　　　贷：待处理财产损益——待处理流动资产损益　　50

审批后,若无法查明原因的,编制会计分录为：

　　借：待处理财产损益——待处理流动资产损益　　50
　　　　贷：营业外收入　　　　　　　　　　　　50

（2）库存现金盘亏。

库存现金清查中发现现金短缺的,应按实际短缺的金额,借记"待处理财产损益"账户,贷记"库存现金"账户;待查明原因后若应由责任人赔偿或保险公司赔偿的部分,借记"其他应收款"账户,贷记"待处理财产损益"账户;无法查明原因的,根据管理权限,经批准后处理,借记"管理费用"账户,贷记"待处理财产损益"账户。

[例8-5] B公司在财产清查中发现库存现金短缺120元。

审批前,根据"库存现金盘点报告表"确定的库存现金盘亏数,调整账面记录,编制会计分录如下：

  借：待处理财产损益——待处理流动资产损益 120
    贷：库存现金   120

审批后，若其中100元应有出纳员赔偿，另20元无法查明原因，则编制会计分录如下：

  借：其他应收款   100
    管理费用   20
    贷：待处理财产损益——待处理流动资产损益 120

2. 存货盘盈、盘亏和毁损的账务处理。

（1）存货盘盈。

发现存货盘盈后，应调整存货账面记录，借记有关存货类账户，贷记"待处理财产损益"账户。经审批后，再冲减管理费用，借记"待处理财产损益"账户，贷记"管理费用"账户。

[**例8-6**]　某企业经财产清查，发现盘盈钢材2 000元，经查明是由于收发计量上的差错所致。

审批前，应根据"实存账存对比表"所确定的钢材盘盈数额，调整账面记录，编制会计分录如下：

  借：原材料   2 000
    贷：待处理财产损益——待处理流动资产损益 2 000

审批后，冲减管理费用，编制会计分录如下：

  借：待处理财产损益——待处理流动资产损益 2 000
    贷：管理费用   2 000

（2）存货盘亏、毁损。

发现盘亏、毁损的存货，在报批前，应先借记"待处理财产损益"账户，贷记有关存货类账户，使账实相符。按管理权限报经批准后，应视不同情况，分别进行处理。

① 属于定额内的自然损耗，按规定计入管理费用。

② 属于超定额损耗，能确定过失人的，应由过失人赔偿；属于保险责任范围的，应向保险公司索赔；扣除过失人或保险公司的赔款和残料价值后，计入管理费用。

③ 属于非常损失造成的存货毁损，扣除保险公司的赔款和残料价值后，计入营业外支出。

[**例8-7**]　某企业在财产清查中发现，甲种产成品盘亏毁损8 000元。其中500元属定额内损耗；属于保管人员失职造成的损失1 000元，应责成过失人赔偿；由于火灾引起的损失价值6 500元，收回材料价值600元，已入库，保险公司已经核实同意赔偿总价值的80%。

审批前，根据"实存账存对比表"确定的产成品盘亏数，调整账面记录，编制会计分录如下：

  借：待处理财产损益——待处理流动资产损益 8 000

　　　　贷：库存商品——甲　　　　　　　　　　　　8 000

　　审批后,转销盘亏产成品,编制会计分录如下：

　　　　借：管理费用　　　　　　　　　　　　　　　500
　　　　　　其他应收款——保管员　　　　　　　　1 000
　　　　　　其他应收款——保险公司　　　　　　　5 200
　　　　　　原材料　　　　　　　　　　　　　　　600
　　　　　　营业外支出　　　　　　　　　　　　　700
　　　　贷：待处理财产损益——待处理流动资产损益　8 000

3. 固定资产盘盈、盘亏的账务处理。

（1）固定资产盘盈。

固定资产盘盈,应作为前期差错处理。盘盈的固定资产,在按管理权限报经批准前应先通过"以前年度损益调整"账户核算,并按重置成本确定其入账价值,借记"固定资产"账户,贷记"以前年度损益调整"账户。

（2）固定资产盘亏。

固定资产盘亏时,应按盘亏固定资产的净值借记"待处理财产损益"账户,按已提折旧额借记"累计折旧"账户,按其账面原价贷记"固定资产"账户。报经批准转销后,借记"营业外支出"账户,贷记"待处理财产损益"账户。

[例8-8]　某企业在财产清查中,发现短缺机器一台,账面原价16 000元,已提折旧10 000元,经批准,转作营业外支出处理。

审批前,根据"账存实存对比表"确定的固定资产盘亏数,调整账簿记录,编制会计分录如下：

　　　　借：待处理财产损益——待处理固定资产损益　6 000
　　　　　　累计折旧　　　　　　　　　　　　　　10 000
　　　　贷：固定资产　　　　　　　　　　　　　　16 000

审批后,根据批准处理意见,转销固定资产盘亏,编制会计分录如下：

　　　　借：营业外支出　　　　　　　　　　　　　6 000
　　　　贷：待处理财产损益——待处理固定资产损益　6 000

【练习题】

一、名词解释

财产清查　全面清查　局部清查　定期清查　不定期清查　实地盘存制　永续盘存制　未达账项　实地盘点法　技术推算法

二、单项选择题

1. 月末企业银行存款日记账余额为210 000元,银行对账单余额为200 000元,经过未达账项调节后的余额为 190 000 元,则对账日企业可以动用的银行存款实有数额为( )元。

A. 190 000　　　B. 200 000　　　C. 210 000　　　D. 不能确定

2. 在财产清查中发现盘亏一台设备,其账面原值为 100 000 元,已提折旧 30 000 元,则该企业记入"待处理财产损益"账户的金额是( )。

A. 30 000　　　B. 70 000　　　C. 100 000　　　D. 130 000

3. 财产清查是用来检查( )的一种专门方法。

A. 账实是否相符　B. 账账是否相符　C. 账表是否相符　D. 账证是否相符

4. 对于清查大量堆积的沙石,一般采用( )方法进行清查。

A. 实地盘点　　B. 抽查检验　　C. 查询核对　　D. 技术推算盘点

5. 在实际工作中,企业一般以( )作为财产物资的盘存制度。

A. 收付实现制　B. 权责发生制　C. 永续盘存制　D. 实地盘存制

6. 对各项财产物资的增减数都必须根据有关凭证逐笔或逐日登记有关账簿并随时结出账面余额的方法称为( )。

A. 永续盘存制　B. 实地盘存制　C. 权责发生制　D. 收付实现制

7. 企业通过实地盘点法确定期末存货的数量,然后倒推出本期发生存货的数量,这种处理制度称为( )。

A. 权责发生制　B. 收付实现制　C. 账面盘存制　D. 实地盘存制

8. 银行存款余额调节表中调节后的余额是( )。

A. 银行存款账面余额

B. 银行方面的账目余额

C. 对账单余额与日记账余额的平均数

D. 对账日企业可以动用的银行存款实有数额

9. 对盘亏的固定资产净损失经批准后可记入( )账户的借方。

A. 制造费用　　B. 生产成本　　C. 营业外支出　　D. 管理费用

10. 企业对银行存款进行清查时,应将( )与银行对账单逐笔核对。

A. 银行存款总账　　　　　　B. 银行存款日记账

C. 银行支票备查簿　　　　　D. 库存现金日记账

11. 银行存款清查中发现的未达账项应编制( )来检查调整后的余额是否相等。

A. 对账单　　　　　　　　B. 实存账存对比表

C. 盘存单　　　　　　　　D. 银行存款余额调节表

12. 库存现金清查的方法是( )。

A. 实地盘点法　B. 核对账目法　C. 技术推算法　D. 发函询证法

三、多项选择题

1. 使企业银行存款日记账的余额小于银行对账单余额的未达账项有( )。

A. 企业已收款记账而银行尚未收款记账

B. 企业已付款记账而银行尚未付款记账

C. 银行已收款记账而企业尚未收款记账

D. 银行已付款记账而企业尚未付款记账

2. 关于银行存款余额调节表,下列说法正确的是(　　)。

A. 该表是通知银行更正错误的依据

B. 是更正本单位银行存款日记账记录的依据

C. 不能够作为调整本单位银行存款日记账记录的原始凭证

D. 调节后的余额表示企业可以实际动用的银行存款数额

3. 企业编制银行存款余额调节表,在调整银行存款日记账余额时,应考虑的情况有(　　)。

A. 企业已收银行未收 B. 银行已收企业未收

C. 银行已付企业未付 D. 企业已付银行未付

4. 以下情况可能造成账实不符的有(　　)。

A. 财产收发计量不准 B. 管理不善

C. 未达账项 D. 账簿记录发生差错

5. 财产清查按清查的时间可分为(　　)。

A. 定期清查 B. 不定期清查 C. 全面清查 D. 局部清查

6. 固定资产盘亏的核算业务涉及的账户有(　　)。

A. 营业外收入 B. 其他应付款

C. 累计折旧 D. 待处理财产损益

7. 由于仓库保管员变动对其保管的全部存货进行盘点属于(　　)。

A. 定期清查 B. 不定期清查 C. 全面清查 D. 局部清查

8. "待处理财产损益"账户借方登记的是(　　)。

A. 等待批准处理的财产盘亏、损毁 B. 经批准转销的财产盘亏、损毁

C. 等待批准处理的财产盘盈 D. 经批准转销的财产盘盈

9. 常用的实物资产的清查方法包括(　　)。

A. 技术推算法 B. 实地盘点法 C. 函证核对法 D. 账目核对法

10. 财产物资的盘存制度有(　　)。

A. 权责发生制 B. 收付实现制 C. 实地盘存制 D. 永续盘存制

11. 下列记录可以作为调整账面数字的原始凭证是(　　)。

A. 盘存单 B. 银行存款余额调节表

C. 实存账存对比表 D. 库存现金盘点报告表

12. 下列业务中需要通过"待处理财产损益"账户核算的是(　　)。

A. 库存现金短缺　　　　　　　　B. 原材料盘亏

C. 发现账外固定资产　　　　　　D. 应收账款无法收回

四、判断题

1. 未达账项仅仅是指企业未收到凭证而未入账的款项。
2. 从财产清查的对象和范围看全面清查只有在年终进行。
3. 对仓库中的所有存货进行盘点属于全面清查。
4. 无论采用哪种盘存制度，都应该对物资进行定期或不定期的清查盘点，但清查的目的和作用是不同的。
5. 对银行存款进行清查时，如果存在账实不符现象，不一定是由未达账项引起的。
6. 银行已经付款记账而企业尚未付款记账，会使开户单位银行存款日记账账面余额大于银行对账单的账面余额。
7. 单位撤销、合并或改变隶属关系、更换财产物资保管人员时，需要进行全面清查。
8. 永续盘存制是以耗计存或以销计存，一般适用于一些价值低、品种杂、进出频繁的商品或材料物资。
9. 企业的银行存款日记账与银行对账单所记的内容是相同的，都是反映企业的银行存款的增减变动情况。
10. 永续盘存制下，可以通过存货明细账的记录随时结出存货的结存数量，故不需要对存货进行盘点。
11. 库存现金清查包括出纳人员每日终了前进行的库存现金账款核对和清查小组进行的定期或不定期的现金盘点、核对。清查小组清查时，出纳人员可以不在场。
12. 企业采用永续盘存制对存货进行核算时，在期末必须对存货进行实地盘点，否则无法确定本期发出存货成本。

五、核算题

（一）练习银行存款清查的核算。

1. 资料

天山化工厂20××年12月31日银行存款日记账余额为191 000元，而银行送来的对账单余额为230 000元，经逐笔核对，发现有以下未达账项：

（1）企业委托银行代收甲公司的货款54 000元，月末银行已收讫入账，但企业尚未取得收款通知。

（2）企业有一笔购货款25 000元，承付期已到，且未表示拒付，银行已于承付期满后从企业存款户中付出，但企业尚未入账。

（3）企业月末存入银行转账支票一张，金额36 000元，银行尚未转账。

（4）企业已于月末开出转账支票一张，金额46 000元，企业已经付账，银行尚未入账。

2. 要求

根据上述资料,编制"银行存款余额调节表"。

(二)财产清查结果的账务处理。

1. 资料

某厂年终进行财产清查,发现下列事项:

(1)库存现金盘点发现短缺180元。经查,其中100元应由出纳员赔偿,另80元无法查明原因。

(2)盘亏机器一台,原价25 000元,已提折旧10 000元。经批准转入营业外支出。

(3)甲产品盘盈800元,经查明属于平时收发计量不准造成,按规定冲减管理费用。

(4)发现乙材料盘亏1 500元,经查明属于定额内自然损耗500元,由于遭受台风袭击损失170元,由于保管人员失职,应由其赔偿830元。

(5)库存现金盘点发现溢余80元,无法查明原因。

(6)水灾导致乙产品发生毁损,总价值120 000元。经清理,收回残料,估价8 000元,已入库;应有保险公司赔偿100 000元;其余损失经批准列作营业外支出。

2. 要求

根据上述资料,作出审批前后的账务处理。

第九章 财务报表

通过本章学习,了解并掌握:
1. 财务报表的概念和构成;
2. 资产负债表、利润表、现金流量表的含义和作用;
3. 资产负债表和利润表的编制方法;
4. 现金流量表的内容和格式;
5. 会计报表附注的作用与主要内容。

第一节 财务报表概述

一、财务报表的意义

财务报表,是指企业对外提供的反映企业某一特定日期的财务状况和某一会计期间的经营成果、现金流量等会计信息的文件。财务报告包括财务报表和其他应当在财务报告中披露的有关信息和资料。财务报表也称会计报表,是财务报告的主要组成部分。财务报表是对企业财务状况、经营成果和现金流量的结构性表述。

编制财务报表,是会计核算的专门方法之一,也是会计核算的最后一道环节。在会计核算工作中,通过填制和审核原始凭证,可以反映和证实经济业务的发生、执行和完成情况,明确有关人员的经济责任;通过填制和审核记账凭证,可以确定某一项或某类经济业务所涉及的会计科目、记账方向和金额,但会计凭证所提供的会计资料比较分散,无法反映经济活动的全过程和会计主体的经营结果,只能用来作为登记账簿的依据;通过登记账簿,可以反映各项资产、负债、所有者权益的增减变动及其结余情况,同时也可以反映收入的实现和费用的发生情况,但是账簿提供的会计资料分散在各类账户中,仍然无法完整、系统、综合地反映会计主体经济活动的全貌。而会计核算的目的,就是要采用特有的会计方法,通过对会计核算资料进行记录、整理、汇总,以一定的指标体系和具体的表格形式,全面、系统、综合地反映会计主体的资产、负债和所有者权益的变动,利润的形成与分配,以及资金的取得与运用情况,以便信息使用者方便快捷地了解其经济活动的内容、过程和成果。因此,有必要将账簿中提供的分散的、部分的会计信息做进一步加工、整理和汇总,编制会计报表。

企业编制财务报表的目标,是向财务报表使用者提供与企业财务状况、经营成果和现金流量等有关的会计信息,反映企业管理层受托责任的履行情况,有助于财务报表使用者做出经济决策。财务报表使用者通常包括投资者、债权人、政府及其有关部门和社会公众等。编制财务报表,对于企业的投资人、债权人、政府经济管理部门、企业上级主管部门和企业的经营管理者,都具有十分重要的意义:

(1)企业的所有者即投资人利用财务报表可以了解企业的财务状况和获利能力,以便评价企业的经营业绩,做出正确的投资决策。财务报表中反映的资本获利水平,还可以影响潜在投资者的投资行为。

(2)银行、其他金融机构及有关债权人通过财务报表,可以了解企业经营成果和偿债能力,考核企业信贷资金的利用效果和信用程度,以便做出正确的信贷决策,减少信贷风险,充分发挥好信贷调节的杠杆作用。

(3)财政部门可以通过企业的财务报表,检查企业的经济活动是否符合国家的有关法律和制度,考核企业会计工作质量,监督企业认真贯彻执行《会计法》《企业会计准则》和有关企业会计制度、财务制度,以便评价企业内部财务会计制度的完善程度。

(4)国家和地方税务管理部门通过审核、分析财务报表,可以检查企业是否按时足额地交纳了各项税金,有无偷税、漏税或违反国家税收征管法的行为,保证国家和各级地方的财政收入。

(5)政府审计部门和会计师事务所通过对会计报表的审核和检查,可以对其做出公正、客观的评价,调整企业不规范、不合规、不合法的会计处理,揭示财务报表的可信赖程度。

(6)企业上级主管部门利用财务报表,可以考核企业经营者的经营业绩,对其做出奖励或惩罚的决定。通过对财务报表的汇总分析,可以为宏观经济调控、经济预测和决策提供重要依据。

(7)企业的经营管理人员和职工,通过财务报表可以总结经营管理的经验,分析企业资金利用情况、成本升降原因、利润率高低,发现经营过程中存在的问题,以便提出改进措施,进一步改善企业的经营管理,谋求最大程度的经济效益。

二、财务报表的分类

为了系统地了解、掌握和利用财务报表所提供的经济指标,可以根据需要对财务报表按照不同的标准进行分类。

(一) 按财务报表反映的经济内容分类

财务报表是对企业的财务状况、经营成果和现金流量的结构性描述。一套完整的财务报表至少应当包括资产负债表、利润表、现金流量表、所有者权益(或股东权益)变动表以及附注。财务报表的这些组成部分具有同等的重要程度。

考虑到小企业规模较小,股东权益比较简单,不如大中型企业和上市公司那么复杂,小企业会计准则没有强制要求小企业对外提供所有者权益变动表,这一点与企业会计准则的规定有差异。

1. 资产负债表

资产负债表是静态财务报表,即反映企业在某一特定日期财务状况的报表。资产负债表反映企业在某一特定日期所拥有的资产、需偿还的债务以及股东(投资者)拥有的净资产情况。资产负债表的项目,应当按资产、负债和所有者权益的类别列示。

2. 利润表

利润表是动态财务报表,是反映企业在一定会计期间的经营成果的报表。利润表的列报必须充分反映企业经营业绩的主要来源和构成,有助于使用者判断净利润的质量及风险,有助于使用者预测净利润的持续性,从而做出正确的决策。

3. 现金流量表

现金流量表是以现金为基础编制的财务状况变动表。现金流量表以现金的流入和流出反映企业在一定期间内的经营活动、投资活动和筹资活动的动态情况,反映企业在一定会计期间现金和现金等价物流入和流出的全貌,表明企业获得现金和现金等价物的能力。

4. 所有者权益变动表

所有者权益变动表是指反映构成所有者权益各组成部分当期增减变动情况的报表。企业的净利润及其分配情况是所有者权益变动的组成部分,由于相关信息已经在所有者权益变动表及其附注中反映,故企业不需要再单独编制利润分配表。

5. 附注

附注是财务报表不可或缺的组成部分,是对在资产负债表、利润表、现金流量表和所有者权益变动表等报表中列示项目的文字描述或明细资料,以及对未能在这些报表中列示项目的说明等。

(二) 按财务报表的编报期间分类

按财务报表编报期间的不同,可以分为中期财务报表和年度财务报表。"中期"指短于一个完整的会计年度(自公历1月1日起至12月31日止)的报告期间,它可以是一个月、一个季度或者半年,也可以是其他短于一个会计年度的期间,如1月1日至9月30日的期间等。中期财务报表是指以中期为基础编制的财务报表,如月度财务报表、季度财务报表、半年度财务报表,也包括年初至本中期末的财务报表。中期财务报表至少应当包括资产负债表、利润表、现金流量表和附注,其中,中期资产负债表、利润表和现金流量表应当是完整报表,其格式和内容应当与年度财务报表相一致。与年度财务报表相比,中期财务报表中的附注披露可适当简略,但至少应当披露所有重大事项。

小企业的财务报表分为年度、季度和月度财务报表。按小企业会计准则规定,小企业不需要编制半年报。

1. 月报

月报亦称月度报表,是按月编制的财务报表,反映企业月度财务状况和经营成果,如按月编制的资产负债表、利润表等。月报要求简明扼要、及时反映。

2. 季报

季报亦称季度报表,是按季编制的财务报表,反映企业季度财务状况和经营成果,如按季编制的资产负债表、利润表等。季报在财务信息的详细程度方面,介于月报和年报之间。

3. 半年报

半年报反映企业半年来的财务状况和经营成果。半年度中期报表包括企业全部会计报表,比年报的资料略为简略。半年度中期报表在不违背会计核算一般原则以及不影响财务报告使用者正确理解和运用所提供的会计信息的前提下,可以适当简化,但至少应包括资产负债表、利润表、现金流量表和附注。对其他财务报表或者相关信息,如所有者权益(股东权益)变动表等,企业可以根据需要自行决定。半年度中期报表与年度会计报表一样,至少应当反映两个年度或者相关两个期间的比较数据。

4. 年报

年报亦称年度报表或年度决算报表,是按年编制的报表,反映企业全年的财务状况和经营成果,它包括企业全部财务报表。年报要求披露完整,反映全面。

某一会计报表是月报、季报、半年报还是年报,取决于经营管理者和其他报表使用者不同时期的需要。一般来说,按月编制的会计报表也必须按季和按年编报,但按年编制的会计报表不一定编制季报和月报。

(三)按财务报表的编制主体分类

按财务报表编报主体的不同,可以分为个别财务报表和合并财务报表。

1. 个别财务报表

个别财务报表亦称单位报表或基层报表,个别财务报表是由企业在自身会计核算基础上对账簿记录进行加工而编制的财务报表,它主要用以反映企业自身的财务状况、经营成果和现金流量情况。

2. 合并财务报表

合并财务报表是以母公司和子公司组成的企业集团为会计主体,根据母公司和所属子公司的财务报表,由母公司编制的对企业集团内部交易进行相互抵销后综合反映企业集团财务状况、经营成果及现金流量的财务报表。

(四)按财务报表的报送对象分类

财务报表按其报送对象可以分为外部报表和内部报表。

1. 外部报表

外部报表是指按照国家规定,需要对外报送、满足外部报表使用者需要的报表,包括资产负债表、利润表、现金流量表、所有者权益变动表和附注。

2. 内部报表

内部报表是指为了适应企业内部经营管理需要而编制的、不对外公开的会计报表,内部会计报表一般不需要统一规定的格式,也没有统一的指标体系,如生产成本表及各种管理会计报表。

三、财务报表列报的要求

企业应当根据实际发生的交易和事项,遵循各项具体会计准则的规定进行确认和计量,并在此基础上编制财务报表。企业不应以附注披露代替确认和计量,不恰当的确认和计量也不能通过充分披露相关会计政策而纠正。

(一)列报基础

持续经营是会计的基本前提,是会计确认、计量及编制财务报表的基础。企业会计准则规范的是持续经营条件下企业对所发生交易和事项的确认、计量及报表列报。因此,在编制财务报表过程中,企业管理层应当在考虑市场经营风险、企业盈利能力、偿债能力、财务弹性,以及企业管理层改变经营政策的意向等因素的基础上,对企业持续经营能力进行评价。评价后对企业的持续经营能力产生重大怀疑,应当在附注中披露导致对持续经营能力产生重大怀疑的重要的不确定因素。非持续经营是企业在极端情况下出现的一种情况,非持续经营往往取决于企业所处的环境以及企业管理部门的判断。企业正式决定或被迫在当期或将在下一个会计期间进行清算或停止营业的,表明其处于非持续经营状态,应当采用其他基础编制财务报表,如破产企业的资产采用可变现净值计量、负债按照其预计的结算金额计量等。同时,还需在附注中声明财务报表未以持续经营为基础列报,并披露未以持续经营为基础的原因和财务报表的编制基础。

(二)重要性和项目列报

在编制财务报表的过程中,企业应当考虑报表项目的重要性。重要性是判断项目是否单独列报的重要标准。2006年企业会计准则首次对"重要性"概念进行了定义,即如果财务报表某项目的省略或错报会影响使用者据此做出经济决策的,则该项目具有重要性。企业应当根据所处环境,从项目的性质和金额大小两方面来判断重要性。一方面,判断项目性质的重要性,应当考虑该项目的性质是否属于企业日常活动、是否对企业的财务状况和经营成果具有较大影响等因素;另一方面,判断项目金额大小的重要性,应当通过单项金额占资产总额、负债总额、所有者权益总额、营业收入总额、营业成本总额、净利润等直接相关项目金额的比重加以确定。具体来说,对于性质或功能不同的项目,一般应当在财务报表中单独列报,比如存货和固定资产在性质上和功能上都有本质差别,必须分别在资产负债表上单独列报。对于性质或功能类似的项目,如库存商品、原材料等,应当予以合并,作为存货项目列报。项目单独列报的原则不仅适用于报表,还适用于附注。某些项目的重要性程度不足以在报表中单独列示,但可能对附注而言却具有重要性,在这种情况下,应当在附注中单独披露。

（三）列报的一致性

可比性是会计信息质量的一项重要质量要求,目的是使同一企业不同期间和同一期间不同企业的财务报表相互可比。因此,财务报表项目的列报应当在各个会计期间保持一致,不得随意变更,这一要求不仅针对财务报表中的项目名称,还包括财务报表项目的分类、排列顺序等方面。但在会计准则要求改变财务报表项目的列报以及企业经营业务的性质发生重大变化后,变更财务报表项目的列报能够提供更可靠、更相关的信息的情况下,财务报表项目的列报是可以改变的。

（四）财务报表项目金额间的相互抵销

财务报表项目应当以总额列报,资产和负债、收入和费用不能相互抵销,即不得以净额列报,但企业会计准则另有规定的除外。因为如果相互抵销,所提供的信息就不完整,信息的可比性大为降低,难以在同一企业不同期间以及同一期间不同企业的财务报表之间实现相互可比,报表使用者难以据以做出判断。比如,企业欠客户的应付款不得与其他客户欠本企业的应收款相互抵销,如果相互抵销就掩盖了交易的实质。再如,收入和费用反映了企业投入和产出之间的关系,是企业经营成果的两个方面,为了更好地反映经济交易的实质、考核企业经营管理水平以及预测企业未来现金流量,收入和费用不得相互抵销。

（五）报告期间

企业至少应当按年编制财务报表。年度财务报表涵盖的期间短于一年的,应当披露年度财务报表的涵盖期间,以及短于一年的原因。根据《中华人民共和国会计法》的规定,会计年度自公历1月1日起至12月31日止。在编制年度财务报表时,可能存在年度财务报表涵盖的期间短于一年的情况,比如企业在年度中间(如5月1日)开始设立等,此时,企业应该披露年度财务报表的实际涵盖期间,以及短于一年的原因,并说明由此引起的财务报表项目与比较数据不具可比性这一事实。

第二节　资产负债表

一、资产负债表概述

资产负债表是指反映企业在某一特定日期(如月末、季末、年末)的财务状况的会计报表。资产负债表是根据"资产＝负债＋所有者权益"的会计等式，按照一定的分类标准和顺序，将企业在一定时期的全部资产、负债和所有者权益项目进行适当分类、汇总、排列后编制而成的。由于报表中的数据体现的是特定时刻的状况，因此，资产负债表属于静态报表。

(一) 资产

资产反映由过去的交易、事项形成并由企业在某一特定日期所拥有或控制的、预期会给企业带来经济利益的资源。资产应当按照流动资产和非流动资产两大类别在资产负债表中列示，在流动资产和非流动资产类别下进一步按性质分项列示。

流动资产是指预计在一个正常营业周期中变现、出售或耗用，或者主要为交易目的而持有，或者预计在资产负债表日起一年内(含一年)变现的资产，或者自资产负债表日起一年内交换其他资产或清偿负债的能力不受限制的现金或现金等价物。

资产负债表中列示的流动资产项目通常包括：货币资金、以公允价值计量且其变动计入当期损益的金融资产、应收票据、应收账款、预付款项、应收利息、应收股利、其他应收款、存货和一年内到期的非流动资产等。

非流动资产是指流动资产以外的资产。资产负债表中列示的非流动资产项目通常包括：长期股权投资、固定资产、在建工程、无形资产、开发支出、长期待摊费用以及其他非流动资产等。

(二) 负债

负债反映在某一特定日期企业所承担的、预期会导致经济利益流出企业的现时义务。负债应当按照流动负债和非流动负债在资产负债表中进行列示，在流动负债和非流动负债类别下再进一步按性质分项列示。

流动负债的判断标准与流动资产的判断标准相类似。流动负债是指预计在一个正常营业周期中清偿，或者主要为交易目的而持有或者自资产负债表日起一年内(含一年)到期应予以清偿，或者企业无权自主地将清偿推迟至资产负债表日后一年以上的负债。

资产负债表中列示的流动负债项目通常包括：短期借款、应付票据、应付账款、预收款项、应付职工薪酬、应交税费、应付利息、应付股利、其他应付款、一年内到期的非流动负债等。值得注意的是，有些流动负债，如应付账款、应付职工薪酬等，属于企业正常营业周期中使用的营运资金的一部分。尽管这些经营性项目有时在资产负债表日后超过一年才到期清偿,但是它们仍应划分为流动负债。

非流动负债是指流动负债以外的负债。非流动负债项目通常包括:长期借款、应付债券和其他非流动负债等。

（三）所有者权益

所有者权益是指企业资产扣除负债后的剩余权益。所有者权益是所有者对企业资产的剩余索取权,它是企业资产中扣除债权人权益后应由所有者享有的部分,既可反映所有者投入资本的保值增值情况,又体现了保护债权人权益的理念。它一般按照实收资本（股本）、资本公积、其他综合收益、盈余公积和未分配利润分项列示。

二、资产负债表的作用

资产负债表是企业对外提供的最重要的报表之一,它反映企业在某一特定日期所拥有或控制的经济资源、所承担的现时义务和所有者对净资产的要求权。通过资产负债表,可以提供某一日期资产的总额和结构,使用者可以一目了然地从资产负债表上了解在某一特定日期企业拥有或控制的资源及其分布情况,可以提供某一日期的负债总额及其结构,反映所有者拥有的权益,提供进行财务分析的基本资料,据以判断资本保值增值的情况以及对负债的保障程度。具体来说,其主要作用有以下几个方面:

（一）通过资产负债表可以了解企业拥有或控制的经济资源,有助于分析、预测企业的短期偿债能力

企业拥有或控制的经济资源,包括流动资产、固定资产及其他资产,但企业的短期偿债能力主要反映在资产的流动性上。所谓流动性是指资产转换成现金,或负债到期清偿所需的时间。企业的流动资产,除库存现金及银行存款可随时偿还负债外,其余流动资产变现越快,其流动性越强,偿债能力也越强。一般来讲,交易性金融资产的流动性比应收票据和应收账款的流动性强,而应收账款的流动性又比存货的流动性强。由此可见,通过对企业流动资产构成的分析,可以识别企业的短期偿债能力。若企业短期偿债能力低,则进而会影响其长期偿债能力,所有者的投资报酬就没有保障,投资安全性亦会受影响。

（二）通过资产负债表可以了解企业的资本结构,有助于分析识别企业的长期偿债能力及财务的稳定性

企业资本结构是指权益总额中负债与所有者权益相对比例、负债总额中流动负债与长期负债相对比例、所有者权益中投入资本与留存收益的相对比例。负债与所有者权益相对比例的大小,直接关系到债权人和所有者的相对投资风险,以及企业的长期偿债能力。负债比重越大,债权人的风险越大,企业的长期偿债能力也越弱。相反,负债比重越小,企业的长期偿债能力越强,债权人风险也越小,企业财务也越稳定。

（三）通过资产负债表可以了解企业资源占用情况，有助于识别与评价企业的经营业绩

企业的经营业绩主要取决于其获利能力，企业获利能力大小，直接关系到能否向债权人还本付息和能否向投资者支付较高股利。但是，企业要获得盈利必须要占用一定数量的资源，资源的分布状况对获利将产生影响，将获得利润与占用资源相比称为资金利润率。它是衡量获利能力的重要指标。因此，通过资产负债表可以有助于识别与评价企业的经营业绩。

三、资产负债表的结构

目前国际上流行的资产负债表格式主要有账户式和报告式两种。我国企业的资产负债表采用账户式结构。账户式资产负债表分左右两方，左方为资产项目，大体按资产的流动性强弱排列，流动性强的资产如"货币资金""以公允价值计量且其变动计入当期损益的金融资产"等排在前面，流动性弱的资产如"长期股权投资""固定资产"等排在后面。右方为负债和所有者权益项目，一般要求按照清偿时间的先后顺序排列，"短期借款""应付票据""应付账款"等需要在一年以内或者长于一年的一个正常营业周期内偿还的流动负债排在前面，"长期借款"等在一年以上才需要偿还的非流动负债排在中间，在企业清算之前不需要偿还的所有者权益项目排在后面。

账户式资产负债表中的资产各项目的合计等于负债和所有者权益各项目的合计，即资产负债表左方和右方平衡。因此，通过账户式资产负债表，可以反映资产、负债、所有者权益之间的内在联系，即"资产＝负债＋所有者权益"。

为了使使用者通过比较不同时点资产负债表的数据，掌握企业财务状况的变动情况及发展趋势，企业需要提供比较资产负债表，资产负债表就各项目分为"年初余额"和"期末余额"两栏分别填列。我国企业资产负债表简化格式如表9-1所示。

表9-1 资产负债表

编制单位： 年 月 日 单位：元

资产	期末余额	年初余额	负债和所有者权益（或股东权益）	期末余额	年初余额
流动资产：			流动负债		
货币资金			短期借款		
以公允价值计量且其变动计入当期损益的金融资产			应付票据		
应收票据			应付账款		
应收账款			预收款项		
预付款项			应付职工薪酬		
应收利息			应交税费		

续表

资产	期末余额	年初余额	负债和所有者权益(或股东权益)	期末余额	年初余额
应收股利			应付利息		
其他应收款			应付股利		
存货			其他应付款		
一年内到期的非流动资产			一年内到期的非流动负债		
其他流动资产			其他流动负债		
流动资产合计			流动负债合计		
非流动资产:			非流动负债		
持有至到期投资			长期借款		
长期应收款			应付债券		
长期股权投资			长期应付款		
固定资产			其他非流动负债		
在建工程			非流动负债合计		
无形资产			负债合计		
开发支出			所有者权益(或股东权益)		
商誉			实收资本(或股本)		
长期待摊费用			资本公积		
其他非流动资产			减:库存股		
非流动资产合计			其他综合收益		
			盈余公积		
			未分配利润		
			所有者权益(或股东权益)合计		
资产总计			负债和所有者权益(或股东权益)总计		

值得说明的是,虽然小企业会计准则在资产负债表的定义和汇总金额的要求上与企业会计准则相一致,但小企业会计准则在资产负债表的组成项目上根据小企业的实际情况进行了适当简化和调整。比如小企业资产负债表用短期投资项目反映企业购入的能随时变现并且持有时间不准备超过1年的股票、债券和基金投资的余额,而小企业准备长期持有的债券投资的本息则反映在"长期债券投资"项目中。

四、资产负债表的编制

资产负债表各项目均需填列"年初余额"和"期末余额"两栏。其中"年初余额"栏内各项数字,通常根据上年末(12月31日)资产负债表有关项目的期末余额填列,且与上年末资产负债表"期末余额"栏相一致。如果上年度资产负债表规定的项目名称和内容与本年度不相一致,应对上年年末资产负债表相关项目的名称和数字按照本年度的规定进行调整,按调整后的数字填入资产负债表"年初余额"栏内。

"期末余额"栏内各项数字一般应根据资产、负债和所有者权益类账户的期末余额填列。其中大多数项目可以直接根据账户余额填列,少数项目则要根据账户余额进行分析、计算后才能填列。具体填列方法归纳起来主要有以下几种方式:

(一)根据某个总账账户的期末余额直接填列

资产负债表中的有些项目,可直接根据有关总账账户的余额直接填列,如"以公允价值计量且其变动计入当期损益的金融资产""固定资产清理""短期借款""应付票据""实收资本""资本公积""其他综合收益"等项目。一般情况下,资产类项目直接根据其总账账户的借方余额填列,负债类项目直接根据其总账账户的贷方余额填列。

[例9-1] 某企业2018年12月31日应付A企业商业票据32 000元,应付B企业商业票据56 000元,应付C企业商业票据680 000元,尚未支付。

该企业在2018年12月31日资产负债表中"应付票据"项目金额为:

32 000 + 56 000 + 680 000 = 768 000(元)

本例中,企业直接以"应付票据"总账账户期末余额填列在资产负债表中。

(二)根据若干个总账账户的期末余额分析计算填列

根据几个总账账户的期末余额分析计算填列的项目主要有"货币资金""存货""未分配利润"等项目。简单地来讲,"货币资金"项目,可根据"库存现金""银行存款"等总账账户的期末余额的合计数填列;"存货"项目,可根据"在途物资""原材料""库存商品""生产成本"等总账账户期末余额合计减去"存货跌价准备"等账户期末余额后的金额填列。

"未分配利润"项目,平时应根据"本年利润"和"利润分配"账户的期末余额计算填列,未弥补的亏损,以"-"填列。"本年利润"和"利润分配"的余额均在贷方的,用两者余额之和填列;余额均在借方的,将两者余额之和在本项目内以"-"号填列;两者余额一个在借方一个在贷方的,用两者余额互相抵减后的差额填列,如为借差则在本项目内以"-"号填列。但年度终了,"未分配利润"项目应根据"利润分配"账户所属的"未分配利润"明细账户的期末余额填列。余额在贷方的直接填列,余额在借方的在本项目内以"-"号填列。

[例9-2] 某企业2018年12月31日结账后的"库存现金"账户余额为10 000元,"银行存款"账户余额为4 000 000元。

则该企业2018年12月31日资产负债表中的"货币资金"项目金额为:

10 000 + 4 000 000 = 4 010 000(元)

本例中,企业应当按照"库存现金""银行存款"的总账账户余额加总后的金额,作为资产负债表中"货币资金"项目的金额。

[例9-3] 某企业采用实际成本核算材料,2018年12月31日结账后有关账户余额为:

"原材料"账户余额为 2 400 000 元(借方),"库存商品"账户余额为 1 600 000 元(借方),"生产成本"账户借方余额为 600 000 元(借方)。

该企业 2018 年 12 月 31 日资产负债表中的"存货"项目金额为:

2 400 000 + 1 600 000 + 600 000 = 4 600 000(元)

本例中,企业应当以"原材料""库存商品""生产成本"各总账账户余额加总后的金额,作为资产负债表中"存货"的项目金额。

(三) 根据有关总账所属的明细账的期末余额分析计算填列

根据有关总账所属的明细账的期末余额分析计算填列的项目主要代表性项目有"应收账款""预付账款""应付账款""预收账款"等项目。

"应收账款"项目,需要根据"应收账款"和"预收账款"两个账户所属的相关明细账户的期末借方余额计算填列,如"应收账款"账户所属明细账户期末有贷方余额的,应在资产负债表"预收款项"项目内填列。"预付款项"项目根据"应付账款"项目和"预付账款"账户所属各明细账户的期末借方余额合计数填列。"应付账款"项目需要根据"应付账款"和"预付账款"两个账户所属的相关明细账户的期末贷方余额计算填列,如"应付账款"账户所属明细账户期末有借方余额的,应在资产负债表"预付款项"项目内填列。"预收款项"项目根据"应收账款"项目和"预收账款"账户所属各明细账户的期末贷方余额合计数填列。

[例 9-4] 某企业 2018 年 12 月 31 日结账后有关账户余额如表 9-2 所示。

表 9-2 账户余额表

账户名称	总账期末余额	明细账借方余额	明细账贷方余额
应收账款	1 500 000	1 600 000	100 000
预付账款	740 000	800 000	60 000
应付账款	1 400 000	400 000	1 800 000
预收账款	800 000	600 000	1 400 000

该企业 2018 年 12 月 31 日资产负债表中相关项目的金额为:

应收账款项目金额为:1 600 000 + 600 000 = 2 200 000(元)

预付款项项目金额为:800 000 + 400 000 = 1 200 000(元)

应付账款项目金额为:60 000 + 1 800 000 = 1 860 000(元)

预收款项项目金额为:1 400 000 + 100 000 = 1 500 000(元)

本例中,应收账款项目,应当根据"应收账款"账户所属明细账户借方余额 1 600 000 元和"预收账款"账户所属明细账户借方余额 600 000 元,加总作为资产负债表中"应收账款"项目金额,即 2 200 000 元。

预付款项项目,应当根据"预付账款"账户所属明细账户借方余额 800 000 元和"应付账款"账户所属明细账户借方余额 400 000 元,加总作为资产负债表中"预付款项"项目金额,即 1 200 000 元。

应付账款项目,应当根据"应付账款"账户所属明细账户贷方余额 1 800 000 元和"预付账款"账户所属明细账户贷方余额 60 000 元,加总作为资产负债表中"应付账款"项目金额,即 1 860 000 元。

预收款项项目,应当根据"预收账款"账户所属明细账户贷方余额 1 400 000 元和"应收账款"账户所属明细账户贷方余额 100 000 元,加总作为资产负债表中"预收款项"项目金额,即 1 500 000 元。

此外,需要注意的是,应交税费项目也应根据"应交税费"账户所属明细账户期末余额分析填列,其中的借方余额应当根据其流动性在"其他流动资产"或"其他非流动资产"项目中填列。

(四)根据有关总账账户及其明细账账户期末余额分析计算填列

根据有关总账账户及其明细账账户期末余额分析计算填列的有"长期待摊费用""长期借款"等项目。"长期待摊费用"应该根据"长期待摊费用"总账账户余额减去将于一年内摊销的金额作为资产负债表中"长期待摊费用"项目的金额。"长期借款"项目,需要根据"长期借款"总账账户余额扣除"长期借款"账户所属的明细账户中将在一年内到期、且企业不能自主地将清偿义务展期的长期借款后的金额计算填列。

[例 9-5] 某企业 2018 年"长期待摊费用"账户的期末余额为 375 000 元,将于一年内摊销的数额为 204 000 元。

该企业 2018 年 12 月 31 日资产负债表中的"长期待摊费用"项目金额为:

375 000 − 204 000 = 171 000(元)

本例中,企业应该根据"长期待摊费用"总账账户余额 375 000 元,减去将于一年内摊销的金额 204 000 元,作为资产负债表中"长期待摊费用"项目的金额,即 171 000 元。将于一年内摊销完毕的 204 000 元,应当填列在流动资产下"一年内到期的非流动资产"项目中。

[例 9-6] 某企业长期借款情况如表 9-3 所示。

表 9-3

借款起始日期	借款期限(年)	金额(元)
2016 年 2 月 1 日	4	1 000 000
2015 年 8 月 1 日	4	1 200 000

2018 年 12 月 31 日,该企业长期借款总账账户余额为 2 200 000 元,其中将于 1 年内到期的长期借款为 1 200 000 元,应填列在流动负债下"一年内到期的非流动负债"项目中。该企业 2018 年 12 月 31 日的资产负债表中,长期借款项目的金额为 1 000 000 元。

(五)根据有关资产类账户余额与其备抵账户抵销后的净额填列

根据有关资产类账户余额与其备抵账户抵销后的净额填列的项目有"固定资产""无形资产"等项目。"固定资产"项目,应当根据"固定资产"账户的期末余额减去"累计折旧"等备抵账户余额后的净额填列;"无形资产"项目,应当根据"无形资产"账户的期末余额,减去"累计摊销"等备抵账户余额后的净额填列。

[例9-7] 某企业2018年12月31日结账后,"固定资产"账户余额为1 200 000元,"累计折旧"账户余额为200 000元。

在资产负债表中,"固定资产"项目,应当根据"固定资产"账户的期末余额减去"累计折旧"备抵账户余额后的净额填列,因此,该企业2018年12月31日的资产负债表中,固定资产项目的金额 = 1 200 000 - 200 000 = 1 000 000元。

五、资产负债表编制举例

[例9-8] 东方股份有限公司2018年10月31日的账户余额表见表9-4。

表9-4 东方股份有限公司账户余额表

2018年10月31日 单位:元

账户名称	借方余额	账户名称	贷方余额
库存现金	2 000	短期借款	50 000
银行存款	783 435	应付票据	100 000
应收票据	66 000	应付账款	953 800
应收账款	598 200	其他应付款	50 000
预付账款	100 000	应付职工薪酬	180 000
其他应收款	5 000	应交税费	226 731
在途物资	275 000	应付股利	32 215
原材料	45 000	长期借款	1 150 100
生产成本	38 050	股本	5 000 000
库存商品	2 126 650	盈余公积	124 770
长期股权投资	250 000	本年利润	310 300
固定资产	2 701 000		
累计折旧	-200 000		
在建工程	728 000		
无形资产	600 000		
累计摊销	-60 000		
利润分配	119 581		
合计	8 177 916	合计	8 177 916

要求:根据上述资料,编制该公司2018年10月31日的资产负债表。

分析:东方股份有限公司2018年10月31日资产负债表包括期末余额和年初余额两个纵栏,由于例中为简化起见,未给出该公司上年末资产负债表及年初相关资料,故本题在填列资产负债表年初余额数时,相关金额予以省略。资产负债表期末余额数可根据题中账户余额表资料提供的资产、负债和所有者权益类账户的期末余额运用前面所述方法填列。

本题需要分析填列的项目有:

货币资金项目 = 库存现金 2 000 + 银行存款 783 435 = 785 435(元)

存货项目 = 在途物资 275 000 + 原材料 45 000 + 生产成本 38 050 + 库存商品 2 126 650 = 2 484 700(元)

固定资产项目 = 固定资产 2 701 000 – 累计折旧 200 000 = 2 501 000(元)

无形资产项目 = 无形资产 600 000 – 累计摊销 60 000 = 540 000(元)

未分配利润项目 = 本年利润 310 300 – 利润分配 119 581 = 190 719(元)

本题中其余资产负债表项目可根据总账账户余额直接填列。

根据上述资料和分析,整理可得东方股份有限公司 2018 年 10 月 31 日的资产负债表,见表 9-5。

表 9-5 资产负债表

编制单位:东方股份有限公司　　　　2018 年 10 月 31 日　　　　　　　　　　单位:元

资产	期末余额	年初余额（略）	负债和所有者权益（或股东权益）	期末余额	年初余额（略）
流动资产:			流动负债		
货币资金	785 435		短期借款	50 000	
以公允价值计量且其变动计入当期损益的金融资产	0		应付票据	100 000	
应收票据	66 000		应付账款	953 800	
应收账款	598 200		预收款项	0	
预付款项	100 000		应付职工薪酬	180 000	
应收利息	0		应交税费	226 731	
应收股利	0		应付利息	0	
其他应收款	5 000		应付股利	32 215	
存货	2 484 700		其他应付款	50 000	
一年内到期的非流动资产	0		一年内到期的非流动负债	0	
其他流动资产	0		其他流动负债	0	
流动资产合计	4 039 335		流动负债合计	1 592 746	
非流动资产:			非流动负债		
持有至到期投资	0		长期借款	1 150 100	
长期应收款	0		应付债券	0	
长期股权投资	250 000		长期应付款	0	

续表

资产	期末余额	年初余额（略）	负债和所有者权益（或股东权益）	期末余额	年初余额（略）
固定资产	2 501 000		其他非流动负债	0	
在建工程	728 000		非流动负债合计	1 150 100	
无形资产	540 000		负债合计	2 742 846	
开发支出	0		所有者权益（或股东权益）		
商誉	0		实收资本（或股本）	5 000 000	
长期待摊费用	0		资本公积	0	
其他非流动资产	0		减:库存股	0	
非流动资产合计	4 019 000		盈余公积	124 770	
			未分配利润	190 719	
			所有者权益（或股东权益）合计	5 315 489	
资产总计	8 058 335		负债和所有者权益（或股东权益）总计	8 058 335	

第三节 利润表

一、利润表概述

利润表是指反映企业在一定会计期间的经营成果的报表,其列报必须充分反映企业经营业绩的主要来源和构成,是企业对外提供的主要报表之一。利润表根据"收入－费用＝利润"的会计等式,依据其重要性,将企业一定时期内的收入、费用和利润项目依次排列,并根据账簿资料整理后编制而成。由于表内数据说明的是某一期间的情况,因此利润表属于动态报表。

企业利润表对费用列报通常应当按照功能进行分类,即分为从事经营业务发生的成本、管理费用、销售费用和财务费用等,有助于使用者了解费用发生的活动领域,能向报表使用者提供具有结构性的信息,更清楚地揭示企业经营业绩的主要来源和构成,提供的信息更相关。同时,由于费用性质的信息有助于预测企业未来现金流量,企业可以在附注中披露费用按性质分类的利润表补充资料,比如耗用的原材料、职工薪酬费用、折旧费用和摊销费用等。

二、利润表的作用

通过提供利润表,可以反映企业在一定会计期间收入、费用、利润(或亏损)的数额、构成情况,帮助财务报表使用者全面了解企业的经营成果,分析企业的获利能力及盈利增长趋势,从而为其做出经济决策提供依据。利润表的作用主要表现在以下几个方面:

(一)可以反映企业的盈利能力

利润是评价经营成果和获利能力的主要指标。经营成果是指企业运用所控制资源而获得的报酬,获利能力是指企业运用一定经济资源(人力、物力)获取经营成果的能力,它可通过一些相对指标,如资产收益率、净资产收益率、成本利润率等予以体现。通过利润表及资产负债表相关指标即可计算出企业的获利能力及经营成果,通过比较和分析同一企业不同期间、不同企业的同一时期的收益情况,可以识别企业经营成果的优劣和获利能力的高低,预测未来的发展趋势。

(二)可以反映企业的资产利用效率和偿债能力

将利润表中的信息与资产负债表的信息相结合,可以判断企业的资产利用效率和偿债能力。如将赊销收入净额与应收账款平均余额进行比较,计算出应收账款周转率;将销货成本与存货平均余额进行比较,计算出存货周转率;将赊销收入净额与总资产进行比较,计算出总资产周转率,以判断企业的资产管理能力。企业的偿债能力不仅取决于资产的流动性及权益结构,也取决于企业的获利能力的高低。如果企业获利能力不强,其资产的流动性和权益结构必然逐步恶化,最终将危及企业的偿债能力,陷入资不抵债困境。因此,通过对不同时期、不同企业之间利润表有关信息的比较、分析,可以间接地识别、预测企业的偿债能力,尤其是长期偿债能力,并揭示偿债能力的变化趋势,使报表使用者做出正确的决策。

(三)可以用来评价企业管理当局的业绩

利润是经营管理人员的业绩体现,也是管理成功与否的重要标志。通过分析不同时期、不同企业之间收入、成本、费用及利润的增减变动,并分析产生差异的原因,可据以识别、评价各职能部门和人员的业绩,以及他们的业绩与整个企业经营成果的关系,从而评价各管理部门及人员的功过得失,为人事调整、实施奖惩、改善经营管理提供依据。通过对企业不同时期利润表所反映的各项收入、费用和利润进行增减变动分析和结构分析,找出问题,分析问题的原因,股东和投资者可以评价企业管理当局的业绩。

(四)可以为经营成果分配提供重要依据

现代企业是由不同利益集团组成的经济联合体。各种利益集团提供资金、技术、人力资源和参与企业经营活动的目的在于分享企业的经营成果——利润。因此,在一定的经济政策、法律规定和企业分配制度的前提下,利润的多少决定了各利害关系方,如国家税收、股东红利、管理人员和员工酬金等的分享额。

三、利润表的结构

利润表的结构,包括表首、正表和附注三部分:"表首"部分列示报表的名称、编制单位、编制时期和货币计量单位;"正表"部分是会计报表的主体和核心。其格式主要有:"单步式"和"多步式"。

"单步式"利润表是指将本期全部收入和全部费用分别汇总,两者相减后得出本期净利润的利润表。单步式利润表首先列示当期所有收入项目,然后再列示所有的费用项目,两者相减后得出本期净利润。在利润表编制过程中,因只有一个相减的步骤,故称为单步式利润表。这种格式的利润表结构简单,反映的重点是企业最终的利润,其缺点是没有直接揭示收入与成本、费用及支出的配比关系,不利于揭示利润形成的过程,也不利于分析利润的结构。

"多步式"利润表是通过对当期的收入、费用、支出项目按性质加以归类,按利润形成的主要环节列示一些中间性利润指标,分步计算当期净损益。将不同性质的收入和费用类别进行对比,可以得出一些中间性的利润数据,所以被称为多步式利润表。其反映的重点不仅在于企业的最终利润,还在于利润的形成过程,便于使用者理解企业经营成果的不同来源。我国企业均采用多步式结构的利润表。

我国企业采用的多步式利润表的简化格式见表9-6。

表9-6 利润表

编制单位: ＿＿＿＿年＿＿月 单位:元

项目	本期金额	上期金额
一、营业收入		
减:营业成本		
税金及附加		
销售费用		
管理费用		
财务费用		
加:投资收益		
二、营业利润(亏损以"-"号填列)		
加:营业外收入		
减:营业外支出		
三、利润总额(亏损总额以"-"号填列)		
减:所得税费用		
四、净利润(净亏损以"-"号填列)		
五、其他综合收益的税后净额		
(一)以后不能重分类进损益的其他综合收益		

续表

项目	本期金额	上期金额
(二)以后将重分类进损益的其他综合收益		
六、综合收益总额		
七、每股收益		
(一)基本每股收益		
(二)稀释每股收益		

多步式利润表的栏目分为"本期金额"和"上期金额"两栏,纵向项目上反映以下几方面的内容:

(1) 营业收入,由主营业务收入和其他业务收入组成。

(2) 营业利润,以营业收入为基础,减去营业成本(主营业务成本、其他业务成本)、税金及附加、销售费用、管理费用、财务费用,加上投资收益(减去投资损失),计算出营业利润。

(3) 利润总额,以营业利润为基础,加上营业外收入,减去营业外支出,即为利润总额。

(4) 净利润,以利润总额为基础,减去所得税费用,计算出净利润(或亏损)。

(5) 其他综合收益,是指企业根据其他会计准则规定未在当期损益中确认的各项利得和损失,具体分为"以后会计期间不能重分类进损益的其他综合收益项目"和"以后会计期间在满足规定条件时将重分类进损益的其他综合收益项目"两类,并以扣除相关所得税影响后的净额列报。

(6) 综合收益总额,净利润加上其他综合收益税后净额,即为综合收益总额。

(7) 每股收益,包括基本每股收益和稀释每股收益两项指标。

四、利润表的编制方法

根据财务报表列报准则的规定,企业需要提供比较利润表,以使报表使用者通过比较不同期间利润的实现情况,判断企业经营成果的未来发展趋势。利润表各项目均需填列"本期金额"和"上期金额"两栏。

(一)本期金额栏的填列

利润表"本期金额"栏内各项数据一般应根据损益类账户和所有者权益类有关账户的发生额分析填列。

1. **收入类项目的填列**

收入类项目大多根据收入类账户期末结转前贷方发生额减去借方发生额后的差额填列,若差额为负数,以"-"号填列,如"投资收益"项目。但"营业收入"项目,应根据"主营业务收入"账户借贷发生额的差额,加上"其他业务收入"账户的借贷发生额的差额之和填列。

2. **费用类项目的填列**

费用类项目大多根据费用类账户期末结转前借方发生额减去贷方发生额后的差额填

列,若差额为负数,以"-"号填列,如"税金及附加""销售费用""管理费用""财务费用""所得税费用"等项目。但"营业成本"项目,应根据"主营业务成本"账户借贷发生额的差额,加上"其他业务成本"账户的借贷发生额的差额之和填列。

3. 其他综合收益项目的填列

"其他综合收益的税后净额"项目及其各组成部分,应根据"其他综合收益"账户及其所属明细账户的本期发生额分析填列。

4. 自然计算项目的填列

利润表中有些项目,应通过表中有关项目自然计算后的金额填列,如"营业利润""利润总额""净利润"等项目。"利润总额"项目如为亏损,以"-"号填列;"净利润"项目如为净亏损,也以"-"号填列。

5. 特殊项目的填列

利润表中的"基本每股收益"项目,仅仅考虑当期实际发行在外的普通股股份,应按归属于普通股股东的当期净利润除以当期实际发行在外的普通股的加权平均数计算确定;"稀释每股收益"项目,在存在稀释性潜在普通股时,应根据其影响分别调整归属于普通股股东的当期净利润以及发行在外普通股的加权平均数计算。

月度利润表的"本期金额"栏,反映各项目的本月实际发生数,在编制年度利润表时,"本期金额"栏反映各项目自年初起至本月末止的累计发生数。

(二)上期金额栏的填列

利润表中"上期金额"栏内的数字,应根据上年该期利润表中"本期金额"栏内所列数字填列。如果是月度利润表,应根据上年该期利润表中"本期金额"栏内的数字填列。年度利润表中的"上期金额"填列上年全年累计实际发生数,从而与"本期金额"各项目进行比较。如果上年该期利润表规定的各个项目的名称和内容与本期不相一致,应对上年该期利润表各项目的名称和数字按本期的规定进行调整,填入利润表"上期金额"栏内。

需要说明的是,小企业利润表月报设有"本年累计金额"和"本月金额"两栏。"本年累计金额"栏反映各项目自年初起至报告期末止的累计实际发生额,"本月金额"栏反映各项目的本月实际发生额。某些不编制月度利润表的小企业,在编制季度利润表时,应将"本月金额"栏改为"本季度金额"栏,反映各项目的本季度实际发生额。而小企业在编制年度利润表时,则应将"本月金额"改为"上年金额"栏,填列上年全年实际发生额,如果上年度利润表规定的各个项目的名称和内容同本年度利润表不一致,应对上年度利润表项目的名称和数字按本年度的规定进行调整,填入报表的"上年金额"栏内。

五、利润表的编制举例

[例 9-9] 远方股份有限公司 2018 年度有关损益类账户本年累计发生净额见表 9-7。

表 9-7 远方股份有限公司损益类账户 2018 年度累计发生净额

单位:元

账户名称	借方发生额	贷方发生额
主营业务收入		1 250 000
主营业务成本	750 000	
税金及附加	2 000	
其他业务收入		20 000
其他业务成本	10 000	
销售费用	20 000	
管理费用	157 100	
财务费用	41 500	
投资收益		31 500
营业外收入		50 000
营业外支出	19 700	
所得税费用	87 800	

根据上述资料,编制远方股份有限公司 2018 年利润表,见表 9-8。

表 9-8 利润表

编制单位:远方股份有限公司　　　　　　2018 年　　　　　　　　单位:元

项目	本期金额	上期金额(略)
一、营业收入	1 270 000	
减:营业成本	760 000	
税金及附加	2 000	
销售费用	20 000	
管理费用	157 100	
财务费用	41 500	
加:投资收益(损失以"－"号填列)	31 500	
二、营业利润(亏损以"－"号填列)	320 900	
加:营业外收入	50 000	
减:营业外支出	19 700	
三、利润总额(亏损总额以"－"号填列)	351 200	
减:所得税费用	87 800	
四、净利润(净亏损以"－"号填列)	263 400	

第四节 现金流量表

一、现金流量表概述

企业的现金流转情况在很大程度上影响着企业的生存和发展。企业现金充裕,可以及时购入必要的材料物资和固定资产,及时支付工资、偿还债务、支付股利和利息等。现金管理成为企业财务管理的一个重要方面,受到企业管理人员、投资者、债权人以及政府监管部门的关注。《企业会计准则第31号——现金流量表》规范了现金流量表的编制和列报。

现金流量表是反映企业在一定会计期间现金和现金等价物流入和流出的报表。编制现金流量表的主要目的,是为财务报表使用者提供企业一定会计期间内现金和现金等价物流入和流出的信息,以便于财务报表使用者了解和评价企业获取现金和现金等价物的能力,并据以预测企业未来现金流量。

现金流量表的作用可以表现在以下几个方面:

(一) 有助于评价企业支付能力、偿债能力和周转能力

现金流量表可以提供企业的现金流量信息,从而对企业整体财务状况做出客观评价,通过企业的现金流量情况,可以大致判断其经营周转是否顺畅。

(二) 有助于预测企业未来现金流量

现金流量表是在以营运资金为基础编制的财务状况变动表基础上发展起来的,它避免了以营运资金为基础编制的财务状况变动表的局限性,投资人和债权人通过现金流量表可以对企业的支付能力和偿债能力以及企业对外部资金的需求情况做出较为可靠的判断。

(三) 有助于分析企业收益质量及影响现金净流量的因素

通过现金流量,不但可以了解企业当前的财务状况,还可以预测企业未来的发展状况,从投资活动流出的现金、筹资活动流入的现金和筹资活动流出的现金中,可以分析企业是否过度扩大经营规模,通过比较当期净利润与当期净现金流量,可以看出非现金流动资产吸收利润的情况,评价企业产生净现金流量的能力是否偏低。

二、现金流量的分类

现金流量是指一定会计期间内企业现金和现金等价物的流入和流出。企业从银行提取现金、用现金购买短期到期的国库券等现金和现金等价物之间的转换不属于现金流量。

现金是指企业库存现金以及可以随时用于支付的存款,包括库存现金、银行存款和其他

货币资金(如外埠存款、银行汇票存款、银行本票存款等)等,不能随时用于支付的存款不属于现金。

现金等价物,是指企业持有的期限短、流动性强、易于转换为已知金额现金,价值变动风险很小的投资。期限短,一般是指从购买日起三个月内到期。现金等价物通常包括三个月内到期的债券投资等。权益性投资变现的金额通常不确定,因而不属于现金等价物。企业应当根据具体情况,确定现金等价物的范围,一经确定不得随意变更。

企业产生的现金流量分为三类:

(一) 经营活动产生的现金流量

经营活动,是指企业投资活动和筹资活动以外的所有交易和事项。各类企业由于行业特点不同,对经营活动的认定存在一定差异。对于工商企业而言,经营活动产生的现金流量主要包括销售商品或提供劳务、购买商品、接受劳务、支付职工薪酬和交纳税费等流入和流出的现金和现金等价物。

(二) 投资活动产生的现金流量

投资活动,是指企业长期资产的购建和不包括在现金等价物范围内的投资及其处置活动,它既包括实物资产投资,也包括金融资产投资。之所以将"包括在现金等价物范围内的投资"排除在外,是因为已经将包括在现金等价物范围内的投资视同现金。投资活动产生的现金流量主要包括购建固定资产、处置子公司及其他营业单位等流入和流出的现金和现金等价物。

(三) 筹资活动产生的现金流量

筹资活动,是指导致企业资本及债务规模和构成发生变化的活动。筹资活动产生的现金流量主要包括吸收投资、发行股票、分配利润、发行债券、偿还债务等流入和流出的现金和现金等价物。通常情况下,偿付应付账款、应付票据等商业应付款等属于经营活动,不属于筹资活动。

三、现金流量表的结构

我国企业现金流量表采用报告式结构,分类反映经营活动产生的现金流量、投资活动产生的现金流量和筹资活动产生的现金流量,最后汇总反映企业某一期间现金及现金等价物的净增加额。

我国企业现金流量表的格式如表9-9所示。

表 9-9 现金流量表

编制单位：　　　　　　　　　　　　　　　年　　月　　　　　　　　　　　　　　　　单位：元

项目	本期金额	上期金额
一、经营活动产生的现金流量		
销售商品、提供劳务收到的现金		
收到的税费返还		
收到其他与经营活动有关的现金		
经营活动现金流入小计		
购买商品、接受劳务支付的现金		
支付给职工以及为职工支付的现金		
支付的各项税费		
支付其他与经营活动有关的现金		
经营活动现金流出小计		
经营活动产生的现金流量净额		
二、投资活动产生的现金流量		
收回投资收到的现金		
取得投资收益收到的现金		
处置固定资产、无形资产和其他长期资产收回的现金净额		
处置子公司及其他营业单位收到的现金净额		
收到其他与投资活动有关的现金		
投资活动现金流入小计		
购建固定资产、无形资产和其他长期资产支付的现金		
投资支付的现金		
取得子公司及其他营业单位支付的现金净额		
支付其他与投资活动有关的现金		
投资活动现金流出小计		
投资活动产生的现金流量净额		
三、筹资活动产生的现金流量		
吸收投资收到的现金		
取得借款收到的现金		
收到其他与筹资活动有关的现金		
筹资活动现金流入小计		
偿还债务支付的现金		
分配股利、利润或偿付利息支付的现金		

续表

项目	本期金额	上期金额
支付其他与筹资活动有关的现金		
筹资活动现金流出小计		
筹资活动产生的现金流量净额		
四、汇率变动对现金及现金等价物的影响		
五、现金及现金等价物净增加额		
加：期初现金及现金等价物余额		
六、期末现金及现金等价物余额		

四、现金流量表的编制

现金流量表可以采用直接法和间接法编制。直接法是通过现金收入和现金支出的主要类别反映来自企业经营活动的现金流量，如销售商品、提供劳务收到的现金；购买商品、接受劳务支付的现金等就是按现金收入和支出的类别直接反映的。采用直接法编制经营活动现金流量时，一般以利润表中的营业收入为起算点，调整与经营活动有关的项目的增减变动，然后计算出经营活动的现金流量。间接法以本期净利润为起算点，调整不涉及现金的收入、费用、营业外收支等有关项目的增减变动，剔除投资活动、筹资活动对现金流量的影响，据此计算出经营活动的现金流量。

采用直接法编制的现金流量表，便于分析企业经营活动产生的现金流量的来源和用途，预测企业现金流量的未来前景；采用间接法编报现金流量表，便于将净利润与经营活动产生的现金流量净额进行比较，了解净利润与经营活动产生的现金流量有差异的原因，从现金流量的角度分析净利润的质量。我国现金流量表准则规定企业应当采用直接法编报现金流量表，同时要求在附注中提供以净利润为基础调节到经营活动现金流量的信息。

采用直接法具体编制现金流量表时，可以采用工作底稿法或T型账户法，也可以根据有关账户记录分析填列。现金流量表各项目的编制方法留待以后在后续课程"中级财务会计"中进一步介绍。

第五节 财务报表附注

一、财务报表附注概述

财务报表附注是对资产负债表、利润表、现金流量表等报表中列示项目的文字表述或明细资料，以及未能在这些报表中列示项目的说明等。

资产负债表、利润表和现金流量表等报表中的数字是经过分类和汇总后的结果，是对企业发生经济业务的高度简化和浓缩的数字。对于财务报表的外部使用者来说，仅仅阅读报表，而没有理解这些数字所披露的信息，财务报表就不可能充分发挥效用。因此，附注与资产负债表、利润表、现金流量表等报表具有同等的重要性，是财务报表不可或缺的组成部分。通过附注与资产负债表、利润表、现金流量表列示项目的相互参照关系，以及未能在报表中列示项目的说明，可以使报表使用者全面了解企业的财务状况、经营成果和现金流量。

二、财务报表附注的内容

附注是财务报表的重要组成部分，企业应当按照如下顺序披露附注的内容。

（一）企业的基本情况

包括：

（1）企业注册地、组织形式和总部地址；

（2）企业的业务性质和主要经营活动；

（3）母公司以及集团最终母公司的名称；

（4）财务报告的批准报出者和财务报告批准报出日；

（5）营业期限有限的企业，还应当披露有关其营业期限的信息。

（二）财务报表的编制基础

财务报表的编制基础是指财务报表是在持续经营基础上还是非持续经营基础上编制的。企业一般是在持续经营基础上编制财务报表，清算、破产属于非持续经营基础。

（三）遵循企业会计准则的声明

企业应当声明编制的财务报表符合企业会计准则的要求，真实、完整地反映了企业的财务状况、经营成果和现金流量等有关信息，以此明确企业编制财务报表所依据的制度基础。

如果企业编制的财务报表只是部分地遵循了企业会计准则，附注中不得作出这种表述。

（四）重要会计政策和会计估计

企业应当披露重要的会计政策和会计估计，不重要的会计政策和会计估计可以不披露。在披露重要会计政策和会计估计时，企业应当披露重要会计政策的确定依据和财务报表项目的计量基础，以及会计估计中所采用的关键假设和不确定因素。

（五）会计政策和会计估计变更以及差错更正的说明

企业应当按照会计政策、会计估计变更和差错更正会计准则的规定，披露会计政策、会计估计变更和差错更正的有关情况。

（六）报表重要项目的说明

企业对报表重要项目的说明，诸如应收款项、存货、固定资产、无形资产、职工薪酬、应交税费、营业收入、营业外收入、营业外支出、所得税等,应当按照资产负债表、利润表、现金流量表、所有者权益变动表及其项目列示的顺序,采用文字和数字描述相结合的方式进行披露,报表重要项目的明细金额合计,应当与报表项目金额相衔接。

(七) 其他需要说明的重要事项

这些重要事项主要包括或有事项、资产负债表日后非调整事项、关联方关系及其交易等。

【练习题】

一、名词解释

资产负债表　利润表　现金流量表　财务报表附注　单步式　多步式　现金等价物　直接法　间接法

二、单项选择题

1. 会计报表编制的根据是(　　)。
   A. 原始凭证　　　　B. 记账凭证　　　　C. 账户汇总表　　　　D. 账簿记录
2. 依照我国的会计准则,资产负债表采用的格式为(　　)。
   A. 单步报告式　　　B. 多步报告式　　　C. 账户式　　　　　　D. 混合式
3. 资产负债表是反映企业(　　)财务状况的会计报表。
   A. 某一特定日期　　B. 一定时期内　　　C. 某一年份内　　　　D. 某一月份内
4. 在资产负债表中,资产按照流动性排列时,下列排列方法正确的是(　　)。
   A. 存货、无形资产、货币资金、应收账款
   B. 应收账款、存货、无形资产、货币资金
   C. 无形资产、货币资金、应收账款、存货
   D. 货币资金、应收账款、存货、无形资产
5. 编制利润表主要是根据(　　)。
   A. 损益类各账户的本期发生额
   B. 损益类各账户的期末余额
   C. 损益类账户及所有者权益有关账户的本期发生额
   D. 损益类账户及所有者权益有关账户的期末余额
6. 下列各项中,不会影响利润总额增减变化的是(　　)。
   A. 销售费用　　　　B. 管理费用　　　　C. 所得税费用　　　　D. 营业外支出
7. 利润表中的项目填列应根据损益类账户及所有者权益有关账户的(　　)。
   A. 期末余额　　　　　　　　　　　　　B. 期初余额
   C. 发生额　　　　　　　　　　　　　　D. 期初余额 + 发生额
8. 资产负债表中的资产项目的排列顺序是(　　)。

A. 流动性　　　　B. 重要性　　　　C. 盈利性　　　　D. 谨慎性

9、下列报表中属于静态会计报表的是（　　）。

A. 资产负债表　　B. 所有者权益变动表　C. 现金流量表　　D. 利润表

10. 将报表分为个别财务报表和合并财务报表的分类标准是（　　）。

A. 经济内容　　　B. 编报期间　　　C. 编制主体　　　D. 报送对象

11. 将报表分为外部报表和内部报表的分类标准是（　　）。

A. 经济内容　　　B. 编报期间　　　C. 编制基础　　　D. 报送对象

12. 我国企业利润表采用的结构是（　　）。

A. 单步式　　　　B. 多步式　　　　C. 账户式　　　　D. 报告式

13. 某企业某年8月份"应收账款"总账余额40 000元，其中：甲单位借方余额50 000元；乙单位贷方余额10 000元；预收账款总账余额15 000元，其中：A单位借方余额8 000元，B单位贷方余额23 000元，则资产负债表"预收款项"项目的期末数应填列（　　）。

A. 15 000元　　　B. 23 000元　　　C. 55 000元　　　D. 33 000元

14. 某企业2018年8月份"原材料"账户期末余额为100 000元，"库存商品"账户期末余额为120 000元，"生产成本"账户期末余额为30 000元，"固定资产"账户期末余额为200 000元，则资产负债表中"存货"项目的期末数应填列（　　）。

A. 220 000元　　B. 250 000元　　C. 330 000元　　D. 450 000元

15. 下列选项可填列年末资产负债表"未分配利润"项目的是（　　）。

A. "本年利润"账户贷方余额

B. "本年利润"账户贷方余额减"利润分配"账户的贷方余额

C. "利润分配"账户年末贷方余额或借方余额

D. "本年利润"账户贷方余额加"利润分配"账户的贷方余额

三、多项选择题

1. 会计报表按其报送对象进行分类可分为（　　）。

A. 对外会计报表　　　B. 对内会计报表　　　C. 个别会计报表

D. 合并会计报表　　　E. 汇总会计报表

2. 根据下列账户的余额计算可填列资产负债表中"存货"项目的是（　　）。

A. "原材料"　　　　　B. "生产成本"　　　　C. "库存商品"

D. "在途物资"　　　　E. "固定资产"

3. 产生现金流量的活动是（　　）。

A. 经营活动　　　　　B. 生产活动　　　　　C. 投资活动

D. 财务活动　　　　　E. 筹资活动

4. 下列属于按编制主体分类的财务报表是（　　）。

A. 个别财务报表　　　B. 关联方报表　　　　C. 合并财务报表

D. 中期财务报表　　　　　　E. 年度财务报表

5. 下列属于利润表项目的是(　　)。

A. 主营业务收入　　B. 其他业务收入　　C. 营业收入

D. 营业外收入　　　E. 营业外支出

6. 根据下列总账科目所属明细科目的期末借方余额之和填列资产负债表的"预付款项"项目的是(　　)。

A. 应付账款　　　　B. 应收账款　　　　C. 预付账款

D. 预收账款　　　　E. 其他应收款

7. 以下项目中,列示在资产负债表右方的有(　　)。

A. 非流动资产　　　B. 非流动负债　　　C. 流动负债

D. 所有者权益　　　E. 流动资产

8. 利润表中的营业成本项目填列所依据的是(　　)。

A. 营业外支出发生额　　B. 主营业务成本发生额

C. 其他业务成本发生额　　D. 税金及附加发生额　　E. 销售费用发生额

9. 利润表是(　　)。

A. 根据有关账户发生额编制的　　　　　　B. 静态报表

C. 月报　　　　　　D. 反映经营成果的报表　　E. 动态报表

10. 下列项目中,属于资产负债表中流动资产项目的有(　　)。

A. 预收款项　　　　B. 货币资金　　　　C. 应收账款

D. 固定资产　　　　E. 长期待摊费用

四、判断题

1. 会计报表按其反映的内容,可以分为动态会计报表和静态会计报表,资产负债表是反映在某一时期企业财务状况的会计报表。

2. 财务会计报告是由单位根据审核的会计凭证编制的。

3. 实际工作中,为使会计报表及时报送,企业可以提前结账。

4. 利润表是反映企业一定期间经营成果的会计报表。

5. 会计报表对重要的经济业务应当单独反映。

6. 资产负债表的格式有单步式和多步式。

7. 会计报表项目数据的直接来源是原始凭证。

8. 营业利润减去管理费用、制造费用、财务费用和所得税后得到净利润。

9. 中期财务报表是指以一年的中间日为资产负债表日编制的财务报表。

10. 我国企业采用的是多步式利润表格式。

五、核算题

（一）练习资产负债表的编制。

1. 资料

ABC 公司 2018 年 6 月 30 日有关账户的期末余额见表 9-10。

表 9-10　ABC 公司 2018 年 6 月 30 日有关帐户期末余额

账户名称	借方余额	贷方余额	账户名称	借方余额	贷方余额
库存现金	1 070		应付账款		155 000
银行存款	386 900		——A 单位	5 000	
原材料	490 000		——B 单位		160 000
库存商品	245 000		预收账款		80 000
生产成本	135 000		——C 单位		90 000
在途物资	6 000		——D 单位	10 000	
无形资产	13 000		应付票据		263 000
累计摊销		1 000	短期借款		718 000
长期待摊费用	9 030		应付职工薪酬		37 000
应收账款	105 000		应交税费		17 000
——甲公司	125 000		应付利息		50 000
——乙公司		20 000	实收资本		2 000 000
预付账款	50 000		资本公积		8 000
应收票据	80 000		盈余公积		132 000
长期股权投资	200 000		本年利润		300 000
固定资产	2 600 000				
累计折旧		630 000			
利润分配	70 000				

2. 要求

根据资料编制 ABC 公司 2018 年 6 月 30 日资产负债表。

（二）练习利润表的编制。

1. 资料

南方公司 2018 年 1 月份有关账户发生额见表 9-11。

表 9-11　南方公司 2018 年 1 月有关帐户发生额

账户名称	本期发生额
主营业务收入	1 470 000
主营业务成本	850 000
税金及附加	123 000

续表

账户名称	本期发生额
其他业务收入	10 000
其他业务成本	5 000
销售费用	3 000
管理费用	110 000
投资收益	12 200
营业外收入	48 000
营业外支出	54 000
所得税费用	98 800

2. 要求

根据资料编制南方公司2018年1月份的利润表。

第十章 财务处理程序

通过本章学习,了解并掌握:
1. 账务处理程序的含义及分类;
2. 各种账务处理程序的特点;
3. 各种账务处理程序下的账务处理步骤;
4. 科目汇总表的编制方法;
5. 汇总记账凭证的编制方法;
6. 各种账务处理程序的优缺点及适用范围。

第一节 账务处理程序概述

在前面章节,分别学习了借贷记账法、会计凭证、会计账簿等内容,这些都是一个会计主体进行会计核算时所必不可少的基本元素,而要连续、系统、全面地反映和监督一个会计主体的经济活动,并且科学、合理地组织会计核算工作,仅仅是及时正确地填制会计凭证、登记会计账簿和编制财务报表是不够的,会计部门还必须根据会计主体的具体情况,确定合理有效的会计核算程序,使会计凭证的填制、账簿的登记和财务报表的编制等有机地结合起来,做到相互配合、相互衔接,形成一个严密的网络,才能有条不紊地做好会计核算工作。

一、账务处理程序的意义

所谓账务处理程序,也称会计核算程序或会计核算形式,是指在会计核算中,将会计凭证、会计账簿和财务报表有机结合的方法和步骤。账务处理程序需要明确会计凭证种类、格式和各种凭证之间的相互关系;明确账簿种类、格式和各种账簿之间的相互关系;以及明确从凭证的填制、传递到登记账簿,直至编制财务报表的步骤和方法。

从上述定义可知,要确定一个会计主体的账务处理程序,需要明确以下内容:

(1) 应设置哪些类别的凭证,这些凭证之间以及和账簿之间是什么关系;

(2) 应设置哪些类别的账簿,这些账簿根据什么进行登记;

(3) 编制哪些财务报表,根据什么来进行编制;

(4) 上述这些凭证、账簿、报表之间如何有机结合,从而形成一个整体。

科学合理地确定适应不同情况的账务处理程序,是正确组织会计核算工作的基础,也是会计制度设计的核心,对充分发挥会计在经济管理中的作用,具有重要的意义。

(1) 有利于提高会计核算质量,及时提供经营管理所需的会计信息。会计工作涉及面广,核算资料来自四面八方,必须妥善组织、合理分工,才能使会计工作有规律地进行,防止差错,从而有利于提高会计核算质量,提供正确完整的会计信息,以满足经济管理的需要。

(2) 有利于提高会计核算工作的效率。科学合理的账务处理程序,可以实现会计工作的规范化,合理化凭证、账簿及报表之间的衔接与处理,减少不必要的手续和环节,从而有利于提高会计核算的工作效率。

(3) 有利于加强内部有关部门和人员之间的牵制和会计监督。账务处理程序规定了凭证之间、账簿之间相互联系和账务处理的步骤和方法,使各项会计工作在核算过程中受到严密控制和监督,从而有利于会计监督。

二、账务处理程序的基本原则

任何会计主体在确定账务处理程序时,都必须结合本单位的实际情况和对账务处理程序科学合理化的基本要求来确定,一般要考虑以下基本原则:

(1) 要与本单位的经济性质、规模和业务的繁简程度等情况相适应,选择最适合本单位特点的账务处理程序,以保证会计核算工作顺利而高效地进行。

(2) 所确定的账务处理程序应能准确、及时、全面、系统地处理和提供经营管理所需要的会计信息,同时在保证会计核算质量的前提下简化核算手续。

三、账务处理程序的种类

账务处理程序的基本框架如图10-1所示。

图 10-1

在基本框架内,根据登记总分类账的依据和方法不同,产生了不同的账务处理程序,主要有:

(1) 记账凭证账务处理程序;

(2) 科目汇总表账务处理程序;

(3) 汇总记账凭证账务处理程序。

第二节 记账凭证账务处理程序

一、记账凭证账务处理程序的特点

记账凭证账务处理程序是根据原始凭证(或原始凭证汇总表)填制记账凭证,再根据记账凭证直接登记总账的一种账务处理程序。它的特点是直接根据记账凭证逐笔登记总分类账。它是最基本的账务处理程序,也是其他账务处理程序的基础。

二、凭证和账簿的设置

记账凭证一般有两种设置方式,一种是采用通用记账凭证,所有经济业务发生后均编制这种格式的记账凭证;或者分别设置收款凭证、付款凭证和转账凭证,经济业务发生后根据其性质编制不同格式的记账凭证。

账簿一般设置有日记账,主要是库存现金日记账和银行存款日记账,格式为"借、贷、余"三栏式或多栏式;还有分类账,包括总分类账和明细分类账。其中,总分类账按一级科目设置,采用三栏式或设"对方科目"三栏式;明细分类账按二级科目设置,根据经营管理的需要可采用三栏式、多栏式或数量金额式等。

三、账务处理步骤

一般按以下步骤进行账务处理:

(1) 根据原始凭证或原始凭证汇总表填制收款凭证、付款凭证和转账凭证(或填制通用记账凭证,下同);

(2) 根据收款凭证和付款凭证逐日逐笔登记库存现金日记账和银行存款日记账;

(3) 根据各种记账凭证及所附原始凭证或原始凭证汇总表登记各种明细分类账;

(4) 根据收款凭证、付款凭证和转账凭证逐笔登记各种总分类账;

(5) 会计期末,将库存现金日记账、银行存款日记账以及各明细分类账分别与总分类账相关账户进行核对,两者当期发生额和余额应核对相符;

(6) 根据核对无误的总分类账和有关明细分类账的资料编制财务报表。

上述账务处理的基本步骤如图10-2所示。

图 10-2

四、优缺点和适用范围

记账凭证账务处理程序作为最基本的核算程序,凭证、账簿及报表之间的相互关系清晰而直接,因而便于会计人员掌握和操作。同时总分类账是直接根据记账凭证逐笔登记的,因而总分类账能够比较详细具体地反映各项经济业务发生和完成的情况,账户和账户之间的对应关系比较清晰,也便于核对和审查。

但该账务处理程序在会计主体经济业务量较大时,会使得登记总分类账的工作较为繁重。

综合上述优缺点,记账凭证账务处理程序一般适用于生产经营规模较小,经济业务量较少,日常需要填制的记账凭证也不多的会计主体。

五、记账凭证账务处理程序举例

现以渤海公司的部分业务为例,说明记账凭证账务处理程序下的账务处理方法,主要掌握各种记账凭证的填制、日记账以及总分类账的登记(明细分类账的登记和财务报表的编制

（一）根据有关原始凭证填制记账凭证

设渤海公司20××年10月份发生的部分经济业务如下(不考虑有关增值税)：

(1) 4日，向黄海公司购入A材料，价款8 000元已用银行存款支付，材料已验收入库。

付款凭证

贷方科目：银行存款　　　　20××年10月4日　　　　编号：付字 第1号

摘要	借方科目		记账符号	金额	附件×张
	总分类科目	明细科目			
购入A材料	原材料	A材料	√	8 000	
合计				￥8 000	

会计主管（签章）　　记账（签章）　　出纳（签章）　　审核（签章）　　制单（签章）

(2) 4日，从银行提取现金1 000元备用。

付款凭证

贷方科目：银行存款　　　　20××年10月4日　　　　编号：付字 第2号

摘要	借方科目		记账符号	金额	附件×张
	总分类科目	明细科目			
从银行提现	库存现金		√	1 000	
合计				￥1 000	

会计主管（签章）　　记账（签章）　　出纳（签章）　　审核（签章）　　制单（签章）

(3) 4日，以现金150元购买公司办公用品。

付款凭证

贷方科目：库存现金　　　　20××年10月4日　　　　编号：付字 第3号

摘要	借方科目		记账符号	金额	附件×张
	总分类科目	明细科目			
购买办公用品	管理费用	办公用品	√	150	
合计				￥150	

会计主管（签章）　　记账（签章）　　出纳（签章）　　审核（签章）　　制单（签章）

(4) 4日,收到南海公司前欠货款9 800元已存入银行。

收款凭证

贷方科目:银行存款　　　　　20××年10月4日　　　　　编号:收字 第1号

摘要	贷方科目		记账符号	金额	附件×张
	总分类科目	明细科目			
收回货款	应收账款	南海公司	√	9 800	
合计				¥9 800	

会计主管(签章)　　　记账(签章)　　　出纳(签章)　　　审核(签章)　　　制单(签章)

(5) 4日,为生产甲产品、乙产品分别领用A材料100公斤和150公斤,材料单价为20元。

转账凭证

20××年10月4日　　　　　编号:转字 第1号

摘要	会计科目		记账符号	借方金额	贷方金额	附件×张
	总分类科目	明细科目				
领用材料	生产成本	甲产品	√	2 000		
	生产成本	乙产品	√	3 000		
	原材料	A材料	√		5 000	
合计				¥5 000	¥5 000	

会计主管(签章)　　　记账(签章)　　　审核(签章)　　　制单(签章)

(6) 7日,出售给南海公司乙产品30件,货款900元已收到存入银行。

收款凭证

贷方科目:银行存款　　　　　20××年10月7日　　　　　编号:收字 第2号

摘要	贷方科目		记账符号	金额	附件×张
	总分类科目	明细科目			
销售乙产品	主营业务收入	乙产品	√	900	
合计				¥900	

会计主管(签章)　　　记账(签章)　　　出纳(签章)　　　审核(签章)　　　制单(签章)

(7) 9日,售给西沙公司甲产品60件,合计货款为9 000元,货款尚未收到。

转账凭证

20××年10月9日　　　　　　　　　编号:转字 第2号

摘要	会计科目		记账符号	借方金额	贷方金额	附件×张
	总分类科目	明细科目				
销售产品	应收账款	西沙公司	√	9 000		
	主营业务收入	甲产品	√		9 000	
合计				¥9 000	¥9 000	

会计主管(签章)　　　记账(签章)　　　审核(签章)　　　制单(签章)

(8) 14日,收回西沙公司前欠部分货款5 000元。

收款凭证

借方科目:银行存款　　　20××年10月14日　　　　编号:收字 第3号

摘要	贷方科目		记账符号	金额	附件×张
	总分类科目	明细科目			
收回货款	应收账款	西沙公司	√	5 000	
合计				¥5 000	

会计主管(签章)　　记账(签章)　　出纳(签章)　　审核(签章)　　制单(签章)

(9) 14日,生产车间领用A材料7 000元,其中用于甲产品3 000元,乙产品4 000元。

转账凭证

20××年10月14日　　　　　　　　编号:转字 第3号

摘要	会计科目		记账符号	借方金额	贷方金额	附件×张
	总分类科目	明细科目				
领用材料	生产成本	甲产品	√	3 000		
	生产成本	乙产品	√	4 000		
	原材料	A材料	√		7 000	
合计				¥7 000	¥7 000	

会计主管(签章)　　　记账(签章)　　　审核(签章)　　　制单(签章)

(10) 18 日,采购员于海出差预借 200 元差旅费,以现金支付。

付款凭证

贷方科目:库存现金　　　　20××年10月18日　　　　编号:付字 第4号

摘要	借方科目		记账符号	金额	附件 × 张
	总分类科目	明细科目			
预支差旅费	其他应收款	于海	√	200	
合计				¥200	

会计主管(签章)　　记账(签章)　　出纳(签章)　　审核(签章)　　制单(签章)

(11) 22 日,生产车间领用 A 材料 6 000 元,其中用于甲产品 2 000 元,乙产品 4 000 元。

转账凭证

20××年10月22日　　　　编号:转字 第4号

摘要	借方科目		记账符号	借方金额	贷方金额	附件 × 张
	总分类科目	明细科目				
领用材料	生产成本	甲产品	√	2 000		
	生产成本	乙产品	√	4 000		
	原材料	A 材料	√		6 000	
合计				¥6 000	¥6 000	

会计主管(签章)　　记账(签章)　　审核(签章)　　制单(签章)

(12) 24 日,用银行存款 9 000 元购买 A 材料,并已入库。

付款凭证

贷方科目:银行存款　　　　20××年10月24日　　　　编号:付字 第5号

摘要	借方科目		记账符号	金额	附件 × 张
	总分类科目	明细科目			
购入 A 材料	原材料	A 材料	√	9 000	
合计				¥9 000	

会计主管(签章)　　记账(签章)　　出纳(签章)　　审核(签章)　　制单(签章)

(13) 26日,销售给南海公司甲产品,货款8 000元已收到存入银行。

收款凭证

借方科目:银行存款　　　　　　　20××年10月26日　　　　　　　编号:收字 第4号

摘要	贷方科目		记账符号	金额	
	总分类科目	明细科目			附件×张
销售甲产品	主营业务收入	甲产品	√	8 000	
合计				¥8 000	

会计主管(签章)　　　记账(签章)　　　出纳(签章)　　　审核(签章)　　　制单(签章)

(14) 31日,分配本月工资费用。其中:生产甲产品职工工资10 000元,乙产品5 000元;车间管理人员工资2 000元;公司管理人员工资4 000元。

转账凭证

20××年10月31日　　　　　　　　编号:转字 第5号

摘要	会计科目		记账符号	借方金额	贷方金额	
	总分类科目	明细科目				附件×张
领用材料	生产成本	甲产品	√	10 000		
	生产成本	乙产品	√	5 000		
	制造费用	工资	√	2 000		
	管理费用	工资	√	4 000		
	应付职工薪酬		√		21 000	
合计				¥21 000	¥21 000	

会计主管(签章)　　　记账(签章)　　　审核(签章)　　　制单(签章)

(15) 31日,计提本月固定资产折旧,其中:生产车间5 000元;公司办公用折旧3 000元。

转账凭证

20××年10月31日　　　　　　　　编号:转字 第6号

摘要	会计科目		记账符号	借方金额	贷方金额	
	总分类科目	明细科目				附件×张
计担折旧	制造费用	折旧费	√	5 000		
	管理费用	折旧费	√	3 000		
	累计折旧		√		8 000	
合计				¥8 000	¥8 000	

会计主管(签章)　　　记账(签章)　　　审核(签章)　　　制单(签章)

(16) 31日,用银行存款支付本月应负担的杂项费用700元,其中:生产车间500元;公司行政部门200元。

付款凭证

贷方科目:银行存款　　　　　　　20××年10月31日　　　　　　　编号:付字 第6号

摘要	借方科目		记账符号	金额	附件×张
	总分类科目	明细科目			
支付杂费	制造费用	杂费	√	500	
	管理费用	杂费	√	200	
合计				¥700	

会计主管(签章)　　　　记账(签章)　　　　审核(签章)　　　　制单(签章)

(17) 31日,结转本月制造费用,其中:甲产品负担5 000元,乙产品负担2 500元。当月无产品完工。

转账凭证

20××年10月31日　　　　　　　编号:转字 第7号

摘要	会计科目		记账符号	借方金额	贷方金额	附件×张
	总分类科目	明细科目				
分配制造费用	生产成本	甲产品	√	5 000		
	生产成本	乙产品	√	2 500		
	制造费用		√		7 500	
合计				¥7 500	¥7 500	

会计主管(签章)　　　　记账(签章)　　　　审核(签章)　　　　制单(签章)

(二) 根据收、付款凭证登记库存现金日记账和银行存款日记账

库存现金日记账

20××年		凭证号	摘要	对方科目	收入	付出	余额
月	日						
10	1		月初余额				450
	4	付2	提取现金	银行存款	1 000		1 450
	4	付3	购买办公用品	管理费用		150	1 300
	18	付4	预借差旅费	其他应收款		200	1 100
	31		本月发生额及余额		1 000	350	1 100

银行存款日记账

20××年		凭证号	摘要	对方科目	收入	付出	余额
月	日						
10	1		月初余额				12 000
	4	付1	购入A材料	原材料		8 000	4 000
	4	付2	提取现金	现金		1 000	3 000
	4	收1	收回南海公司货款	应收账款	9 800		12 800
	7	收2	销售货款	主营业务收入	900		13 700
	14	收3	收回西沙公司货款	应收账款	5 000		18 700
	24	付5	购入A材料	原材料		9 000	9 700
	26	收4	销售货款	主营业务收入	8 000		17 700
	31	付6	支付其他杂项费	制造费用		500	17 200
	31	付6	支付其他杂项费	管理费用		200	17 000
	31		本月发生额及余额		23 700	18 700	17 000

（三）根据各记账凭证登记总分类账

总分类账

会计科目：库存现金　　　　　　　　　　　　　　　　　　　　　　　第3页

20××年		凭证号	摘要	借方	贷方	借或贷	余额
月	日						
10	1		月初余额			借	450
	4	付2	提取现金	1 000		借	1 450
	4	付3	购买办公用品		150	借	1 300
	18	付4	预借差旅费		200	借	1 100
	31		本月发生额及余额	1 000	350	借	1 100

会计科目：银行存款　　　　　　　　　　　　　　　　　　　　　　　第8页

20××年		凭证号	摘要	借方	贷方	借或贷	余额
月	日						
10	1		月初余额			借	12 000
	4	付1	购入A材料		8 000	借	4 000
	4	付2	提取现金		1 000	借	3 000
	4	收1	收回南海公司货款	9 800		借	12 800
	7	收2	销售货款	900		借	13 700
	14	收3	收回西沙公司货款	5 000		借	1 8700
	24	付5	购入A材料		9 000	借	9 700
	26	收4	销售货款	8 000		借	17 700
	31	付6	支付杂项费		700	借	17 000
	31		本月发生额及余额	23 700	18 700	借	17 000

会计科目：原材料　　　　　　　　　　　　　　　　　　　　　　　　　　　　　　　　　　　　　　　第15页

20××年		凭证号	摘要	借方	贷方	借或贷	余额
月	日						
10	1		月初余额			借	20 000
	4	付1	购买材料	8 000		借	28 000
	4	转1	生产领用材料		5 000	借	23 000
	14	转3	生产领用材料		7 000	借	16 000
	22	转4	生产领用材料		6 000	借	10 000
	24	付5	购买材料	9 000		借	19 000
	31		本月发生额及余额	17 000	18 000	借	19 000

会计科目：应收账款　　　　　　　　　　　　　　　　　　　　　　　　　　　　　　　　　　　　　　第20页

20××年		凭证号	摘要	借方	贷方	借或贷	余额
月	日						
10	1		月初余额			借	25 000
	4	收1	收回货款		9 800	借	15 200
	9	转2	销售未收货款	9 000		借	24 200
	14	收3	收回货款		5 000	借	19 200
	31		本月发生额及余额	9 000	14 800	借	19 200

会计科目：其他应收款　　　　　　　　　　　　　　　　　　　　　　　　　　　　　　　　　　　　　第25页

20××年		凭证号	摘要	借方	贷方	借或贷	余额
月	日						
10	1		月初余额			借	1 000
	18	付4	预借差旅费	200		借	1 200
	31		本月发生额及余额	200		借	1 200

会计科目：累计折旧　　　　　　　　　　　　　　　　　　　　　　　　　　　　　　　　　　　　　　第29页

20××年		凭证号	摘要	借方	贷方	借或贷	余额
月	日						
10	1		月初余额			贷	40 000
	31	转6	计提折旧		8 000	贷	48 000
	31		本月发生额及余额		8 000	贷	48 000

会计科目：应付职工薪酬　　　　　　　　　　　　　　　　　　　　　　　　　　　　　　　　　　　　第39页

20××年		凭证号	摘要	借方	贷方	借或贷	余额
月	日						
10	1		月初余额			贷	12 000
	31	转5	分配工资		21 000	贷	33 000
	31		本月发生额及余额		21 000	贷	33 000

会计科目：主营业务收入　　　　　　　　　　　　　　　　　　　　　　　　　第45页

20××年		凭证号	摘要	借方	贷方	借或贷	余额
月	日						
10	1		至本月初累计发生额			贷	100 000
	7	收2	销售产品		900	贷	100 900
	9	转2	销售产品		9 000	贷	109 900
	26	收4	销售产品		8 000	贷	117 900
	31		本月合计		17 900	贷	117 900

会计科目：生产成本　　　　　　　　　　　　　　　　　　　　　　　　　　第50页

20××年		凭证号	摘要	借方	贷方	借或贷	余额
月	日						
10	1		月初余额			借	10 000
	4	转1	领用材料	5 000		借	15 000
	14	转3	领用材料	7 000		借	22 000
	22	转4	领用材料	6 000		借	28 000
	31	转5	分配工资	15 000		借	43 000
	31	转7	结转制造费用	7 500		借	50 500
	31		本月发生额及余额	40 500		借	50 500

会计科目：制造费用　　　　　　　　　　　　　　　　　　　　　　　　　　第53页

20××年		凭证号	摘要	借方	贷方	借或贷	余额
月	日						
10	31	转5	分配工资	2 000		借	2 000
	31	转6	计提折旧	5 000		借	7 000
	31	付6	支付杂项费用	500		借	7 500
	31	转7	结转制造费用		7 500	平	0
	31		本月发生额及余额	7 500	7 500	平	0

会计科目：管理费用　　　　　　　　　　　　　　　　　　　　　　　　　　第55页

20××年		凭证号	摘要	借方	贷方	借或贷	余额
月	日						
10	1		至本月初累计发生额			借	9 000
	4	付3	购入办公用品	150		借	150
	31	转5	分配工资	4 000		借	4 000
	31	转6	计提折旧	3 000		借	3 000
	31	付6	支付杂项费用	200		借	200
	31		本月合计	7 350		借	16 350

第三节　科目汇总表账务处理程序

一、科目汇总表账务处理程序的特点

科目汇总表账务处理程序是根据原始凭证（或原始凭证汇总表）填制记账凭证，再根据记账凭证定期编制科目汇总表，并根据科目汇总表来登记总分类账的一种账务处理程序。其特点是登记总分类账的直接依据是科目汇总表，而不是记账凭证，即从记账凭证到总账之间添加了编制科目汇总表这一方法。

二、凭证和账簿的设置

在这种账务处理程序下，记账凭证一般设置为：收款凭证、付款凭证、转账凭证和科目汇总表。所需要设置的账簿及其格式与记账凭证账务处理程序下的账簿相式，包括日记账（三栏式或多栏式）、总分类账（三栏式）和明细分类账。

三、科目汇总表的编制方法

科目汇总表是根据记账凭证定期按照会计科目进行汇总编制而成的表单，其一般格式如表10-1所示。

表10-1　科目汇总表

年　　月　　日至　　日　　　　　　　　　编号：

会计科目	记账符号	本期发生额		记账凭证起讫号数
		借方	贷方	
……	……	……	……	……
合计				

其编制方法为："会计科目"栏根据一定时期全部收款凭证、付款凭证和转账凭证中所涉及的会计科目填制，"总账账页"栏填制会计科目所在总账的账页数，"本期发生额"栏按照相同的会计科目将所要汇总的记账凭证中的数据分别借、贷方进行汇总，"记账凭证起讫号数"栏填写所汇总的记账凭证号数，最后计算出所有会计科目的借方发生额和贷方发生额合

计数,并进行试算平衡。

科目汇总表的编制时间,一般应根据经济业务量的多少而定。业务量较大,则可以每日汇总或隔日汇总一次;业务量较小,则可以每五天或十天汇总一次。

四、账务处理步骤

(1) 根据原始凭证或原始凭证汇总表填制收款凭证、付款凭证和转账凭证;
(2) 根据收款凭证和付款凭证逐日逐笔登记库存现金日记账和银行存款日记账;
(3) 根据各种记账凭证及所附原始凭证或原始凭证汇总表登记各种明细分类账;
(4) 根据收款凭证、付款凭证和转账凭证定期汇总编制科目汇总表;
(5) 根据科目汇总表登记总分类账;
(6) 会计期末,将库存现金日记账、银行存款日记账以及各明细分类账分别与总分类账相关账户进行核对,两者当期发生额和余额应核对相符;
(7) 根据核对无误的总分类账和有关明细分类账的资料编制财务报表。

上述账务处理的基本步骤如图 10-3 所示。

图 10-3

五、优缺点和适用范围

在该种账务处理程序下,总分类账是根据科目汇总表登记的,因此登记在总分类账中的数据是汇总数据,而不必将记账凭证逐笔登记到总账中,从而大大减轻了登记总分类账的工作量,同时还可以通过编制科目汇总表进行试算平衡,便于发现会计核算工作中的记账差错。另外,科目汇总表的编制也较简便易于掌握。但由于总分类账是根据汇总数据登记的,这样无法详细具体地反映各项经济业务的来龙去脉,也无法反映各账户之间的对应关系,不便于审核账目。综合上述优缺点,该种账务处理程序适用于规模大、经济业务量大的会计主体。

六、科目汇总表账务处理程序举例

仍以渤海公司为例,主要说明在科目汇总表账务处理程序下科目汇总表的编制和总分类账的登记(日记账、明细账的登记和财务报表的编制略)。

(一)根据有关原始凭证填制记账凭证(参见本章第二节)

(二)根据收款凭证、付款凭证和转账凭证编制科目汇总表

科目汇总表

20××年10月　　　　　　　　　　　　　　　　编号:科汇第10号

会计科目	总账账页	1-10日发生额		11-20日发生额		21-31日发生额		合计	
		借方	贷方	借方	贷方	借方	贷方	借方	贷方
库存现金	3	1 000	150	—	200	—	—	1 000	350
银行存款	8	10 700	9 000	5 000	—	8 000	9 700	23 700	18 700
应收账款	20	9 000	9 800	—	5 000	—	—	9 000	14 800
其他应收款	25	—	—	200	—	—	—	200	0
原材料	15	8 000	5 000	—	7 000	9 000	6 000	17 000	18 000
生产成本	50	5 000	—	7 000	—	28 500	—	40 500	0
应付工资	39	—	—	—	—	—	21 000	0	21 000
累计折旧	29	—	—	—	—	—	8 000	0	8 000
管理费用	55	150	—	—	—	7 200	—	7 350	0
制造费用	53	—	—	—	—	7 500	7 500	7 500	7 500
主营业务收入	45	—	9 900	—	—	—	8 000	0	17 900
合计		33 850	33 850	12 200	12 200	60 200	60 200	106 250	106 250

(三)根据科目汇总表登记总分类账(设每十天登记一次)

总分类账

会计科目:库存现金　　　　　　　　　　　　　　　　　　　　　　　　　第3页

20××年		凭证号	摘要	借方	贷方	借或贷	余额
月	日						
10	1		月初余额			借	450
	10	科汇10	1-10日发生额	1 000	150	借	1 300
	20	科汇10	11-20日发生额		200	借	1 100
	31		本月发生额及余额	1 000	350	借	1 100

261

会计科目：银行存款　　　　　　　　　　　　　　　　　　　　　　　　　　第 8 页

20××年		凭证号	摘要	借方	贷方	借或贷	余额
月	日						
10	1		月初余额			借	12 000
	10	科汇10	1－10日发生额	10 700	9 000	借	13 700
	20	科汇10	11－20日发生额	5 000		借	18 700
	31	科汇10	21－31日发生额	8 000	9 700	借	17 000
	31		本月发生额及余额	23 700	18 700	借	17 000

会计科目：原材料　　　　　　　　　　　　　　　　　　　　　　　　　　　第 15 页

20××年		凭证号	摘要	借方	贷方	借或贷	余额
月	日						
10	1		月初余额			借	20 000
	10	科汇10	1－10日发生额	8 000	5 000	借	23 000
	20	科汇10	11－20日发生额		7 000	借	16 000
	31	科汇10	21－31日发生额	9 000	6 000	借	19 000
	31		本月发生额及余额	17 000	18 000	借	19 000

会计科目：应收账款　　　　　　　　　　　　　　　　　　　　　　　　　　第 20 页

20××年		凭证号	摘要	借方	贷方	借或贷	余额
月	日						
10	1		月初余额			借	25 000
	10	科汇10	1－10日发生额	9 000	9 800	借	24 200
	20	科汇10	11－20日发生额		5 000	借	19 200
	31		本月发生额及余额	9 000	14 800	借	19 200

会计科目：其他应收款　　　　　　　　　　　　　　　　　　　　　　　　　第 25 页

20××年		凭证号	摘要	借方	贷方	借或贷	余额
月	日						
10	1		月初余额			借	1 000
	20	科汇10	11－20日发生额	200		借	1 200
	31		本月发生额及余额	200		借	1 200

会计科目：累计折旧　　　　　　　　　　　　　　　　　　　　　　　　　　第 29 页

20××年		凭证号	摘要	借方	贷方	借或贷	余额
月	日						
10	1		月初余额			贷	40 000
	31	科汇10	21－31日发生额		8 000	贷	48 000
	31		本月发生额及余额		8 000	贷	48 000

会计科目：应付职工薪酬　　　　　　　　　　　　　　　　　　　　　　　　　　　第 39 页

20××年		凭证号	摘要	借方	贷方	借或贷	余额
月	日						
10	1		月初余额			贷	12 000
	31	科汇10	21－31日发生额		21 000	贷	33 000
	31		本月发生额及余额		21 000	贷	33 000

会计科目：主营业务收入　　　　　　　　　　　　　　　　　　　　　　　　　　　第 45 页

20××年		凭证号	摘要	借方	贷方	借或贷	余额
月	日						
10	1		至本月初累计发生额			贷	100 000
	10	科汇10	1－10日发生额		9 900	贷	109 900
	31	科汇10	21－31日发生额		8 000	贷	117 900
	31		本月合计		17 900	贷	117 900

会计科目：生产成本　　　　　　　　　　　　　　　　　　　　　　　　　　　　　第 50 页

20××年		凭证号	摘要	借方	贷方	借或贷	余额
月	日						
10	1		月初余额			借	10 000
	10	科汇10	1－10日发生额	5 000		借	15 000
	20	科汇10	11－20日发生额	7 000		借	22 000
	31	科汇10	21－31日发生额	28 500		借	50 500
	31		本月发生额及余额	27 500		借	37 500

会计科目：制造费用　　　　　　　　　　　　　　　　　　　　　　　　　　　　　第 53 页

20××年		凭证号	摘要	借方	贷方	借或贷	余额
月	日						
10	31	科汇10	21－31日发生额	7 500	7 500	平	0
	31		本月发生额及余额	7 500	7 500	平	0

会计科目：管理费用　　　　　　　　　　　　　　　　　　　　　　　　　　　　　第 55 页

20××年		凭证号	摘要	借方	贷方	借或贷	余额
月	日						
10	1		至本月初累计发生额			借	9 000
	10	科汇10	1－10日发生额	150		借	9 150
	31	科汇10	21－31日发生额	7 200		借	16 350
	31		本月合计	7 350		借	16 350

第四节 汇总记账凭证账务处理程序

一、汇总记账凭证账务处理程序的特点

汇总记账凭证账务处理程序是根据原始凭证(或原始凭证汇总表)填制记账凭证,再根据记账凭证定期编制汇总记账凭证,并根据汇总记账凭证直接登记总账的一种账务处理程序。其特点是根据汇总记账凭证来登记总分类账,在记账凭证和账簿之间以汇总记账凭证衔接。

二、凭证和账簿的设置

在这种账务处理程序下,凭证一般设置为两套:一套是三种格式的记账凭证,即收款凭证、付款凭证和转账凭证;另一套是相对应的汇总记账凭证,即汇总收款凭证、汇总付款凭证和汇总转账凭证。所需要设置的账簿及其格式与记账凭证账务处理程序下的账簿相同,也包括日记账、总分类账和明细分类账。

三、汇总记账凭证的编制方法

汇总记账凭证分汇总收款凭证、汇总付款凭证和汇总转账凭证,它们分别是根据收款凭证、付款凭证和转账凭证进行定期汇总编制而成的,其格式分别如表10-2、表10-3、表10-4所示。

表 10-2 汇总收款凭证

借方科目:　　　　　　　　　　　　年　　月　　　　　　　　　　　编号:

贷方科目	金额				记账符号	
	1日至10日收款凭证第 号至 号	11日至20日收款凭证第 号至 号	21日至31日收款凭证第 至 号	合计	借方	贷方
……	……	……	……	……	……	……
合计						

会计主管　　　　　　记账　　　　　　审核　　　　　　填制

表 10-3　汇总付款凭证

贷方科目：　　　　　　　　　　　　　　　年　　月　　　　　　　　　　　　　编号：

借方科目	金额				记账符号	
	1日至10日付款凭证第 号至 号	11日至20日付款凭证第 号至 号	21日至31日付款凭证第 至 号	合计	借方	贷方
……	……	……	……	……	……	……
合计						

会计主管　　　　　　　　记账　　　　　　　　审核　　　　　　　　填制

表 10-4　汇总转账凭证

贷方科目：　　　　　　　　　　　　　　　年　　月　　　　　　　　　　　　　编号：

借方科目	金额				记账符号	
	1日至10日转账凭证第 号至 号	11日至20日转账凭证第 号至 号	21日至31日转账凭证第 至 号	合计	借方	贷方
……	……	……	……	……	……	……
合计						

会计主管　　　　　　　　记账　　　　　　　　审核　　　　　　　　填制

（一）汇总收款凭证的编制

汇总收款凭证根据汇总期内的全部库存现金和银行存款收款凭证，分别按"库存现金"和"银行存款"科目的借方设置，按与其相对应的贷方科目进行归类汇总，定期（一般为每五天或十天）填制，每月编制一张库存现金汇总收款凭证和银行存款汇总收款凭证。月终，计算出汇总收款凭证中的合计数，并据以登记到库存现金总账和银行存款总账的借方栏及各对应总账账户的贷方栏中。

（二）汇总付款凭证的编制

汇总付款凭证根据汇总期内的全部现金和银行存款付款凭证，分别按"库存现金"和"银行存款"科目的贷方设置，按与其相对应的借方科目进行归类汇总，定期（一般为每五天或十天）填制，每月编制一张库存现金汇总付款凭证和银行存款汇总付款凭证。月终，计算出汇总付款凭证中的合计数,并据以登记到库存现金总账和银行存款总账的贷方栏及各对应总账账户的借方栏中。

(三)汇总转账凭证的编制

汇总转账凭证根据转账凭证中的每个贷方科目设置,按照与其对应的借方科目进行归类,定期(五天或十天)汇总填制,这样每月每一贷方科目就编制一张汇总转账凭证。月终,计算出汇总转账凭证中的合计数,并据以登记到该汇总转账凭证所列的贷方账户总账的贷方栏及各对应总账账户的借方栏中。

为了便于编制汇总转账凭证,避免在汇总时出现重复或遗漏,平时在填制转账凭证时应保持一贷一借或一贷多借的账户对应关系,而不要出现一借多贷或多借多贷的账户对应关系。另外,如果汇总期内涉及某一贷方科目的转账凭证不多时,也可以不编制该贷方科目的汇总转账凭证,而是直接根据转账凭证来登记总分类账。

四、账务处理步骤

(1)根据原始凭证或原始凭证汇总表填制收款凭证、付款凭证和转账凭证;

(2)根据收款凭证和付款凭证逐日逐笔登记库存现金日记账和银行存款日记账;

(3)根据各种记账凭证及所附原始凭证或原始凭证汇总表登记各种明细分类账;

(4)根据收款凭证、付款凭证和转账凭证定期汇总编制汇总收款凭证、汇总付款凭证和汇总转账凭证;

(5)会计期末,根据汇总收款凭证、汇总付款凭证和汇总转账凭证登记总分类账;

(6)会计期末,将库存现金日记账、银行存款日记账以及各明细分类账分别与总分类账相关账户进行核对,两者当期发生额和余额应核对相符;

(7)根据核对无误的总分类账和有关明细分类账的资料编制财务报表。

上述账务处理的基本步骤如图 10-4 所示。

图 10-4

五、优缺点和适用范围

在该种账务处理程序下,由于总分类账是根据汇总记账凭证在会计期末一次性登记入账,从而大大简化了登记总分类账的工作;同时汇总记账凭证是按会计科目间的对应关系进行归类汇总编制而成的,在总分类账中也设有"对方账户"栏,这样便于了解经济业务的来龙去脉,便于审核账目。但是,记账凭证是按账户的借方或贷方归类汇总,而不是按经济业务的性质进行归类汇总的,因而不便于会计核算分工;并且编制汇总记账凭证本身也会增加工作量,而在转账业务不多时,这种账务处理方式也还是无法发挥其简化登账的作用。综合上述优缺点,该种账务处理程序适用于规模大、经济业务量较大的会计主体。

六、汇总记账凭证账务处理程序举例

现以渤海公司有关银行存款业务和原材料领用业务为例,说明在汇总记账凭证账务处理程序下汇总记账凭证的编制和总分类账的登记(日记账、明细账的登记和财务报表的编制略)。

(一)根据有关原始凭证填制记账凭证(参见本章第二节)

(二)根据记账凭证编制汇总记账凭证

汇总收款凭证

借方科目:银行存款　　　　　　　　20××年10月　　　　　　　　编号:汇收第1号

贷方科目	金额				记账符号	
	1日至10日收款凭证第1号至2号	11日至20日收款凭证第3号至3号	21日至31日收款凭证第4至4号	合计	借方	贷方
应收账款	9 800	5 000		14 800	√	√
主营业务收入	900		8 000	8 900	√	√
合计	10 700			23 700		

会计主管(签章)　　　　记账(签章)　　　　审核(签章)　　　　填制(签章)

汇总付款凭证

贷方科目：银行存款　　　　　　　　20××年10月　　　　　　　　编号：汇付第1号

借方科目	金额				记账符号	
	1日至10日付款凭证第1号至3号	11日至20日付款凭证第　号至　号	21日至31日付款凭证第5至6号	合计	借方	贷方
原材料	8 000		9 000	17 000	√	√
库存现金	1 000			1 000	√	√
制造费用			500	500	√	√
管理费用			200	200	√	√
合计	9 000		9 700	18 700		

会计主管（签章）　　　　　记账（签章）　　　　　审核（签章）　　　　　填制（签章）

汇总转账凭证

贷方科目：原材料　　　　　　　　20××年10月　　　　　　　　编号：汇转第1号

借方科目	金额				记账符号	
	1日至10日转账凭证第1号至2号	11日至20日转账凭证第3号至3号	21日至31日转账凭证第4至8号	合计	借方	贷方
生产成本	5 000	7 000	6 000	18 000	√	√
合计	5 000	7 000	6 000	18 000		

会计主管（签章）　　　　　记账（签章）　　　　　审核（签章）　　　　　填制（签章）

（三）根据汇总记账凭证登记银行存款总分类账和原材料总分类账（其余略）

会计科目：银行存款　　　　　　　　　　　　　　　　　　　　　　　　　　第8页

20××年		凭证号	摘要	对方科目	借方	贷方	借或贷	余额
月	日							
10	1		月初余额				借	12 000
	31	汇收1	收回货款	应收账款	14 800		借	26 800
	31	汇收1	销售产品	主营业务收入	8 900		借	35 700
	31	汇付1	购买材料	原材料		17 000	借	18 700
	31	汇付1	提取现金	库存现金		1 000	借	17 700
	31	汇付1	支付杂项费用	制造费用		500	借	17 200
	31	汇付1	支付杂项费用	管理费用		200	借	17 000
	31		本月发生额及余额		23 700	18 700	借	17 000

会计科目：原材料　　　　　　　　　　　　　　　　　　　　　第15页

20××年		凭证号	摘要	对方科目	借方	贷方	借或贷	余额
月	日							
10	1		月初余额				借	20 000
	31	汇付1	购买材料	银行存款	17 000		借	37 000
	31	汇转1	领用材料	生产成本		18 000	借	19 000
	31		本月发生额及余额		17 000	18 000	借	19 000

【练习题】

一、名词解释

账务处理程序　科目汇总表　汇总记账凭证　记账凭证账务处理程序
科目汇总表账务处理程序　汇总记账凭证账务处理程序

二、单项选择题

1. 下列账务处理程序中,最基本的程序是(　　)。
   A. 记账凭证账务处理程序　　　　B. 科目汇总表账务处理程序
   C. 汇总记账凭证账务处理程序　　D. 多栏式日记账账务处理程序
2. 汇总记账凭证账务处理程序的适用范围是(　　)。
   A. 规模较大,经济业务量较多的单位　B. 规模较小,经济业务量较多的单位
   C. 规模较小,经济业务量较少的单位　D. 会计基础工作比较薄弱的单位
3. 下列选项中账务处理程序适用于规模较小、业务量不多的单位的是(　　)。
   A. 记账凭证账务处理程序　　　　B. 汇总记账凭证账务处理程序
   C. 科目汇总表账务处理程序　　　D. 以上都是
4. 汇总记账凭证账务处理程序登记总账的依据是(　　)。
   A. 记账凭证　　B. 原始凭证　　C. 汇总记账凭证　　D. 科目汇总表
5. 科目汇总表账务处理程序的主要缺点是(　　)。
   A. 无法反映账户之间的对应关系　　B. 不能进行试算平衡
   C. 增加了登账的工作量　　　　　　D. 不能反映账户的发生额
6. 科目汇总表汇总一定期间全部科目的(　　)。
   A. 借方发生额　　　　　　　　　　B. 贷方发生额
   C. 借方发生额和贷方发生额　　　　D. 借方余额和贷方余额
7. 记账凭证账务处理程序登记总分类账的依据是(　　)。
   A. 原始凭证　　B. 记账凭证　　C. 多栏式日记账　　D. 科目汇总表
8. 汇总记账凭证账务处理程序除了可以减少登记总账的工作量,还(　　)。

A. 步骤简单，易于理解

B. 便于了解账户间的对应关系

C. 适用于规模较小、经济业务量较少的单位

D. 可以做到试算平衡

9. 科目汇总表账务处理程序的特点是（　　）。

A. 根据记账凭证直接登记总分类账　　　B. 根据科目汇总表登记总分类账

C. 根据汇总记账凭证登记总分类账　　　D. 根据记账凭证逐笔登记日记账

10. 常见的三种账务处理程序中会计报表是根据（　　）资料编制的。

A. 日记账、总账和明细账　　　　　　　B. 日记账和明细分类账

C. 明细账和总分类账　　　　　　　　　D. 日记账和总分类账

11. 在各种不同账务处理程序中，不能作为登记总账依据的是（　　）。

A. 记账凭证　　　B. 汇总记账凭证　　　C. 汇总原始凭证　　　D. 科目汇总表

12. 汇总记账凭证账务处理程序与科目汇总表账务处理程序的相同点是（　　）。

A. 登记总账的依据相同　　　　　　　　B. 记账凭证的汇总方法相同

C. 保持了账户间的对应关系　　　　　　D. 简化了登记总分类账的工作量

13. 关于记账凭证账务处理程序，下列说法不正确的是（　　）。

A. 根据记账凭证逐笔登记总分类账，是最基本的账务处理程序

B. 步骤简单易于理解，总分类账可以较详细地反映经济业务的发生情况

C. 登记总分类账的工作量较大

D. 适用于规模较大、经济业务量较多的单位

14. 各种账务处理程序之间的区别在于（　　）。

A. 总账的格式不同　　　　　　　　　　B. 编制会计报表的依据不同

C. 登记总账的程序和方法不同　　　　　D. 会计凭证的种类不同

三、多选题

1. 下列能够作为登记总账的依据有（　　）。

A. 记账凭证　　　B. 科目汇总表　　　C. 汇总记账凭证　　　D. 三栏式日记账

2. 汇总记账凭证账务处理程序下除了要设置记账凭证外，还需要设置的凭证有（　　）。

A. 汇总收款凭证　　　　　　　　　　　B. 汇总付款凭证

C. 汇总转账凭证　　　　　　　　　　　D. 转账凭证

3. 下列能够根据汇总金额登记总分类账的账务处理程序有（　　）。

A. 记账凭证账务处理程序　　　　　　　B. 科目汇总表账务处理程序

C. 汇总记账凭证账务处理程序　　　　　D. 以上都是

4. 汇总记账凭证账务处理程序与科目汇总表账务处理程序的共同点有（　　）。

A. 减少登记总账的工作量

B. 总账可以比较详细地反映经济业务的发生情况

C. 有利于查账

D. 均适用于经济业务较多的单位

5. 记账凭证账务处理程序与汇总记账凭证账务处理程序的相同之处在于( )。

A. 根据原始凭证或汇总原始凭证编制记账凭证

B. 根据收、付款凭证逐笔登记库存现金日记账和银行存款日记账

C. 根据各种记账凭证和有关原始凭证或原始凭证汇总表登记明细账

D. 根据记账凭证逐笔登记总分类账

6. 对于汇总记账凭证账务处理程序,下列说法错误的有( )。

A. 登记总账的工作量大

B. 不能体现账户之间的对应关系

C. 明细账与总账无法核对

D. 当转账凭证较多时,汇总转账凭证的编制工作量较大

7. 各种账务处理程序下,登记明细账的依据可能有( )。

A. 原始凭证 B. 汇总原始凭证
C. 记账凭证 D. 汇总记账凭证

8. 在我国,常用的账务处理程序主要有( )。

A. 记账凭证账务处理程序 B. 汇总记账凭证账务处理程序
C. 多栏式日记账账务处理程序 D. 科目汇总表账务处理程序

9. 在常见的账务处理程序中,共同的账务处理工作有( )。

A. 均应填制和取得原始凭证 B. 均应编制记账凭证
C. 均应填制汇总记账凭证 D. 均应设置和登记总账

10. 各种账务处理程序的相同步骤包括( )。

A. 根据原始凭证编制记账凭证

B. 根据原始凭证和记账凭证登记明细账

C. 根据收款凭证和付款凭证登记库存现金、银行存款日记账

D. 根据总账和明细账编制会计报表

四、判断题

1. 各种账务处理程序之间的区别在于编制会计报表的依据和方法不同。 ( )

2. 科目汇总表属于会计报表。 ( )

3. 汇总记账凭证账务处理程序的缺点是无法反映账户之间的对应关系。 ( )

4. 记账凭证账务处理程序直接根据汇总记账凭证逐笔登记总分类账和明细分类账。 ( )

5. 同一企业可以同时采用不同的账务处理程序。 ( )

6. 记账凭证账务处理程序是最基本的账务处理程序,其特点就是登记账簿的工作较量

小。   (   )

7. 科目汇总表账务处理程序的优点是能较好地反映账户的对应关系。   (   )

8. 编制财务报表是企业账务处理程序的组成部分。   (   )

9. 科目汇总表账务处理程序的缺点主要是编制科目汇总表比较麻烦。   (   )

10. 汇总记账凭证账务处理程序直接根据科目汇总表汇总登记总分类账。   (   )

五、核算题

（一）练习记账凭证账务处理程序。

1. 资料

承第六章核算题。

2. 要求

（1）设置库存现金日记账、银行存款日记账和总分类账，并登记期初余额。

（2）根据收款凭证、付款凭证登记日记账并结账。

（3）根据记账凭证登记各总分类账并结账。

（二）练习科目汇总表账务处理程序。

1. 资料

承第六章核算题。

2. 要求

（1）设置总分类账，并登记期初余额。

（2）根据记账凭证编制科目汇总表。

（3）根据科目汇总表登记各总分类账并结账。

（三）练习汇总记账凭证账务处理程序。

1. 资料

承第六章核算题。

2. 要求

（1）设置库存现金日记账、银行存款日记账和总分类账，并登记期初余额。

（2）根据收款凭证、付款凭证登记日记账并结账。

（3）根据记账凭证编制汇总记账凭证。

（4）根据汇总记账凭证登记各总分类账并结账。

第十一章 会计工作的组织

通过本章学习,了解并掌握:
1. 会计工作组织的意义和要求;
2. 会计机构的设置、会计工作组织形式和会计工作的岗位责任制;
3. 会计人员的职权和要求;
4. 会计法律规范的三个层次;
5. 会计档案的保管期限和销毁的规定;
6. 会计电算化的特点和发展。

第一节 会计工作组织概述

一、会计工作组织的意义

为了完成会计的任务,发挥会计的作用,必须正确地组织会计工作。会计工作的组织,包括会计机构的设置、会计人员的配备、会计制度的建立。组织好会计工作具有以下三点重要意义:

(一) 保证会计工作正确地执行党和国家的方针、政策、法规、制度和各项规定

会计工作是一项政策性很强的工作。社会主义企业、事业等单位的经济活动,必须贯彻

执行党和国家的方针、政策、法规、制度和各项规定。因此,会计工作对各单位的经济活动进行反映和监督,必须反映和监督各单位对有关方针、政策、法规、制度和各项规定的执行情况。只有正确地组织会计工作,才能从组织上保证正确地执行党的方针、政策,国家的法规、制度和各项规定,在经济领域内打击不法行为,保护社会主义公有财产,坚持社会主义方向,巩固社会主义的经济基础。

(二) 保证会计工作的质量,提高会计工作的效率

会计工作是一项严密细致的工作。会计所反映和监督的经济活动是错综复杂的,对错综复杂的经济活动要经过从凭证到账簿再到报表进行计算、记录、分类、汇总、分析、检查,通过这一系列的处理程序和手续,方能为经营管理提供所需的各种数据资料。在实际工作中,各道程序、各种手续和各项数据之间存在着密切的联系,任何一道程序的脱节、一个手续的遗漏或者是一项数据的差错都会造成整个核算工作的结果达不到正确和及时的要求,从而贻误工作。正确地组织会计工作,使会计工作按照事先规定的处理程序和手续有条不紊地进行,可以防止差错;即使发生差错,也易于纠正。这样,才能保证会计工作的质量,提高会计工作的效率。

(三) 确保会计工作与其他经济管理工作的协调一致

会计工作是一项综合性经济管理工作。单位里所发生的各项经济活动,都要通过会计加以反映和监督,因而会计工作就与其他各种经济管理工作,如计划、统计等有着十分密切的联系。它们在共同的目标之下相互补充、相互促进。正确地组织会计工作,能使会计工作与其他经济管理工作更好地分工协作,密切配合,共同完成管理经济的任务。

总之,正确地组织会计工作,不仅有利于企业、事业等单位经济活动的顺利进行,也有利于整个国民经济的正常发展。

二、会计工作组织的要求

正确地组织会计工作,必须符合以下三点基本要求:

(一) 符合国家对会计工作的统一规定

会计所提供的各项数据资料,既是反映企业、事业等单位遵循国家的方针、政策,执行计划和预算的结果,又是国家制定方针、政策,编制计划和预算的重要依据之一。为了充分发挥会计的重要作用,国家对会计工作的重要方面都做了统一的规定。遵循国家的统一规定,是各个企业、事业等单位组织会计工作所要遵循的首要原则。

(二) 适应本单位生产经营管理的特点

国家对会计工作的统一要求,只是从整个国家的情况和需要出发所做的原则性规定。由于各个单位的经济活动各不相同、业务繁简程度不等,经营管理对会计的具体要求也不尽相同。因此,要组织好会计工作,必须按照各单位经济活动的不同情况和经济管理的具体要

求,做出切合实际的安排以及提出具体的实施办法。

（三）符合精简节约的原则

在组织会计工作时,应在保证会计工作质量的前提下,尽量节约会计工作的时间和费用。所有会计凭证、账簿、报表的设计,各种会计处理手续和程序的规定,会计机构的设置和会计人员的配备等,均要虑及成本—效益原则,以最少的人力、物力、财力消耗取得最大的工作效果。

第二节　会计机构

一、会计机构的设置

会计机构是负责各单位内部组织领导和直接从事会计工作的职能部门。建立和健全会计机构,是保证做好会计工作和发挥会计作用的重要条件。

《会计法》规定国务院财政部门主管全国的会计工作,县级以上地方各级人民政府财政部门管理本行政区域内的会计工作。中央和地方各级管理机关,一般设置会计司、局、处、科等专门机构。它们的主要任务是:在处理好本身的日常会计工作外,同时负责组织、领导和监督所属单位的会计工作,审核、分析、批复和汇总所属单位上报的会计报表,核算本单位与财政机关、上下级之间有关缴拨款等会计事项,对所属单位的会计工作进行检查和指导,总结交流先进经验,处理属于职责范围内的其他各项工作。

基层各单位会计机构的设置,应根据其规模大小、会计业务繁简、收支数额大小等具体情况来确定。《会计法》第三十六条规定:"各单位应当根据会计业务的需要,设置会计机构,或者在有关机构中设置会计人员并指定会计主管人员;不具备设置条件的应当委托经批准设立从事会计代理记账业务的中介机构代理记账。"各单位是否设置会计机构,因各单位情况不同而由各单位根据自己的会计业务需要决定。原则上企业和行政、事业单位需要科学、合理地组织会计工作,都要设置会计工作的专职机构。由于各单位的经营和业务规模大小不同,会计业务的复杂程度不同,机构人员设置的要求不同,办公自动化程度不同,各单位可以根据业务需要决定是否设置专门的会计机构,或者选择在有关机构中设置专职会计人员。通常实行独立核算的大中型企业、实行企业化管理的事业单位,以及财务收支数额较大、会计业务较多的机关团体和其他组织,都要设置由本单位领导人直接领导的财务会计机构,并配备必要的会计人员。而财务收支数额不大、单位形式比较简单、会计核算不太复杂的单位,如一些业务规模小、业务量少的企业,以及业务比较少的机构、团体和事业单位,可以不设置专门的会计机构。在不与法律、法规相违背的情况下,是否设置会计机构,如何设置会计机构,如何称呼,均由各单位自主决定。

必须指出,由于会计工作与财务工作都是综合性的经济管理工作,而且两者之间关系非常密切,因此,在我国的实际工作中,通常是合并设置一个财务会计机构,统一办理财务和会计工作。

二、会计工作的组织形式

企业会计工作的具体组织形式,是指企业内部各级会计机构之间在会计反映和监督上的相互关系。会计工作的组织形式,一般可分为集中核算和分散核算两种。

集中核算,是指把企业的会计工作主要集中到企业的会计机构来进行。企业内部各部门、车间一般不设置会计机构,只设置专职或兼职的会计人员,只对本部门或本车间发生的经济业务填制原始凭证和汇总原始凭证,定期报送企业会计部门,由企业会计部门登记账簿,并编制会计报表。实行集中会计核算可以减少核算层次,节省人力、物力,提高工作效率,但核算工作过于集中,与各部门、车间的责权利结合不紧密。它一般适用于具备一定规模的企业。

分散核算又称非集中核算,是指把企业的会计工作分散到企业的各个车间、部门来进行。在分散核算组织形式下,企业各车间、部门一般要设置会计机构,设立并登记账簿,单独计算盈亏,编制内部会计报表。企业的会计机构则主要是汇总编制整个企业的会计报表。实行分散核算,使各个车间、部门能够随时掌握和利用核算资料,及时地解决经营过程中出现的问题。它一般适用于具备一定规模的企业。

对于一个企业单位或者是企业单位内部的几个不同部门,是实行集中核算还是分散核算,主要应根据各个单位、部门的特点和管理要求,从有利于加强经济管理、经济核算来决定。但无论采用何种组织形式,企业单位对外的现金收支、银行存款的往来,物资的购销、债权债务的结算等对外经济往来,都必须由厂部会计机构集中办理,单位内部各车间、部门不能直接对外发生经济往来。

三、会计工作的岗位责任制

组织好会计工作,必须认真贯彻会计工作岗位责任制。会计工作的岗位责任制是指为了加强会计工作管理,提高工作效率,保证财务会计制度的贯彻执行而在财会机构内部,按照会计工作的任务和会计人员的配备情况,建立事事有人管、人人有专责的一种责任制度。这样,可以合理使用人力,提高会计人员的责任感和纪律性,加强会计人员之间的协作和监督,促使会计人员不断提高业务能力,改进工作方法,保证按质、按量、按期完成会计工作的任务。

各单位应当根据会计业务需要设置会计工作岗位。会计工作岗位一般可分为:会计机构负责人或者会计主管人员,出纳,财产物资核算,工资核算,成本费用核算,财务成果核算,资金核算,往来结算,总账报表,稽核,档案管理等。开展会计电算化和管理会计的单位,可以根据需要设置相应工作岗位,也可以与其他工作岗位结合。

会计工作岗位责任制可以实行一人一岗、一人多岗或多人一岗,但出纳人员不得兼任稽核、会计档案保管和收入、支出、费用、债权债务账目的登记工作。《会计法》第三十七条规定:"会计机构内部应当建立稽核制度。出纳人员不得兼任稽核、会计档案保管和收入、支出、费用、债权债务账目的登记工作。"出纳人员是会计机构中直接与现金打交道的工作人员。根据我国的有关规定和各单位的实际情况,出纳人员一般有以下职责:办理现金收付和银行结算业务;登记现金和银行存款日记账;保存库存现金和各种有价证券;保管有关印章、空白收据和空白支票。由于出纳人员直接管理钱款,所以对几个岗位不能兼职,否则容易弄虚作假,监守自盗。单位的现金日记账和银行往来日记账,如确有需要,可由出纳人员兼任,但也要做到日清月结,账目清楚。实行岗位责任制,并不要求会计人员长期固定在某一会计岗位,可以在适当时间轮换岗位。这样,既有利于使会计人员比较全面地熟悉并掌握各项会计工作,又便于互相协作,提高会计工作效率。

第三节　会计人员

一、会计人员的职权

会计人员是指从事会计工作的专职人员,包括总会计师、高级会计师、会计师、助理会计师、会计员、记账员和出纳员等。国务院于1978年9月12日颁发了《会计人员职权条例》,对会计人员的职责和权限做了明确的规定。1985年1月21日,第六届全国人民代表大会常务委员会第九次会议通过的《中华人民共和国会计法》及其后通过的修正案,又以法律形式规定了会计人员的职责和权限。因此,会计人员作为办理会计事务、进行会计核算和会计监督的主体,依法进行会计核算,实行会计监督,既是其法定职责,也是其法定权力;会计人员依法履行职责,进行会计核算,实行会计监督,其合法权益受法律保护;一切干扰和阻碍会计人员依法进行会计核算和会计监督的行为都是违法行为,会计人员有权予以抵制。

(一)会计人员的职责

会计人员的职责主要是:严格执行会计制度,实行会计核算;加强会计监督,维护国家财政制度、财务制度和财经纪律;加强经济核算,参与经营管理,讲求经济效益。

具体地说,会计人员的职责,主要有以下十个方面:

(1)按国家财务制度的规定,认真编制并严格执行财务计划、预算,遵守各项收入制度、费用开支范围和开支标准,合理使用资金,保证完成财政上缴任务;

(2)按照国家会计制度的规定记账、算账、报账,做到手续完备,内容真实,数字准确,账目清楚,日清月结,按期报账;

（3）按照银行有关制度的规定，合理使用贷款，加强资金管理，做好结算工作；

（4）参与编制各项经济计划、业务计划，指定定额，签订经济合同，参与经营决策；

（5）按照经济核算原则，定期检查、分析财务计划、预算的执行情况，挖掘增收节支的潜力，考核资金使用效果，揭露经营管理中的问题，及时向领导提出建议；

（6）按照国家颁发的《会计档案管理办法》的规定，妥善保管会计凭证、会计账簿、会计报表等会计档案资料；

（7）遵守、宣传、维护国家财政、财务制度和财经纪律，同一切违法乱纪行为作斗争；

（8）对上级机关和审计、财政、税务、银行等部门来单位了解、检查会计工作，要负责提供有关资料，如实反映情况；

（9）会计人员调动工作或离职，必须按规定向接管人员办理移交手续；

（10）上级机关决定撤销、合并的单位，会计人员要会同有关人员，编制财产、资金、债权、债务移交清册，办理交接手续。

（二）会计人员的权限

为了保障会计人员能够顺利地履行自己的职责，国家赋予会计人员一定的工作权限。根据国家的有关规定，会计人员的工作权限主要有：

（1）有权要求本单位有关部门、人员认真执行国家批准的计划、预算，遵守国家财经纪律和财务会计制度；

（2）参加本单位有关生产、经营管理的会议，有权提出有关财务开支和经济效益方面的问题和意见；

（3）有权监督、检查本单位有关部门的财务收支、资金使用和财产保管、收发、计量、检验等情况；

（4）有权要求本单位有关部门、人员提供同会计工作有关的情况和资料；

（5）对于违反法令、制度、规定的事项，有权拒绝办理；

（6）对于在执行职务中所发现的问题，有权向本单位领导或上级机关、财政部门报告，提请处理。

二、会计人员的要求

为了使会计人员能够忠实地履行职责，正确地行使权限，切实做好会计工作，必须对会计人员提出严格要求。2017年11月5日起实行的新《会计法》规定，从事会计工作的人员，应当具备从事会计工作所需要的专业能力，担任单位会计机构负责人的，应具备会计师以上专业技术职务资格或者从事会计工作三年以上的经历。

（一）对会计人员政治上的要求

会计人员要努力学习马列主义、毛泽东思想，不断提高政治觉悟，坚持四项基本原则，热爱社会主义祖国，热心社会主义建设，时时处处都要把国家和人民的利益放在首位。会计人员必须认清会计工作的重大政治意义,自觉地坚持会计工作的社会主义方向,积极宣传和坚决执行党的方针、政策,国家的法令、计划和制度。在会计工作中,会计人员必须坚决打击贪污盗窃、投机倒把等犯罪活动,坚决抵制滥用职权、损公肥私、弄虚作假、铺张浪费等不正之风;要保护社会主义财产,要坚持无产阶级政治,把思想政治工作做到经济工作、业务工作中去,使政治工作真正成为经济工作、业务工作的保证;还必须正直无私、廉洁奉公、实事求是,树立良好的职业道德。

（二）对会计人员业务上的要求

一般来说,从事会计工作的人员需要以下专业知识:一是财会知识,会计人员需要学习《会计法》《税收法》《公司法》《证券法》《企业会计准则》《会计基础工作规范》,掌握财务会计的基本原理,如记账程序、记账规则、珠算、财务会计基础知识、财务会计分析及财务会计电算化应用知识;二是相关的经济管理知识,如财务管理学、财政学、金融学、审计学、统计学等与会计工作密切相关的经济管理学和目标管理法、量本利分析法、经济责任制、价值工程、ABC管理法等一些现代经济管理方法;三是其他相关知识,例如一定的写作水平和一定的外语知识等。

不断提高会计人员的业务水平,是确保高质量完成会计任务的关键所在。会计人员必须掌握会计的专业知识和基本技能,能够熟练地、正确地开展会计工作;必须熟悉会计制度的各项规定,能够正确地执行制度,使会计工作符合制度要求,并能在工作实践中发现问题,提出改进制度的意见;必须熟悉本单位的经济活动情况和有关经营管理知识,便于正确地开展会计工作,并能对经济活动情况进行分析研究,从中发现问题,提出改进经营管理的具体意见。

三、会计人员专业技术职务

会计人员是从事经济管理工作的专业技术人员。为了更好地培养和合理地使用会计人员,充分发挥会计人员的积极性,鼓励会计人员努力钻研科学、提高业务水平,更好地为社会主义建设服务,国家在会计人员中实行专业技术职务制度。我国从1992年8月起,开始执行全国统一的会计人员专业技术职务任职资格考试制度。会计人员的专业技术职务依次分为:会计员、助理会计师、会计师、高级会计师、正高级会计师。

会计人员必须首先取得专业技术职务的任职资格,然后由各单位根据会计工作需要和本人的实际工作表现,按规定聘任一定的专业技术职务。

四、总会计师

总会计师是在单位负责人的领导下,主管经济核算和财务会计工作的负责人。建立总会计师制度,是我国加强经济核算、发挥会计职能作用的一项重要经验。1985年颁布实施的《会计法》,第一次以法律形式明确了设置总会计师的要求,1990年国务院发布的《总会计条例》对总会计师地位、职责、权限、任免与奖惩做了较全面的规定,1999年修订的《会计法》又肯定了总会计师的体制。

为了加强对会计工作的领导,加强企业经济核算和讲求经济效益,一般在大中型企业设置总会计师,主管本单位的经济核算和财务会计工作,小型企业要指定一名副厂长行使总会计师的职权。

总会计师的基本职责:

(1) 组织各部门、车间建立、健全经济信息工作和经济核算制度,促使各部门车间讲求经济效益;

(2) 负责组织编制和执行预算、财务计划,协调各项经济计划、业务计划;

(3) 审查生产、物资供应、产品销售、技术措施、基本建设等计划和主要经济合同,检查计划和经济合同的执行情况,考核生产经营成果;

(4) 组织群众性的经济核算工作,建立经济活动分析制度,挖掘增收节支的潜力;

(5) 监督企业执行国家财经政策、法令、制度,遵守财经纪律。

为了保障总会计师很好地完成自己的职责,同样国家也赋予了总会计师相应的工作权限。总会计师的工作权限主要是:

(1) 参加企业重要的生产、经营管理会议;

(2) 签署企业的财务计划、信贷计划和会计报表,会签其他各项计划和重要经济合同;

(3) 纠正和制止不符合国家财经方针、政策,不讲求经济效益,不执行计划、经济合同,以及违反财经纪律的事项。

可见,总会计师既要对企业的财务状况负责,又要组织领导和监督检查企业生产经营的各个环节和各个职能部门以及各车间、班组实行全面的经济核算,讲求最大的经济效益。

实践证明,实行总会计师的经济责任制,有利于协调企业的各项经济工作,是加强企业经营管理,提高经济效益的一项重要措施。

第四节 会计法规

一、会计法律规范的层次

综观世界会计发展史,法律对会计理论和实务的影响明显而深刻,会计法律规范是整个社会法律制度的有机组成部分。会计法律规范是为了保证市场正常运行而形成的,对各个单位的会计实务及其会计信息披露发挥指导作用的有关法规、准则、制度的总和。

目前我国会计法律规范基本上已经形成了以《会计法》为中心、国家统一的会计制度为基础的比较完整的法规体系。会计法规体系已经成为会计工作顺利进行和健康发展的有力保障,对于社会主义市场经济的发展起到了重要的保证和促进作用。

我国会计法规体系包括三个层次。第一个层次是会计法。《会计》法是我国会计工作的根本大法,是从事会计工作、制定其他各种会计法规的依据。它规定了会计工作的基本目的、会计管理权限、会计责任主体、会计核算和会计监督的基本要求、会计人员和会计机构的职责权限,并对会计法律责任做了详细规定。第二个层次是国务院规定的有关会计工作的行政法规,主要有《总会计师条例》《企业财务会计报告条例》等。第三个层次是国家统一的会计制度,其法律地位低于《会计法》和会计行政法规,具体有会计部门规章和会计规范性文件。会计部门规章包括《会计准则——基本准则》《财政部门实施会计监督管理办法》《会计师事务所审批和监督暂行办法》《注册会计师注册办法》《代理记账管理办法》。而会计规范性文件则包括《会计准则——42项具体准则》《事业单位会计准则》《小企业会计准则》《内部会计控制规范》《会计基础工作规范》《会计电算化管理办法》《会计档案管理办法》等。

二、会计法

1985年1月21日,第六届全国人民代表大会常务委员会第九次会议通过了《中华人民共和国会计法》(以下简称《会计法》),并从1985年5月1日起实施。《会计法》是会计法律规范体系的最高层次,是制定其他会计法规的依据,也是指导会计工作的最高准则。

随着改革开放的深入和社会主义市场经济的发展,为了适应形势发展的需要,1993年12月29日,第八届全国人民代表大会常务委员会第五次会议通过了《关于修改〈中华人民共和国会计法〉的决定》,中华人民共和国主席第17号令予以公布,自公布之日起施行。这是《会计法》的第一次修改。

1999年10月31日,等九届人大常委会第十二次会议对《会计法》进行了第二次修改,重新修改《会计法》对于规范会计行为,提高会计信息质量,更有效地发挥会计在经济建设中的作用,具有非常重要的意义。修改后的《会计法》由原来的30条增加到52条,除了会计年度这一条规定外的其他各条款都进行了修订。修改后的会计法突出了规范会计行为、保证会计信息质量的基本宗旨,补充、完善了会计核算和会计记账的基本制度和规则,强化了单位负责人对本单位会计工作和会计资料真实性、完整性负责的责任制,加强了会计人员的资格管理,强化了对会计活动的制约和监督,加大了对违法行为的处罚力度,适应了当前经济和财务管理的需要。

为降低人才负担和制度成本,2017年11月4日十二届全国人大常委会第三十次会议表决通过了修改《会计法》的决定,新的《会计法》于11月5日起实行,会计从业资格考试正式取消。

三、会计准则

会计准则是指导会计工作的规范、评价会计工作的准绳。为了适应我国社会主义市场经济发展的需要,统一会计事务处理标准,保证会计信息质量,我国多年来一直重视会计准则的建设。财政部于1992年发了第一项会计准则,即《企业会计准则》,之后又先后发布了包括关联方关系及其交易的披露、现金流量表、非货币性交易、投资、收入、或有事项、资产负债表日后事项、会计政策、会计估计变更和会计差错更正、借款费用、债务重组、固定资产、无形资产、存货、中期财务报告等在内的16项具体准则。

2006年2月15日,财政部按照立足国情、国际趋同、涵盖广泛、独立实施的原则,对上述准则做了系统性的修改,发布了包括《企业会计准则——基本准则》和38项具体准则在内的企业会计准则体系;2006年10月30日,又发布了企业会计准则应用指南,从而实现了我国会计准则与国际财务报告准则的实质性趋同。为保持我国企业会计准则与国际财务报告准则的持续趋同,财政部于2014年修改了《企业会计准则——基本准则》,修订了企业会计准则《第2号——长期股权投资》《第9号——职工薪酬》《第30号——财务报表列报》《第33号——合并财务报表》《第37号——金融工具列报》五项具体会计准则,制定了企业会计准则《第39号——公允价值计量》《第40号——合营安排》《第41号——在其他主体权益的披露》三项具体会计准则。财政部于2017年修订了企业会计准则《第14号——收入》《第16号——政府补助》等具体会计准则,制定了企业会计准则《第42号——持有待售的非流动资产、处置组和终止经营》。

我国企业会计准则体系由基本准则、具体准则、会计准则应用指南和解释公告等组成。其中,基本准则在整个企业会计准则体系中扮演着概念框架的角色,起着统驭作用;具体准则是在基本准则的基础上,对具体交易或者事项会计处理的规范;应用指南是对具体准则的一些重点难点问题做出的操作性规定;解释公告是随着企业会计准则的贯彻实施,就实务中遇到的实施问题而对准则做出的具体解释。

此外,为了规范小企业确认、计量和报告行为,促进小企业可持续发展,发挥小企业在国民经济和社会发展中的重要作用,财政部于2011年10月18日制定了《小企业会计准则》,规定自2013年1月1日起在小企业范围内施行。小企业会计准则的发布和实施,标志着由适用于大中型企业的企业会计准则和适用于小企业的小企业会计准则共同构成的企业会计标准体系基本建成,为今后统一会计标准、提高会计信息可比性、建立良好会计秩序奠定了坚实的基础。

四、会计制度

会计制度是处理会计事项的具体规范和标准。要使各行业、各部门和各单位的会计工作有组织、有秩序地进行,充分发挥会计核算、会计监督、参与经济决策等多种职能,必须制定科学的会计制度。

改革开放以来,会计制度不断改革创新,从改革开放初期为了吸引外资而建立的外商投资企业会计制度,到后来为了适应股份制改革而建立的股份制企业会计制度,再到后来建立的不分行业、不分所有制的统一会计制度,即《企业会计制度》《金融企业会计制度》和《小企业会计制度》,在此基础上,分别一般企业、金融保险企业、小企业建立各自操作性较强的有关会计科目的设置、具体账务处理和财务会计报告的编制和对外提供办法,适应了我国当时改革开放和市场经济发展的需要。

财政部2006年2月15日发布了包括《企业会计准则——基本准则》和38项具体准则在内的企业会计准则体系,自2007年1月1日起在上市公司范围内施行,执行38项具体会计准则的企业不再执行《企业会计制度》和《金融企业会计制度》。2011年10月18日制定了《小企业会计准则》,自2013年1月1日起在小企业范围内施行,2004年4月27日发布的《小企业会计制度》同时废止。

准则代替制度,实现两者的统一是一种必然结果。一方面会计准则和会计制度核算的范围随着我国市场经济的完善、企业财务人员会计水平的提高将趋于一致,另一方面会计准则和会计制度核算的内容没有本质上的区别,只有规范程度上的详略之分。因此,如果财务人员的会计水平提高到足以熟练地应用会计准则的程度,用会计准则取代会计制度则是必然的。

第五节 会计档案

一、建立会计档案的意义

会计档案是指单位在进行会计核算等过程中接收或形成的,记录和反映单位经济业务事项的,具有保存价值的文字、图表等各种形式的会计资料,包括通过计算机等电子设备形成、传输和存储的电子会计档案。会计档案是国家档案的重要组成部分,也是各单位的重要档案。会计档案可以为国家和单位提供详尽的经济资料,对国家制定宏观经济政策和单位制定经济决策具有一定的参考价值。在企业的经济管理中,建立和健全会计档案能为事后检查会计账目和经济责任提供书面证明,能为分析经济活动、总结生产经营管理的经验提供有用的资料。鉴于会计档案的重要性,各单位必须加强对会计档案管理工作的领导,建立和健全会计档案的立卷、归档、保管、调阅和销毁等管理制度,切实做好会计档案的管理工作。为了加强会计档案的科学管理,2015年12月11日中华人民共和国财政部和国家档案局令第79号发布修订后的《会计档案管理办法》,自2016年1月1日起实行的新《会计档案管理办法》,完善了会计档案的定义和范围,增加了电子会计档案的管理要求,明确了会计档案的销毁程序,调整了会计档案的定期保管期限,并延长了会计档案向单位档案管理机构移交的期限。

二、会计档案的立卷和归档

《会计法》第二十三条规定:"各单位对会计凭证、会计账簿、财务会计报告和其他会计资料应当建立档案,妥善保管。"单位会计档案由会计凭证、会计账簿、财务会计报告和其他会计资料组成,各单位每年形成的会计档案,应由财会部门按照归档的要求,负责整理立卷或装订成册。

会计部门对记账后的记账凭证要进行整理,定期(每旬或每月)按编号顺序排列,连同所附原始凭证定期装订成册。装订时应具封面、封底,注明会计凭证所属的时期、种类、张数和起讫号数等,并在装订线上加贴封签。装订成册的封面应按规定格式书写清楚,并在封签处加盖会计主管的骑缝图章。对于某些重要的原始单据以及各种需要随时查阅的单据,可另编目录,单独登记保管。

在会计年度终了后,各种账簿也应归档保管。会计账簿每册为一卷,在更换新账以后,将旧账归入会计档案。活页账和卡片账在归档时应装订成册,编定页码,要像订本账一样加具扉页,注明单位名称、所属时期、共计页数和记账人员姓名等,并且加盖公章。

各种会计报表应当专门留存一份归入会计档案,归档时分别按月度报表、季度报表、半年度报表、年度报表装订成册。若一卷内有多份报表时,要填写在卷内目录和案卷备注上。会计报表归档后,如果上级主管部门在批复时有更动,应将此项批复连同更正后的资料一起归档。此外,各种重要的会计检查报告和会计分析报告也应归入会计档案。

此外,为大力推动电子会计数据的深度开发和有效利用,为政府决策和管理提供更多维度、更具参考价值的会计信息,新《会计档案管理办法》明确将电子会计档案纳入会计档案范围,规定会计档案包括通过计算机等电子设备形成、传输和存储的电子会计档案。

为确保电子会计档案的真实、完整、可用、安全,对于电子会计资料仅以电子形式归档保存的方式,新管理办法提出了如下具体条件:一是形成的电子会计资料来源真实有效,由计算机等电子设备形成和传输;二是使用的会计核算系统能够准确、完整、有效接收和读取电子会计资料,能够输出符合国家标准归档格式的会计凭证、会计账簿、财务会计报表等会计资料,设定了经办、审核、审批等必要的审签程序;三是使用的电子档案管理系统能够有效接收、管理、利用电子会计档案,符合电子档案的长期保管要求,并建立了电子会计档案与相关联的其他纸质会计档案的检索关系;四是采取有效措施,防止电子会计档案被篡改;五是建立电子会计档案备份制度,能够有效防范自然灾害、意外事故和人为破坏的影响;六是形成的电子会计资料不属于具有永久保存价值或者其他重要保存价值的会计档案;七是电子会计资料附有符合《中华人民共和国电子签名法》规定的电子签名。以上要求中,第一、七项规定是确保电子会计档案的真实,第二、三、六项是确保电子会计档案的准确、完整、可用,第四、五项规定是确保电子会计档案的安全。单位内部生成的电子会计资料仅以电子形式归档保存必须同时满足第一至六项规定;单位外部接收的电子会计资料仅以电子形式归档保存必须同时满足第一至七项规定。

三、会计档案的保管和调阅

当年形成的会计档案,在会计年度终了后,可由单位会计管理机构临时保管一年,再移交单位档案管理机构保管。因工作需要确需推迟移交的,应当经单位档案管理机构同意。单位会计管理机构临时保管会计档案最长不超过三年。临时保管期间,会计档案的保管应当符合国家档案管理的有关规定,且出纳人员不得兼管会计档案。单位会计管理机构在办理会计档案移交时,应当编制会计档案移交清册,并按照国家档案管理的有关规定办理移交手续。

纸质会计档案移交时应当保持原卷的封装。电子会计档案移交时应当将电子会计档案及其元数据一并移交,且文件格式应当符合国家档案管理的有关规定,特殊格式的电子会计档案应当与其读取平台一并移交。单位档案管理机构接收电子会计档案时,应当对电子会计档案的准确性、完整性、可用性、安全性进行检测,符合要求的才能接收。

各单位有关部门要加强对会计档案的科学管理,做好保管工作。一方面,在会计档案的保护技术上要采取措施保证不破损、不霉烂、不被虫蛀;另一方面,要使会计档案存放有序、查找方便,严格执行安全和保密制度,以防泄密。档案部门接收保管的会计档案,原则上应当保持原卷册的封装;个别需要拆封重新整理的,应当会同原财务会计部门和经办人员共同拆封整理,以分清责任。

单位应当严格按照相关制度利用会计档案,在进行会计档案查阅、复制、借出时履行登记手续,严禁篡改和损坏。单位保存的会计档案一般不得对外借出;确因工作需要且根据国家有关规定必须借出的,应当严格按照规定办理相关手续,建立会计档案调阅制度,设置"会计档案调阅登记簿",详细登记调阅日期、调阅人、调阅理由、归还日期等。会计档案借用单位应当妥善保管和利用借入的会计档案,确保借入会计档案的安全完整,并在规定时间内归还。

四、会计档案的销毁

根据会计档案的特点,会计档案可以分为永久会计档案和定期会计档案。永久会计档案是指无限期保管的会计档案,如年度财务会计报告、会计档案保管清册和会计档案销毁清册等。定期会计档案是指有保管期限,期满后即可按规定销毁的会计档案。近年来,国家档案局对机关和企业文件材料的定期保管期限进行了调整,会计档案在很多民事案件中都作为重要证据,考虑到民事案件的诉讼时效最长为20年,为便于单位档案的统一管理,并结合会计档案的实际利用需求,新会计档案管理办法的定期保管期限由原3年、5年、10年、15

年、25 年五类调整为 10 年、30 年两类。会计档案的保管期限,从会计年度终了后的第一天算起。会计档案保管期限详见表 11-1。

表 11-1　企业和其他组织会计档案保管期限表

序号	档案名称	保管期限	备注
一	会计凭证		
1	原始凭证	30 年	
2	记账凭证	30 年	
二	会计账簿		
3	总账	30 年	
4	明细账	30 年	
5	日记账	30 年	
6	固定资产卡片		固定资产报废清理后保管 5 年
7	其他辅助性账簿	30 年	
三	财务会计报告		
8	月度、季度、半年度财务会计报告	10 年	
9	年度财务会计报告	永久	
四	其他会计资料		
10	银行存款余额调节表	10 年	
11	银行对账单	10 年	
12	纳税申报表	10 年	
13	会计档案移交清册	30 年	
14	会计档案保管清册	永久	
15	会计档案销毁清册	永久	
16	会计档案鉴定意见书	永久	

会计档案的销毁是会计档案管理的重要环节,其中鉴定销毁工作是档案销毁的前提和基础。监销是保证销毁工作按照规定程序和要求进行的一项制度安排。《会计档案管理办法》要求单位应当定期对已到保管期限的会计档案进行鉴定,并形成会计档案鉴定意见书。会计档案鉴定工作应当由单位档案管理机构牵头,组织单位会计、审计、纪检监察等机构或人员共同进行。经鉴定,仍需继续保存的会计档案,应当重新划定保管期限;对保管期满,确无保存价值的会计档案,可以销毁。单位档案管理机构负责组织会计档案销毁工作,并与会计管理机构共同派员监销。监销人在会计档案销毁前,应当按照会计档案销毁清册所列内容进行清点核对;在会计档案销毁后,应当在会计档案销毁清册上签名或盖章。

电子会计档案的销毁还应当符合国家有关电子档案的规定,并由单位档案管理机构、会计管理机构和信息系统管理机构共同派员监销。

第六节　会计电算化

一、会计计算技术的发展

会计为经济管理所提供的数据资料,要经过记录、计算、分析、整理等一系列工作。进行这些工作,要运用一定的操作技术,会计计算技术就是在会计数据记录、计算、整理等操作过程中所采用的技术方法。会计计算技术,是随着社会经济的发展和科学技术的进步而不断发展变化的。组织会计工作时,要提高会计工作效率,应按实际需要,采用并改革会计计算技术。

综观会计发展史,会计计算技术大致经历了手工操作、机械化操作和电子计算机操作三个发展阶段。

手工操作技术,是指通过手工劳动处理会计数据。会计在漫长的发展演变过程中,逐步进化到以算盘为运算工具,用笔墨在凭证账簿上记录各项经济业务,并通过账簿报表的编制,提供系统的数据资料。

机械化操作技术是以机器操作代替手工操作。由于不断发展的机械化大生产对会计提出了科学管理的要求,在会计工作中,首先在记录和计算方面使用了打字机和计算机;以后又出现穿孔卡片计算机核算系统,只要把原始数据制成穿孔卡片,经过分类、整理、计算、制表等机械化处理程序,即可打印成会计报表输送出来。机械化操作系统是会计计算技术的重大发展,使会计数据处理比手工操作既快又准确。

电子计算机操作技术,是随着科学技术的进步、电子计算机的发明而采用的现代化会计操作技术。使用电子计算机处理会计数据,有关数据的分类、排序、运算、存储和传输等一系列处理过程,都是在机器内自动进行,从而大大提高了会计数据处理的正确性、及时性和精确性。

二、会计电算化的特点

随着计算机科学事业的发展和现代化管理对会计工作提出更高的要求,电子计算机在会计工作中的应用逐步推广。以电子计算机为主的当代电子技术和信息技术应用到会计实务中的人—机系统称为计算机会计信息系统。它是用电子计算机代替人工记账、算账、报账以及替代部分由人脑完成的对会计信息的处理、分析和制作的过程,计算机会计信息系统与人工会计信息系统其输入、处理输出、存储的内容基本相同。应用电子计算机处理会计数据,不会改变会计理论和原则,但会使会计工作发生一些新的变化,具体表现如下:

（1）由于电子计算机能够长时间大量存储经济、技术方面的数据资料，可根据会计工作的需要随时加以组合利用，快速而准确地进行数值运算和逻辑判断，因而就为开展会计分析预测工作创造了极为有利的条件，同时使现代数学方法在会计工作中得到较为广泛的利用。

（2）采用电子计算机处理会计数据以后，可以为宏观控制和微观经济管理迅速提供更多的经济信息；同时，由于记账、编表等抄写和计算工作都由计算机来承担，会计人员也就减轻了工作负担，便于集中主要精力加强会计监督和开展分析研究工作，更好地发挥会计在经济管理中的作用。

（3）由于电子计算机的应用，企业所需要处理的各种数据资料日趋集中，要求建立起电子计算机化的全面管理信息系统，把会计信息系统作为一个子系统纳入其中，从而使会计工作组织形式和对会计人员配备及要求上发生不同程度的变化。

三、建立会计电算化的内部管理制度

硬件、软件、人及管理制度是搞好会计电算化的四大重要因素。为加强会计电算化管理，美国注册会计师协会 1976 年发布了管理咨询服务公司第 4 号《计算机应用系统开发和实施指南》。国际会计师联合会于 1984 年 2 月、1985 年 6 月颁布了三个有关会计电算化的《国际审计准则》，对电算化环境下的审计提出了详细具体的指导，对审计证据、审计软件、测试数据、计算机数据处理环境下的内部控制等，都给出明确的描述。我国会计电算化与国外相比起步较晚，会计电算化发展很不平衡。为了加强对会计电算化工作的管理，规范会计核算软件，保证会计核算软件的质量，从而保证通过电子计算机核算生成的会计信息真实、准确，《会计法》做出了总括性的规定。《会计法》第十三条规定："会计凭证、会计账簿、财务会计报告和其他会计资料，必须符合国家统一的会计制度的规定。使用电子计算机进行会计核算的，其软件及其生成的会计凭证、会计账簿、财务会计报告和其他会计资料也必须符合国家统一的会计制度的规定。"各单位应根据实际情况和财力状况，选择与本单位会计电算化工作规划相适应的计算机机种、机型和系统软件及有关配套设备，建立、健全会计电算化内部管理制度。

（一）建立会计电算化岗位责任制

会计电算化的工作岗位可分为基本会计岗位和电算化会计岗位。基本会计岗位包括会计主管、出纳、会计核算各岗、稽核、会计档案管理等工作岗位。电算化会计岗位包括直接管理、操作、维护计算机及会计软件系统的工作岗位。建立会计电算化岗位责任制，要明确各个工作岗位的职责范围，切实做到事事有人管，人人有专责。

（二）划分电算化会计岗位和工作职责

1. 电算化主管

电算化主管负责协调计算机及会计软件系统的运行工作，要求具备会计和计算机知识，以及相关的会计电算化组织管理的经验。可由会计主管兼任。

2. 软件操作

各单位应鼓励基本会计岗位的会计人员兼任软件操作岗位的工作。软件操作岗位负责输入记账凭证和原始凭证等会计数据，输出记账凭证、会计账簿、报表和进行部分会计数据处理工作，要求具备会计软件操作知识，达到会计电算化初级知识培训的水平。

3. 审核记账

审核记账岗位负责对输入计算机的会计数据进行审核，操作会计软件登记机内账簿，对打印输出的账簿、报表进行确认。要求具备会计和计算机知识，达到会计电算化初级知识培训的水平。可由主管会计兼任。

4. 电算化维护

电算化维护岗位负责保证计算机硬件、软件的正常运行，管理机内会计数据，要求具备计算机和会计知识，经过会计电算化中级知识培训。一般应由专职人员兼任。

5. 电算化审查

电算化审查岗位负责监督计算机及会计软件系统的运行，防止利用计算机进行舞弊。该岗位要求具备会计和计算机知识，达到会计电算化中级知识培训的水平。可由会计稽核人员兼任。

6. 数据分析

数据分析岗位负责对计算机内的会计数据进行分析，要求具备计算机和会计知识，达到会计电算化中级知识培训的水平。可由主管会计兼任。

（三）建立会计电算化操作管理制度

会计电算化操作管理制度应根据本单位情况，由专人保存必要的上机操作记录，记录操作人、操作时间、操作内容、故障情况等内容；规定上机操作人员对会计软件的操作工作内容和权限，对操作密码严格管理，指定专人定期更换密码，杜绝未经授权人员操作会计软件；预防已输入计算机的原始凭证和记账凭证等会计数据未经审核而登记机内账簿；操作人员离开机房前，应执行相应命令退出会计软件。

（四）建立计算机硬件、软件和数据管理制度

在建立计算机硬件、软件和数据管理制度方面，保证机房设备安全和计算机正常运行是进行会计电算化的前提条件，要经常对有关设备进行保养，保持机房和设备的整洁，防止意外事故的发生；确保会计数据和会计软件的安全保密，防止对数据和软件的非法修改和删除，对磁性介质存放的数据要进行双备份；在软件修改、升版和硬件更换过程中，要有一定的审批手续，保证实际会计数据的连续和安全，并由有关人员进行监督；健全计算机硬件和软件出现故障时进行排除的管理措施，保证会计数据的完整性；健全必要的防治计算机病毒的措施。

（五）建立电算化会计档案管理制度

会计电算化档案管理是重要的会计基础工作，对会计电算化档案管理要做好防磁、防

火、防潮和防尘工作,重要会计档案应准备双份,存放在两个不同的地点。采用磁质介质保存会计档案,要定期进行检查、定期进行复制,防止由于磁性介质损坏而使会计档案丢失。通用会计软件、定点开发会计软件、通用与定点开发相结合会计软件的全套文档资料以及会计软件程序,视同会计档案保管,保管期截至该软件停止使用或有重大更改之后的五年。

在当代高科技迅速发展的形势下,会计面临着新的挑战。随着计算机领域中网络、数据库、人工智能、决策支持系统等高技术的发展,会计信息系统也将向着网络化、智能化、决策化方向发展。

四、会计软件

各单位应根据实际情况和财力状况,选择与本单位会计电算化工作规划相适应的计算机机种、机型和系统软件及有关配套设备。会计核算软件设计应当符合我国法律、法规、规章和国家统一的会计制度的规定,保证会计资料真实、完整,提高会计工作效率。

配备会计软件是会计电算化的基础工作,选择会计软件的好坏对会计电算化的成败起着关键性的作用。配备的会计软件应达到财政部《会计核算软件基本功能规范》的要求,满足本单位的实际工作需要。配备会计软件主要有选择通用会计软件、定点开发会计软件、通用与定点开发会计软件相结合三种方式,各单位应根据实际需要和自身的技术力量选择配备会计软件的方式。

(一)选择通用会计软件

各单位开展会计电算化初期应尽量选择通用会计软件,选择通用会计软件的投资少,见效快,在软件开发或服务单位的协助下易于应用成功。选择通用会计软件应注意软件的合法性、安全性、正确性、可扩充性和满足审计要求等方面的问题,以及软件服务的便利,软件的功能应该满足本单位当前的实际需要,并考虑到今后工作发展的要求。小型企事业单位和行政机关的会计业务相对比较简单,应以选择投资较少的微机通用会计软件为主。常用的通用财务软件有金蝶、用友、管家婆、速达、金算盘、新中大等。

(二)定点开发会计软件

定点开发会计软件包括本单位自行开发、委托其他单位开发和联合开发三种形式。大中型企事业单位会计业务一般都有其特殊需要,在取得一定会计电算化工作经验以后,也可根据实际工作需要选择定点开发的形式开发会计软件,以满足本单位的特殊需要。

(三)通用与定点开发会计软件相结合

会计电算化初期选择通用会计软件,会计电算化工作深入后,通用会计软件不能完全满足其特殊需要的单位,可根据实际工作需要适时配合与通用会计软件定点开发配套的会计软件,选择通用会计软件与定点开发会计软件相结合的方式。

【练习题】

一、名词解释

集中核算　分散核算　会计机构　会计准则　会计制度　会计档案

二、单项选择题

1. 原始凭证和记账凭证的保管期限为(　　)。
   A. 30 年　　　　　　B. 25 年　　　　　　C. 15 年　　　　　　D. 10 年
2. 银行存款余额调节表、银行对账单应当保存(　　)。
   A. 3 年　　　　　　B. 永久　　　　　　C. 10 年　　　　　　D. 15 年
3. 下列关于会计档案管理的说法中不正确的有(　　)。
   A. 出纳人员不得兼任会计档案
   B. 会计档案的保管期限,从会计档案形成后的第一天算起
   C. 会计档案监销人在会计档案销毁后,应当在会计档案销毁清册上签名或盖章
   D. 电子会计资料在满足条件时可以采取仅以电子形式归档保存的方式
4. 按照《会计档案管理办法》的规定,下列说法中不正确的有(　　)。
   A. 会计档案的保管期限分为 3 年、5 年、10 年、15 年、25 年 5 类
   B. 单位合并后原各单位仍存续的,其会计档案仍由原各单位保管
   C. 企业银行存款余额调节表、银行对账单保管期限为 10 年
   D. 各种重要的会计检查报告和会计分析报告也应归入会计档案
5. 当年形成的会计档案,在会计年度终了后,可由单位会计管理机构临时保管(　　),再移交单位档案管理机构保管。
   A. 3 个月　　　　　B. 半年　　　　　　C. 1 年　　　　　　D. 2 年
6. 会计工作岗位责任制不允许的是(　　)。
   A. 一人一岗　　　　　　　　　　　B. 一人多岗
   C. 多人一岗　　　　　　　　　　　D. 一人全岗
7. 下列不属于会计专业技术职务的是(　　)。
   A. 会计师　　　　　　　　　　　　B. 高级会计师
   C. 助理会计师　　　　　　　　　　D. 总会计师
8. 下列各项中,不属于会计档案的是(　　)。
   A. 会计移交清册　　B. 原始凭证　　C. 月度财务计划　　D. 记账凭证
9. 会计档案保管清册的保管年限为(　　)。
   A. 10 年　　　　　　B. 20 年　　　　　　C. 30 年　　　　　　D. 永久
10. 会计档案移交清册的保管年限为(　　)。
    A. 10 年　　　　　　B. 20 年　　　　　　C. 30 年　　　　　　D. 永久

三、多项选择题

1. 会计档案包括（   ）。
   A. 会计凭证   B. 会计账簿
   C. 财务会计报告   D. 其他会计资料

2. 下列各项中需要保管30年的会计档案有（   ）。
   A. 企业的明细账   B. 企业的库存现金日记账
   C. 辅助账簿   D. 企业的汇总凭证

3. 属于会计工作组织形式的是（   ）。
   A. 集中核算   B. 统一核算   C. 分散核算   D. 全面核算

4. 会计档案的保管期限可以是（   ）。
   A. 30年   B. 5年   C. 10年   D. 15年

5. 下列各项中,属于会计档案的有（   ）。
   A. 银行对账单   B. 银行存款余额调节表
   C. 会计档案保管清册   D. 会计档案销毁清册

6. 下列关于会计档案销毁的表述中,正确的有（   ）。
   A. 会计档案鉴定工作应当由单位档案管理机构牵头
   B. 会计档案销毁时应当编制会计档案销毁清册
   C. 会计档案销毁时监销人应当在会计档案销毁清册上签署意见
   D. 会计档案销毁时应由档案机构和会计机构共同派员监销

7. 会计档案的保管期限分（   ）。
   A. 临时   B. 短期   C. 定期   D. 永久

8. 下列各项中需要保管10年的会计档案有（   ）。
   A. 银行对账单   B. 银行存款余额调节表
   C. 原始凭证   D. 记账凭证

9. 下列不属于会计专业技术职务的是（   ）。
   A. 会计师   B. 高级会计师
   C. 注册会计师   D. 总会计师

10. 下列各项中需要永久保管的会计档案有（   ）。
    A. 会计档案移交清册   B. 会计档案保管清册
    C. 会计档案销毁清册   D. 会计档案鉴定意见书

四、判断题

1. 会计档案保管清册保管期限为25年。   （   ）
2. 综观会计发展史,会计计算技术大致经历了手工操作、机械化操作和电子计算机操作三个发展阶段。   （   ）

3. 单位负责人应在会计档案销毁清册上签署意见。（ ）

4. 银行存款余额调节表、对账单是会计档案。（ ）

5. 会计工作的组织,包括会计机构的设置、会计人员的配备、会计制度的建立。（ ）

6. 各单位每年形成的会计档案,应当由会计机构负责整理立卷,装订成册,并编制会计档案保管清册。（ ）

7. 为了加强会计档案管理,企业当年形成的会计档案也必须由专门的档案管理机构,而不能由会计机构暂行管理。（ ）

8. 单位保存的会计档案一般不得对外借出,确因工作需要且根据国家有关规定必须借出的,应当严格按照规定办理相关手续。（ ）

9. 各种会计档案的保管期限,根据其特点,分为定期和不定期两类。（ ）

10. 计算会计档案保管期限的开始时间是从会计年度终了后的第一天算起。（ ）

参考文献

1. 龚菊明.基础会计.苏州:苏州大学出版社,2017.12.
2. 成玉祥,王登芳.基础会计.苏州:苏州大学出版社,2017.1.
3. 张劲松,谭旭红.基础会计学.北京:科学出版社,2018.2.
4. 孟晓俊.会计学基础.北京:经济科学出版社,2018.8.